Psicomotricidade:
da melodia cinética ao corpo político

Eline Rennó

Psicomotricidade:
da melodia cinética ao corpo político

Eline Rennó

ArteSã editora
Belo Horizonte
2012

Psicomotricidade:
da melodia cinética ao corpo político

Email para contato: elinezatd@uol.com.br

Capa (concepção): Sebastião Miguel
Designer gráfico: Andréa Maria Esteves
Revisão: Marlene Hostalácio de Andrade

FICHA CATALOGRÁFICA

Rennó, Eline

R414p Psicomotricidade : da melodia cinética ao corpo político / Eline Rennó . -- Belo Horizonte : Editora Artesã, 2012.
292 p.

ISBN: 978-85-88009-24-0

1.Psicomotricidade.2.Terapia pela dança.I.Título.

CDU 615.85
159.9

Elaborada por Rinaldo Moura Faria - CRB6 nº 1006

SUMÁRIO

PREFÁCIO 9

INTRODUÇÃO 13

1. PSICOMOTRICIDADE 21
   - 1.1 História da Psicomotricidade 25
   - 1.2 Psicomotricidade: Ciência, Prática ou Paradigma? 39

2. CONCEITO DE PSICOMOTRICIDADE 47
   - 2.1 Os Conceitos Originadores da Prática Psicomotora 53

3. PROPOSTAS CLÁSSICAS 59
   - 3.1 Reeducação Psicomotora 60
   - 3.2 Educação Psicomotora 63
   - 3.3 Terapia Psicomotora 66
   - 3.4 Relações e Técnicas 70
   - 3.5 Boneca de *Bano* (sic) 73

4. TONICIDADE, MOTRICIDADE E AFETIVIDADE 75
   - 4.1 Teoria da Emoção em Wallon 79

5. ESQUEMA CORPORAL OU IMAGEM DO CORPO 83
   - 5.1 Concepções Neurofisiológicas: O Corpo Cortical 84
   - 5.2 Concepções Psicanalíticas: O Corpo Erógeno e o Corpo Fantasmático 85
   - 5.3 Concepções Psicológicas: O Corpo Consciente 90
   - 5.4 Concepções Fenomenológicas: O Corpo Vivido 94
   - 5.5 O Corpo Próprio e o Corpo Carne em Merleau-Ponty 94

6. NOÇÕES DE ESPAÇO E DE TEMPO 101
   - 6.1 O Espaço e o Tempo em Henri Wallon 101
   - 6.2 O Espaço e o Tempo em Merleau-Ponty 105

7. DESENVOLVIMENTO PSICOMOTOR 115
   - 7.1 A Psicogenética e a Psicomotricidade 117
   - 7.2 Os Estágios do Desenvolvimento 123
   - 7.3 O Pequeno A – uma análise genética 129

8. CLASSIFICAÇÃO DOS DISTÚRBIOS PSICOMOTORES 135
   - 8.1 Evolução dos distúrbios instrumentais 140
   - 8.2 Síndromes, tipos e relações psicomotoras em Wallon 141
   - 8.3 Apraxias infantis 142
   - 8.4 Praxias da escrita e do grafismo 144
   - 8.5 Outra versão sobre os distúrbios psicomotores 146

9. ESTIMATIVA EM PSICOMOTRICIDADE 149
9.1 Exame Psicomotor 151
9.2 Exame Neurológico Evolutivo de Lefèvre 151

10. INDICAÇÕES PARA AS TERAPÊUTICAS PSICOMOTORAS 153

11. INTERVENÇÃO NÃO VERBAL 157
11.1 Jogar e brincar 160
11.2 Jogo dramático 161
11.3 Espaço transicional 163
11.4 Exorcizando fantasmas corporais 164
11.5 Brincar 168
11.6 Jogo dos traços: *Squiggle Game* 171
11.7 Gêmeo solidário 172
11.8 O silêncio como forma de expressão e a noção de empatia tônica 173
11.9 O jogo e os problemas de aprendizagem 174
11.10 O Cristo crucificado que virou um coelho levado 175

12. SALA DE PSICOMOTRICIDADE 177
12.1 A Pequena Medusa 179

13. RELAÇÃO TERAPÊUTICA EM PSICOMOTRICIDADE 181

14. O CORPO DO PSICOMOTRICISTA 189
14.1 O corpo do terapeuta no atendimento em Psicomotricidade 191
14.2 De mãos dadas 193

15. PRÁTICAS PSICOMOTORAS E PRÁTICAS CORPORAIS 197

16. BASES EPISTEMOLÓGICAS DA PSICOMOTRICIDADE 205
16.1 Considerações sobre o Método Psicogenético e Fenomenológico em Psicomotricidade 205
16.2 O Método Psicogenético em Psicomotricidade 207
16.3 Método Fenomenológico 212
16.4 O Método Fenomenológico em Psicomotricidade 221
16.5 Pipiu 223

17. INFÂNCIA ENCARNADA 227

18. CORPO SISTÊMICO 239
18.1 Avaliação Operativa 240
18.2 A Avaliação Operativa em Psicomotricidade 253

19. PSICOMOTRICIDADE EM PARCERIA 259
19.1 Projeto Clínica em Psicomotricidade 259
19.2 Projeto Práticas Socioeducativas em Psicomotricidade 263

20. COM A PALAVRA, O CORPO 267

21. DA MELODIA CINÉTICA AO CORPO POLÍTICO 275

REFERÊNCIAS BIBLIOGRÁFICAS 285

CIÊNCIA ENCRUZILHADA

Hellen Tavares e Marconi Moura

Entre tanta trama
A coragem de uma dita – e feita – ciência
Composta por diversos ...
Bebe na fonte de inúmeros saberes
E não se furta à partilha
Se doa, se entrega
E 'nisso' compõe-se
Agregando possibilidades inesgotáveis
Na amplitude de sua própria matéria
Concebida na (de) composição
Complementando a disposição
De conhecer aquele sujeito
Enquadrado em conceitos tantos
Que o deixam assujeitado a saberes supostos
Porém de – quase – nada adianta
A encruzilhada ciência
Se mentes estreitas cruzam em caminho único

02/09/2009

Alunos de Psicomotricidade - 8° Período Noite/2009
Curso de Psicologia - PUC Minas – Coração Eucarístico

PREFÁCIO

O livro de Eline faz uma resenha e uma revisão inicial dos clássicos da Psicomotricidade. Busca, também, analisar as referências da Psicologia evolutiva e da Psicanálise para a compreensão do corpo. E levanta uma questão importante ao enfocar o dualismo mente-corpo, buscando eliminar essa dicotomia:

> O que lamento é que os autores citados tenham considerado e ressaltado a matriz sensório-motora como origem da representação mental, da capacidade de lidar com símbolos, como ponte, como passagem para a expressão através da linguagem e do pensamento, num enfoque evolucionista, e, não como o tempo de a criança contar sua história pelo corpo, através de um *diálogo intercarnal* com o outro. (RENNÓ, 2001)

Essa noção do corpo carnal é buscada, pela autora, em Merleau-Ponty, que fala do corpo próprio, um corpo vivido, tocante e tocado, vidente e visível, um fenômeno em si.

Eline retoma os conceitos de que não há espaço se não houver um corpo; o espaço está aí, mas precisa ser significado pelo corpo; o tempo nasce das relações do sujeito com as coisas; só se podem encontrar "agoras"; o corpo aplica-se ao espaço e ao tempo e os abarca.

Com essas colocações, ela discute o sistema ECET, ou seja, os fatores psicomotores de Esquema Corporal, Espaço e Tempo, em conjunto com as definições de motricidade-tonicidade e afetividade, referenciando-os, sobretudo, às teorias de Wallon, a alguns aspectos de Winnicott e à visão fenomenológica de Merleau-Ponty, além dos autores clássicos da Psicomotricidade.

> Em meio a essas questões, durante algum tempo, baseei a minha prática sustentando-me nos ensinamentos de Wallon sobre a consciência de si mesmo, recorrendo ao conceito de fenômeno transicional de Winnicott, para lidar com as dificuldades advindas da dualidade e das contradições da Psicomotricidade, embora ela professe o contrário, buscando conciliá-las. Mais tarde, fui buscar o conceito de empatia tônica de Aucouturier e só depois é que Merleau-Ponty me permitiu entender e praticar a Psicomotricidade num mesmo campo de presença, na reflexividade da comunicação, abandonando as po-

> laridades entre sujeito/objeto, corpo/pensamento. Foi, portanto, na relação com os clientes e com os alunos e estagiários de Psicomotricidade que aprendi a trabalhar como Psicóloga-Psicomotricista. (RENNÓ, 2011)

Estabelecidas as bases para compreender a Psicomotricidade em sua trajetória e compreensão epistemológica, Eline faz uma espécie de compêndio sobre os distúrbios psicomotores, seu diagnóstico e também comenta Reeducação, Educação e Terapia Psicomotoras, suas indicações e diferenças.

O livro alça voos mais amplos quando aborda a relação psicomotora, o brincar e o papel do terapeuta, com sua presença corporal e intervenção não verbal no jogo da criança, além das pontuações verbais quando se fazem necessárias.

Como costumo dizer, é o terapeuta de "corpo e alma", agindo como parceiro simbólico das crianças, pontuando algum conflito ou descoberta importante ou mesmo intervindo para conter alguma descarga não simbolizada.

A compreensão se amplia com a visão sistêmica adotada na clínica da PUC no atendimento supervisionado dos estudantes de Psicologia, na cadeira de Psicomotricidade.

Todas essas contribuições são importantes para o estudante de Psicomotricidade, ajudam o profissional a requestionar suas posturas e ações no tratamento psicomotor e, afinal, explicitam qual é o domínio abrangente que a palavra dada ao corpo pode manifestar.

A ilustração de casos clínicos próprios e daqueles supervisionados por Eline na clínica da PUC dá o colorido e a precisão para se compreender melhor toda a abordagem teórica feita pela autora.

A maestria em utilizar exercícios corporais e de conscientização, juntamente com o jogo livre e o olhar para o corpo encarnado, além da compreensão sistêmica da família são as características dessa criadora do método de atendimento em Psicomotricidade, ou seja, a Coreoterapia.

A prática de dar supervisão aos alunos, além de toda a fundamentação teórica, leva a autora a munir-se de uma segunda visão, uma visão que se distancia do vivido, na relação direta com o cliente, que busca realizar um movimento reflexivo sobre a própria prática terapêutica.

É essa a contribuição que vai sair da sala de aula para as páginas deste livro, podendo atingir um público maior que vai se beneficiar desta leitura.

Suzana Veloso Cabral

Psicóloga especialista em clínica infantil e Psicomotricidade pelo CRP-MG Especialista em Educação Inclusiva pela PUC-MG Psicomotricista Sócia-titular e de honra da Sociedade Brasileira de Psicomotricidade.

INTRODUÇÃO

A reunião da experiência no exercício da prática clínica como psicóloga e a prática acadêmica como professora de Psicologia impulsionou a realização deste livro. Ao mesmo tempo em que procurei apresentar o caminho percorrido na companhia da Psicomotricidade, durante 40 anos, parto em defesa desta ciência que tem o corpo e suas relações como objeto de estudo teórico e investigação da prática. Não mais como o Arlequim entre o Pierrô e a Colombina, e sim como o paradigma a nortear outras áreas do saber. Diante dos excessos do psicotropismo e do somatropismo, há que se delimitar áreas científicas de forma a que possam até mesmo compartilhar seus saberes. A Psicomotricidade e a Psicoterapia de Família são as duas meninas dos meus olhos. Já não poderia mais enxergar uma sem a outra.

Uma vez graduada em Psicologia pela UFMG, em 1971, iniciei os primeiros atendimentos de crianças e adolescentes, em Educação e Reeducação Psicomotora, no IPPMG – Instituto Psicopedagógico de Minas Gerais, após o curso de Psicomotricidade, lá realizado, em caráter de aperfeiçoamento, sob a direção de Maria Sylvia Machado e a orientação de Zélia de Oliveira Nascimento, pioneiras na divulgação da Psicomotricidade em Belo Horizonte. Zélia me mostrou a Psicomotricidade de verdade e de vertente educativa e reeducativa e me ensinou os primeiros passos para continuar a caminhar ao longo destes últimos 40 anos, desde a graduação. A parte teórica eu estudava nos textos que Maria Sylvia trouxera da França, de autores tais como Madame Borel-Maissony, Madame Vyl, psicopedagogas da velha-guarda, Bucher, Le Boulch, Juan de Ajuriaguerra, Ramain e outros. Vivenciava a parte prática, em sessões em grupo com os demais colegas, sempre com a orientação de Zélia. Conheci várias técnicas de aplicação em Educação Psicomotora (EPM) e Reeducação Psicomotora (RPM) e exame psicomotor de Picq-Vayer e Ajuriaguerra e me submeti a elas. A dimensão teórica e o alcance terapêutico desse aprendizado na Psicomotricidade passaram a orientar meu objetivo e escolha profissional, descortinando a estrada espinhosa de uma psicóloga recém-formada.

Ao longo do curso de Psicologia busquei, entre as disciplinas do currículo, aquela que pudesse me dizer como a Psicologia considerava o corpo em suas perspectivas teóricas e práticas. Sempre me perguntei sobre o lugar do corpo na Psicologia. Como ela lidava com a questão do corpo, considerado, até então, por vários teóricos do desenvolvimento, da personalidade, da construção e da constituição do sujeito, em diferentes concepções epistemológicas e metodológicas, como suporte moldável da ação e como matéria-prima de organizações psíquicas superiores? Embora a disciplina Psicomotricidade fizesse parte do currículo à época, não foi possível obter respostas para tais perguntas. Mas, no estágio correspondente, vi adolescentes encarcerados em instituições corretivas o que me permitiu concluir que, em termos psicomotores, na realidade nua e crua da história infanto-juvenil, o corpo que já havia dado sua contribuição para a organização do desenvolvimento deveria ser separado da complexidade mental do sujeito. Na ocasião, atrás de grades institucionais. Não era bem essa a contribuição que a história da Psicomotricidade havia me mostrado e que gerou seu princípio fundamental: o Homem em seu Corpo. Foi só mais tarde, ao desenvolver os estudos nessa área e no exercício da prática clínica, que pensei ter encontrado o lugar do corpo na Psicologia. Minha história se confunde com a história da Psicomotricidade porque, desde os nove anos, tive a oportunidade dada por meus pais de conviver com o aprendizado da dança. Até me tornar uma bailarina profissional, por volta de 1975, com a formação do primeiro Corpo de Baile oficializado pela Fundação Clóvis Salgado, no Palácio das Artes, a dança se tornou para mim fonte de conhecimento e construção pessoal, criação e produção. Foi com ela que, durante o curso do IPPMG, tive a oportunidade de desenvolver e apresentar à direção do Instituto a proposta da Coreoterapia, terapia por meio da dança, na tentativa de associar os fundamentos da dança e da Psicomotricidade, para aproximar, mais ainda, os aspectos corporais dos psíquicos.

O contato com a prática psicomotora, ainda no curso do IPPMG, deu origem a outras questões. Uma delas foi a percepção de que as técnicas utilizadas eram diretivas e estáticas e estavam sob o comando do terapeuta. A semelhança entre alguns exercícios de dança e algumas atividades da EPM e da RPM me saltava aos olhos. Ousei então fazer a proposta de uma técnica que pudesse tornar as sessões mais dinâmicas e plásticas, articulando a dança com a Psicomotricidade. Para minha surpresa, a proposta foi aceita por Zélia e encaminhada à direção do Instituto que me pediu um nome para a proposta. Em uma viagem de ônibus, do Instituto ao Palácio das Artes, de cujo Corpo de Baile eu fazia parte, escolhi o nome Coreoterapia, que significa 'terapia' através da dança. O vocábulo vem do grego *Coros* e do verbo *Corein* que implica uma ideia de dança e de música. Foi preciso escrever o projeto, objetivando a proposta, para começar o atendimento de crianças e adolescentes que já estavam em RPM. Aplicava o exame psicomotor nos pacientes, a cada seis meses, na tentativa de organizar dados coerentes com os resultados, que nos surpreendiam a todos. Logo depois, a direção do Instituto me autorizou a atender adultos que procuraram a Coreoterapia, então divulgada em reportagem no jornal *Estado de Minas*. Daí em diante, pude participar da equipe do Hospital-Dia Centro Psicoterapêutico e do Hospital Santa Margarida, atendendo, com a nova proposta, a pacientes que apresentavam diferentes patologias. Atendi, em consultório, a crianças, adolescentes e adultos, na modalidade individual ou em grupos, época em que também ofereci o curso de formação em Coreoterapia. Vários colegas se juntaram a essa proposta e puderam dividir a tarefa comigo. Em 1982, pensei em divulgá-la e lancei um pequeno livro pela Editora Interlivros, cuja repercussão me fez viajar para outras cidades e estados brasileiros a convite de interessados.

Do Instituto para o consultório particular, da experiência clínica com crianças e adolescentes para a experiência com adultos, em centros psiquiátricos, como o Centro Psicoterapêutico e o Hospital Santa Margarida, atendendo em grupos ou de forma individual, aplicando a Coreoterapia, foi possível perceber nas reações das pessoas o quanto ainda pensamos e agimos ora com o pensamento, ora com o corpo, o que indicava e mostrava, durante as sessões dos atendimentos, expressões e construções desarticuladas que pareciam decorrências de problemas de diferentes matizes de ordem genética ou estrutural. Sempre acompanhada por supervisores psicólogos e psicanalistas de diferentes tendências teóricas, passei a escrever sobre o que observava, o que resultou na publicação do livro. Depois, já na vida acadêmica, lecionando a disciplina de Psicomotricidade na PUC-Minas, a partir de 1991, as anotações reunidas na preparação das aulas, além de outras, deram origem aos textos que agora compõem este livro.

Outros cursos de aperfeiçoamento se fizeram necessários, como o de formação em Psicanálise, o de formação em Psicoterapia de Família e Casal; cursos, estudos e leituras sobre o pensamento de Deleuze e Guattari, todos eles realizados no Núcleo de Práticas Institucionalistas, entre 1980 e 1984. Foi com os ensinamentos do pensamento sistêmico, na perspectiva do novo paradigma da ciência, que pude conceber o corpo na dimensão do contexto familiar, político e social, do Corpo Maior, como costumo chamar, o que tornou possível a revisão dos conceitos tradicionais da Psicomotricidade, na medida em que os relacionava aos conceitos sistêmico-cibernéticos, ampliando a compreensão sobre o fenômeno psicomotor e sobre a prática clínica até então experimentada. O distúrbio psicomotor, por exemplo, de caráter essencialmente tônico e relacional, identificado pela desarticulação entre o corpo e a mente, passou a ser considerado um deslize na trajetória da criança, de casa para a escola. Mais tarde, as leituras de Merleau-Ponty e Walter Benjamin foram se tornando mais fortes e constantes, culminando na dissertação de Mestrado, pela UFRJ, em 2001, quando busquei responder à pergunta – *Como a criança conta a História pelo corpo*?

Todo esse caminho me levou ao concurso para professor em Psicomotricidade da PUC-Minas, a partir de 1991. Lá ainda estou, e o presente livro sobre a Psicomotricidade se deve também a essa oportunidade de lecionar a disciplina teórica e supervisionar a prática de estágio nos cursos de Psicologia e Fisioterapia. Preparar as aulas, organizar textos, pensar em avaliações, em como apresentar aos alunos o que é Psicomotricidade, como se faz, a quem se indica e se aplica passou a ser, também, minha tarefa de vida acadêmica.

Com o objetivo de compartilhar o caminho percorrido com a Psicomotricidade, apresento diferentes direções de alguns dos autores responsáveis por essa história. Uma vez que parte da bibliografia tradicional já se esgotou, procurei reunir a construção feita ao longo destes anos, não só em minhas andanças profissionais e pessoais, como também o material que me foi possível registrar ao longo da preparação e da ministração das aulas durante o curso de Psicologia e o de Fisioterapia, na PUC-Minas. Em 2006, os alunos de Psicologia do 10º período e, em seguida, os do 8º período foram os primeiros a ter acesso à versão original dos textos, em forma de apostila, pelo Sistema de Gestão Acadêmica da PUC-Minas. Eles, também, foram os primeiros revisores e críticos daquela versão.

Se a Psicomotricidade é considerada a Ciência do Corpo em Relação, uma "ciência encruzilhada" que, para ser configurada e ganhar autonomia no século XX, precisou pedir emprestadas bases teóricas de diferentes campos do saber, é fundamental que o aluno saiba de onde ela veio, como surgiu, de que corpo trata, os limites de sua aplicação, quando é necessário ser aplicada em conjunto com outras modalidades de intervenção. Muitas disciplinas que também têm o corpo como objeto de estudo esbarram em propostas terapêuticas pouco precisas e inoperantes, assim como muitos profissionais se confundem, por ignorância ou por negarem os limites e o saber dessa prática específica. Essa Ciência do Corpo em Relação, que se originou do entrecruzamento de outras, por isso mesmo se empresta para muitas, como é o caso da Fisioterapia, Neurologia, Terapia Ocupacional, Medicina, Psicologia, Musicoterapia, Pedagogia. Essa Ciência do corpo, sem corpo teórico, merece ser investigada em detalhes em sua complexidade por mostrar seu caráter, ao longo de sua própria história, de ciência essencialmente interdisciplinar.

Para não esquecer a disciplina do academismo, embora um tanto mais frouxa nesta apresentação, organizei os textos de acordo com as aulas lecionadas no curso de Psicologia da PUC-Minas, revisadas a cada semestre, segundo a avaliação do meu próprio processo de ensino-aprendizagem e do aluno, para sua maior assimilação e compreensão. Assim, de forma didática, os textos seguem o ritmo da Psicomotricidade, como a história psicomotora da pessoa, indo do todo às partes e das partes ao todo, de acordo com o exercício sensório-motor de cada um e do grupo de alunos como um todo na relação com a professora.

Foi nessa direção que estabeleci dois eixos durante a escrita dos textos: o eixo origem, para apresentar o que há de mais importante na construção da história e da prática psicomotora, de cunho mais tradicional; o eixo contemporâneo, composto pela revisão e desdobramentos, que geram novas construções.

De início, questiono se a Psicomotricidade é uma ciência, uma prática ou um paradigma para provocar o leitor, na tentativa de que ele mesmo passe a pensar sobre tal possibilidade em relação às influências do pensamento e das posições epistemológicas da ciência clássica e da ciência contemporânea.

A seguir, um pequeno passeio de helicóptero sobre a construção do conhecimento, ao longo do tempo, sem a intenção de aprofundar-me em detalhes, permite desenvolver a ideia sobre a contradição que a própria Psicomotricidade nos impõe, em relação ao princípio da globalidade do ser. A história ou "o itinerário do conceito de Psicomotricidade", como muitos preferem apontar, mostra, em sequência, desde a origem do termo e as primeiras práticas às influências que recebeu até alcançar o nome de ciência.

A parte destinada ao conceito de Psicomotricidade e aos conceitos originadores relevantes aos estudos e à prática clínica apresenta as linhas teóricas entre as quais se configurou e o destino que tomou na França de 1900. As propostas práticas, consideradas como clássicas da Reeducação, Educação e Terapia Psicomotora são responsáveis pelo desenvolvimento dos métodos mais contemporâneos.

A partir daí, destaquei, em primeiro lugar, a concepção de Wallon sobre tonos, motricidade e afetividade e a teoria da emoção por considerá-las fundamentais, como o autor, na origem da articulação corpo e mente, assim como o prelúdio da comunicação humana, por meio das primeiras relações de afeto entre o corpo da criança e sua mãe. A seguir, as diferentes concepções sobre o esquema corporal ajudam na compreensão da organização indissociável entre esses aspectos, de acordo com a perspectiva da Neurologia, da Psicanálise, da Psicogenética e da Fenomenologia, complementadas com as noções de espaço e tempo em Wallon e Merleau-Ponty.

Em desenvolvimento, apontei a perspectiva evolutiva no caminhar da Psicomotricidade, pela descrição dos estágios da Psicogenética. O Pequeno A procurou ilustrar essa tendência. Junto à classificação dos distúrbios psicomotores, de Ajuriaguerra, apresento as síndromes, os tipos e as relações psicomotoras e as apraxias de Wallon, com observações sobre a escrita e o grafismo, como também outra versão para essa classificação, a partir da perspectiva de Deleuze. Em relação à estimativa em Psicomotricidade, cito a condução, segundo a direção evolutiva e a utilização do exame psicomotor de Picq e Vayer, do exame neurológico de Lefèvre. Sigo com as indicações para a Psicomotricidade, a especificidade de sua intervenção não verbal, por meio do jogar e do brincar, destacando o jogo dramático, a partir das considerações de Aucouturier, e o jogo dos traços criado por Winnicott, ilustrado pelo Gêmeo Solidário e pelo Cristo Cruxificado que virou um coelho levado. A Pequena Medusa ilustra a noção de Winnicott sobre o espaço transicional na sala Psicomotricidade. Sobre a relação, a partir das influências da Psicanálise, procurei reabrir o tema da transferência, da empatia tônica de Aucouturier e do fenômeno transicional, novamente. O corpo do psicomotricista foi ilustrado no trabalho de dois alunos. As práticas corporais e as práticas em Psicomotricidade foram descritas a partir das considerações de Camus. Ao apontar as bases epistemológicas da Psicomotricidade, salientei a importância do método genético de Wallon, de base evolutiva e dialética, assim como o método fenomenológico, segundo Merleau-Ponty, com os quais procuro me orientar na vertente clínica e socioeducativa. A ilustração denominada Pipiu poderá esclarecer as considerações sobre o método em Psicomotricidade. Ao apresentar a **infância encarnada**, parte de minha dissertação de Mestrado, questiono o olhar do adulto sobre a infância e, em seguida, apresento o conceito de **corpo sistêmico**, diante da necessidade de incluir, na prática clínica e social, a família e os sistemas complexos que a entrelaçam, na perspectiva do corpo dentro do **corpo maior**. O método da Avaliação Operativa em Psicomotricidade procurou mostrar o procedimento pela experiência nos estágios de Graduação de Psicologia, da PUC-Minas. Apresento a proposta que desenvolvi à qual denomino como o **desenho do outro**, como recurso de intervenção para que cada um que esteja envolvido com o problema de uma criança, fale de si e não da criança. A visão do problema psicomotor, na perspectiva do paradigma sistêmico, permite que o adulto passe a considerá- lo como fenomenológico, deixando de explicá-lo como psíquico ou motor. A Psicomotricidade em parceria identificou as possibilidades da interlocução com outros profissionais de equipes multidisciplinares em instituições socioeducativas, hospitalares e educacionais, levando a termo o caráter essencialmente interdisciplinar da Psicomotricidade. No Capítulo "Com a palavra, o corpo", retomei as ideias de Benjamim sobre o conceito de História, a partir de imagens dialéticas que introduzem o adulto na História que a criança conta com seu corpo, pelo **diálogo intercarnal**, rendendo-se ao caótico, ao inesperado do mundo infantil. O livro foi concluído entre a visão dos psicomotricistas da França de 1900, interessados em readaptar e reeducar crianças turbulentas e mal-adaptadas e a ideia de corpo político, que vive sua história na História.

Como todo bom psicomotricista, tenho obsessão pelo movimento. Como todo cientista, tenho também obsessão pela pesquisa em busca de respostas às perguntas. Na tentativa de ser fiel ao leitor, ao buscar várias fontes, estou ciente de que muito do que foi escrito ficou a desejar. A nomenclatura revisada deverá ser ampliada por outros que se interessam e se dedicam aos estudos das relações dialéticas do corpo no mundo.

Pode parecer muita pretensão de minha parte, mas a ideia é facilitar a compreensão de quem quer ensinar Psicomotricidade e aprender com ela, pois não é fácil trilhar esse primeiro caminho diante da complexidade de sua história e diversidade de suas práticas, acrescidas pela dificuldade de acesso às leituras pertinentes.

Agradeço a minha mãe a oportunidade de ter me ingressado por esse caminho levando-me pela mão para as primeiras aulas de dança; ao meu pai, que se preocupou com a patente da Coreoterapia, aos meus irmãos, a minha filha, ao companheiro, amigos, professores e supervisores que me acompanharam nessa minha insistência. Aos pacientes e alunos que, pacientemente, não me deixaram acomodar com os primeiros conhecimentos, sempre atentos ao que eu dizia, propunha, coordenava, ensinava e construía em processo com eles, aguardando suas ideias criativas em seus estágios, durante as sessões de Reeducação, Terapia Psicomotora, auxiliando-os por meio da Coreoterapia e durante as aulas teóricas na PUC-Minas.

1. PSICOMOTRICIDADE

O que é Psicomotricidade? Para que serve? Como e a quem se aplica? Responder a essas perguntas implica, em primeiro lugar, situar a Psicomotricidade ao longo da História. O itinerário de seu conceito, as teorias que a influenciaram ajudando-a em sua composição, as práticas que foram propostas, os lugares e atores que se beneficiam dela mostram a convergência e a pluralidade de sua aplicação, o que me permite considerá-la ciência essencialmente interdisciplinar, originária de outras ciências, emprestando-se a outras tantas, carregada de promessas futuras.

Busco, portanto, ao longo dos textos que se seguem, responder a essas questões necessárias aos estudantes e profissionais que tomam a Psicomotricidade como bandeira norteadora de seu exercício prático.

Os textos presentes foram extraídos das aulas ministradas, desde 1991, aos alunos da Ênfase de Psicologia Educacional e Clínica do Curso de Psicologia, e do Curso de Fisioterapia da PUC-Minas, Unidade Coração Eucarístico.

Antes, porém, sobrevoando de helicóptero a História, é importante apresentar, de forma breve, as noções sobre a construção do conhecimento desde que o homem se preocupou em explicar os fenômenos.

Aricó (1993) destaca três perguntas que orientam a direção para que possamos conhecer algum fenômeno.

A primeira: É possível conhecer? Ou, conhece-se alguma coisa? Se a resposta for sim, estamos no campo do Dogmatismo; se a resposta for não, estamos no campo do Ceticismo. A segunda: Qual a origem do conhecimento? De onde ele vem? Se o conhecimento tem a experiência como fonte, estamos no campo do Empirismo; se a fonte é o pensamento, o campo é o do Racionalismo. A terceira: Qual é a essência do conhecimento - é o sujeito ou o objeto? Se for o sujeito, o campo é o do Subjetivismo e do Idealismo; se for o objeto, é o campo do Realismo.

Os campos do Fenomenalismo e do Construtivismo são os que permitem conhecer, ao mesmo tempo, o espaço entre as polaridades da experiência e da razão, do sujeito e do objeto. Outras correntes filosóficas poderiam ser citadas, mas, basicamente, essas são as que respondem melhor às três questões de Aricó.

Pode-se perguntar então: É possível conhecer o fenômeno psicomotor? De onde ele se origina? Qual é a sua essência? É o que passo a tratar.

Desde que o mundo é mundo, o Homem vive sua experiência individual, a experiência determinada pela hereditariedade e a experiência histórico-social. Para viver essas três experiências e conhecer sobre o mundo e sobre as coisas, ao lado de uma visão mítica, mística e supersticiosa, não organizada e emocional, o Homem construiu uma visão filosófica, racional e organizada de forma lógica.

Foram os gregos os primeiros a querer a explicação do mundo, da natureza, do espírito, das artes, da política e da técnica. No século IV a. C., os pré-socráticos se preocuparam com o cosmos; Sócrates, com a filosofia; Platão, com o homem; Aristóteles, com a liberdade, com as emoções, com a mente, o corpo e o espírito. A Razão era tida, então, como condição do conhecimento, do meio e do homem.

Até o século V da nossa era, o pensamento dos gregos e romanos predominou. Com a queda do Império Romano, na Época Medieval, a razão é submetida à fé. As respostas, os homens, os religiosos sabiam-nas pelas escrituras; a Verdade só podia ser revelada pela religião judaico-cristã. A Idade Média durou dez séculos e, por volta de 1500/1600, conflitos diversos - sociais, políticos, religiosos, artísticos - impulsionaram o mundo para a Era Moderna. Já não se podia viver com a certeza da morada finita, a abóbada celeste não era mais o limite e a garantia da eternidade e da paz.

Na Era Moderna Galileu Galilei (1564) introduz o método científico, ao constatar a necessidade da observação, da experimentação, do estabelecimento de hipóteses e de leis. O fundamento da experiência predominou na Renascença. O pensamento indutivo, o desenvolvimento de leis, a linguagem matemática, a partir de Francis Bacon (1516), elevam a Metafísica à essência imutável das coisas.

Mais tarde, a crítica de Descartes (1596), em relação ao conhecimento, cria a dúvida metódica das coisas, afirma que o pensamento é essência das coisas e introduz o método racionalista. Trata-se de um método analítico e atomista. Segundo ele, qualquer evento pode ser compreendido, se reduzido às suas partes. Estabelece três substâncias: a alma (*res cogitans*) da ordem pensante; o corpo (*res extensa*), que corresponde à ordem material; e Deus, a ordem infinita. Passa a definir a Ciência moderna como quantitativa (circunscrita ao cálculo), deixa de lado a qualidade e influencia também os rumos da Psicologia. O Mecanicismo do Universo se torna o paradigma dominante.

A partir de Descartes, nos séculos XVII e XVIII, o fenômeno passa a ser concebido como inato, na perspectiva do racionalismo (de dentro para fora), mas também na perspectiva do empirismo (de fora para dentro). A preocupação e a explicação do fenômeno passaram a ser a sua representação.

Kant mostra que é possível a síntese crítica (1724) desses fenômenos. Para ele, o entendimento se dá *a priori,* no momento da experiência.

Depois de Kant, as relações do corpo e da alma continuaram como dilema a ser desvendado. O Idealismo, como princípio único para explicar a realidade e o Positivismo do século XIX permitiram a Kant configurar o pensamento moderno como entrecruzado em um "x" entre o Racionalismo e o Positivismo, o Empirismo e o Idealismo.

O Positivismo, que considera a verdade a partir de dados sensíveis e fatos observáveis, estabelece o método indutivo e causal dos fenômenos, para a elaboração de leis.

A partir da segunda metade do século XIX, sob a influência do paradigma dominante e do Positivismo, a Psicologia perguntou-se: Por que não submeter o estudo do pensamento a essa abordagem, já que as outras ciências o faziam? O conhecimento psicológico passa a ser influenciado pelo Positivismo, e a Psicologia define seu objeto de estudo como atividades psíquicas, ou consciência, ou comportamento. Na perspectiva de uma metodologia científica, a Psicologia da alma e do espírito é substituída pela Psicologia fundada em dados obtidos pela Neurologia, Fisiologia, Medicina e Psicofísica.

É criado o primeiro laboratório de Psicologia Experimental (1879), na Alemanha, por Guilherme Wundt, que se preocupou com o estudo das imagens, dos pensamentos e dos sentimentos, na visão atomista das atividades mentais. A estrutura da consciência, investigada pelo método introspectivo da época, passou a ser vista como a combinação de elementos associados numa atividade psíquica.

Surgiram oposições de psicólogos, como William James, nos Estados Unidos, mostrando uma reação à posição atomista de Descartes, considerando a unicidade dos fenômenos da consciência, na interação de corpo e mente.

A Escola Estruturalista de Wundt e a Escola Funcionalista de James permitiram uma Psicologia de base racionalista e empirista, que se expandiu pela França, Inglaterra e Estados Unidos. A Rússia, a França e a Suíça tornaram-se adeptas da Psicologia de base construtivista e dialética.

As bases filosóficas e científicas apontadas deram origem às diferentes teorias às quais o psicólogo se atém no exercício de sua prática. São as Teorias Psicológicas do Desenvolvimento e da Aprendizagem, as Teorias Maturacionais, as Teorias Comportamentalistas, as Teorias de Campo, as Teorias Psicanalíticas, as Teorias Construtivistas (de bases interacionistas), as Teorias Psicogenéticas (Piaget, Wallon, Vygotsky) que fazem do universo da Psicologia, muitas vezes incompreendido e criticado, um campo do saber heterogêneo, pela diversidade inerente às suas influências históricas. É a partir desse campo, entretanto, que se podem conceber diferentes formas de conhecimento do trato humano, e é nesse campo que se pode revisar o objeto de estudo da Psicologia, pela influência das diferentes Teorias Contemporâneas.

A título de exercício, é interessante destacar em que bases filosóficas se apoiam algumas das teorias psicológicas.

As Teorias Maturacionais sustentam que o organismo é programado pela sua constituição genética que apresenta uma sequência ordenada no desenvolvimento do comportamento humano, influenciada pela maturação, pela aprendizagem e pelos princípios do desenvolvimento. Em que bases elas se apoiam? Em base racionalista ou empirista? A resposta é em base racionalista.

As Teorias Comportamentistas mostram bases empiristas e positivistas? Sim. Em 1914, o Behaviorismo, nos Estados Unidos, rompe com a questão da alma, e os fenômenos psíquicos. Estabelece como objeto de estudo, o comportamento. Segundo a teoria, o organismo vivo pode ser observado nas respostas a estímulos do ambiente, que também é observável. O controle objetivo do estímulo do meio é primordial na determinação das respostas do sujeito. Há previsão do comportamento, a partir do raciocínio mecanicista, fracionado, associacionista.

No século XX, surgem as chamadas Teorias de Campo, como reação ao behaviorismo, sustentando que o comportamento não é fracionável. O ser humano é dotado de estruturas pré-formadas que determinam as experiências perceptuais. Na Alemanha, a Psicologia da Gestalt, ou da forma, destaca-se entre elas. Sua base epistemológica vem do racionalismo ou do idealismo.

A Psicomotricidade é uma teoria? Pode ser considerada teoria psicológica, ou é a configuração de algumas delas? Quais são suas bases epistemológicas?

O próximo ítem trata da noção de Psicomotricidade ao longo da História e permite aproximar outras respostas.

1.1 História da Psicomotricidade

Para compreender a evolução histórica e dialética do desejo do casamento entre o psiquismo e a motricidade, ou mente e corpo, e os reflexos práticos dessa evolução, recorro à divisão histórica que Le Camus (1986) apresenta em seu livro *O Corpo em discussão*: da reeducação psicomotora às práticas de mediação corporal (1986). O autor considera o *Corpo Sutil* a superestrutura que abriga o corpo somático, o corpo mecânico e o corpo energético, o "emblema" dos psicomotricistas, ponto fixo de onde podem ser conduzidas operações de análise, escrita e ação. Para proceder ao estudo genético, estrutural e diferencial do Corpo Sutil, o autor invoca a noção de organizador que unifica o sistema de conhecimentos, normas e práticas e explica os efeitos das doutrinas e métodos da trajetória do conceito de Psicomotricidade. Os organizadores permitem mostrar que concepção e execução estão estruturalmente unidas e dependem dos mesmos fatores econômicos, políticos e culturais. Destaca três fases principais: a fase do *Corpo Hábil* (final do século XIX e início do século XX), cujo organizador é o *paralelismo*; a fase do *Corpo Consciente* (terceiro quartel do século XX), como *organizador, o impressionismo;* e a fase do *Corpo Significante* (terceiro quartel do século XX), como organizador, *o expressionismo.*

Faço uma adaptação das três fases destacadas por Le Camus, a fim de causar efeitos mais didáticos de compreensão sobre o leitor. Passo a destacá-las como a fase do Corpo Passivo, que justapõe o corpo anátomo-fisiológico e o pensamento, na qual ao corpo só coube se deixar investigar, ser esmiuçado em seus detalhes, deixando-se ver em passividade. A fase do Corpo Receptivo, quando pode ser visto mais lado a lado com o pensamento e pode acolher, organizar a informação que vem de si mesmo e do meio. E a fase do Corpo Expressivo, capaz de expressão e comunicação, como chamamento ao outro, portador de significações.

1ª Fase – Corpo Passivo – de 1870 a 1945

As consequências do dualismo cartesiano foram alvo e obsessão dos psicomotricistas. Os investigadores da Neurofisiologia já conheciam uma área cortical que provocava um movimento na parte contrária do corpo de uma cobaia, se estimulada eletricamente. Por volta de 1870, eles descobrem uma nova área que mostrava uma função misteriosa entre a imagem mental e o movimento, a qual foi chamada de área psicomotora. A partir daí, surge o adjetivo psico-motor, escrito com hífen. Os progressos da Fisiologia indicaram depois o papel integrador da medula espinhal e o sintoma sem lesão, modificando a noção de que nem sempre o distúrbio se apresenta associado a uma lesão focal, pois também pode ser considerado simbólico.

Ernest Dupré, médico neurologista, em 1907, destaca a noção de concordâncias motoras consideradas a primeira operacionalização do conceito de Psicomotricidade, em suas observações de bebês, indicando uma equivalência entre debilidade motora e debilidade mental. Todo recém-nascido, portanto, foi tido por ele como débil motor e débil mental. Havia, segundo ele, uma concordância entre inteligência e motricidade. Mais tarde, essa lógica nem sempre se apresentou em diferentes crianças. São dele os conceitos de paratonia, a contração involuntária da musculatura, considerada essencial no exame psicomotor, para a descrição de quadros de debilidade, inibição e instabilidade psicomotora.

Outro neurologista, Henri Wallon publica o livro *As origens do caráter na criança*, em 1925. Também era psicólogo. Foi o primeiro a sair do paralelismo psicofísico da época. Para Wallon, motricidade e caráter mostravam uma coocorrência, não apenas se justapunham em paralelo, mas concorriam. Os dois médicos neurologistas são considerados os pioneiros ao buscarem as manifestações dos aspectos corporais e mentais, articuladas entre si.

As primeiras práticas psicomotoras começam a aparecer, a partir de 1890-1939. Paul Tissié, interessado na dinâmica do movimento, é responsável por uma delas. O filósofo Tissié preocupou-se com a relação entre pensamento e movimento. Seu método, a Psicodinamia, é considerado a preconcepção da Psicomotricidade. Ele adaptou a ginástica sueca a uma ginástica educativa ou pedagógica (para todas as crianças) e médica, para retardados (como se dizia naquela época).

O esboço do método psicomotor coube a E. Guilmain, considerado "pai da RPM" (1901-1983), pelo destaque de áreas a serem pesquisadas nas chamadas crianças inadaptadas, em casa e na escola. Estudos baseados em Wallon foram aplicados em crianças "instáveis" e "perversas", na observação da função tônica que intervém nas atitudes e na busca das relações entre atividade e afetividade assim como um modo de atuar num e noutro sentido. Elaborou o primeiro exame psicomotor (1935) como medida para diagnóstico, indicação terapêutica e prognóstica. O exame psicomotor passou a ser indicado para a aplicação da RPM - Reeducação Psicomotora - em duas direções, a saber: na corrente médico-pedagógica, ateve-se à educação sensorial e ao desenvolvimento da atenção em trabalhos manuais; já na corrente educativa, dedicou-se à educação motora de retardados, termo hoje não mais usado, mas de uso corrente à época referida. Ao isolar os distúrbios das funções psicomotoras que acompanham os distúrbios de caráter, destinou a educação motora aos retardados. A reeducação motora ou psicomotora foi destinada a crianças inteligentes, com distúrbios motores isolados, somada à ginástica rítmica e ao tratamento psíquico e quimioterápico. Era preciso reeducar a atividade tônica, melhorar a atividade de relação e o controle motor de crianças mal- adaptadas, em desarmonia com o meio. O primeiro quadro de indicações dirigiu-se aos instáveis, impulsivos, paranoicos leves, jovens delinquentes, emotivos, obsessivos e apáticos.

Após a Segunda Guerra, surgem condições sociopolíticas para a criação de serviços preventivos de diagnósticos e cuidados. Em 1946, a criança mal-adaptada na escola era encaminhada a Centros Psicopedagógicos.

Segundo Le Camus, no contexto sociopolítico e institucional, até meados do século XX, essas práticas não atingiram a devida institucionalização, nem a profissão do psicomotricista foi reconhecida. Não se levou em consideração uma sintomatologia psicomotora. No contexto filosófico, a representação do corpo subentende a teoria e a prática psicomotora e se organiza em torno do conceito de *paralelismo*, isto é, na relação entre os fenômenos psicológicos e motores.

2ª Fase – Corpo Receptivo – de 1945 a 1973

Esta fase é considerada a "fase de ouro" da Psicomotricidade, quando ocorre o estabelecimento e o aprofundamento do conceito, a especificação da metodologia e o reconhecimento das práticas, no século XX. As primeiras influências são destacadas a seguir.

1. Gestaltistas fenomenólogos

A noção de *formas* consideradas fenômenos físicos, fisiológicos e psicológicos inseparáveis dos gestaltistas inspira a construção do conceito de Esquema Corporal, principal referência teórica e prática, à qual se agregam todos os outros conceitos psicomotores. Bernard e Corraze (1972-73) estabelecem que, a partir de distúrbios da sensação, uso e apropriação e do conhecimento do próprio corpo, ocorre uma espécie de referencial, ao qual o indivíduo transfere sua experiência psicossomática. Paul Schilder (1923-1935), psiquiatra vienense, mostra uma espécie de síntese entre o modelo neurológico do corpo, de Head e o modelo psicanalítico do corpo libidinal e fantasmático, de Freud. A imagem tridimensional que cada um tem de si, essencialmente dinâmica, que integra as experiências perceptivas, afetivas e motoras, foi assim utilizada como noção de Esquema Corporal ou Imagem do Corpo. A educação ou reeducação do EC tornou-se tarefa prioritária assumida pelos psicomotricistas.

A concepção fenomenológica da conduta deve a Merleau-Ponty (1942-45) o último ato de condenação do dualismo, cujas influências repercutiram na Psiquiatria e Pedagogia francesas. Como citado por Camus (1986): "A união da alma e do corpo não é selada por um decreto arbitrário entre dois termos exteriores, um deles objeto, o outro, sujeito. Ela se realiza a cada instante no movimento da existência". "Eu sou meu corpo" (MERLEAU-PONTY, 1999).

O movimento como relação e valores vitais, na sua concepção funcional, de Buytendjik (1957), não estuda os processos, mas a função, o conjunto indivisível de movimentos. A captação do sentido do movimento e não a sua fisiologia indica que o ato de agarrar qualquer coisa é definido pelo objetivo, pelo grau e resultado, portanto, pelo futuro.

2. Psicólogos do Desenvolvimento (Psicologia Infantil)

Os principais representantes da Psicologia Infantil que contribuíram para as noções de desenvolvimento psicomotor foram Gesell (1880-1961), Wallon (1879-1962) e Piaget (1896-1980).

Gesell preocupou-se com as esferas de atividade do comportamento: a motricidade geral, a motricidade óculo-manual, a linguagem e a sociabilidade.

Wallon dedicou suas observações a crianças perversas, ao papel do outro na consciência do eu, às etapas da socialidade da criança, ao papel do movimento e das emoções no desenvolvimento psicológico dela. No estudo da gênese do Esquema Corporal, o autor aponta que o EC não é um dado inicial, nem uma entidade biológica ou psíquica, mas uma construção. O estudo da gênese do EC nos leva a conceber como a criança chega à representação de seu próprio corpo diferenciada do corpo do outro. Mais tarde, (1962-1977), R. Zazzo, Lézine e J. de Ajuriaguerra estabelecem o *diálogo tônico* ou diálogo corporal como a primeira comunicação humana, a partir das experiências tônicas, motoras e afetivas, (hipertonia de solicitação e hipotonia de relaxamento), na relação entre mãe e filho, considerando-o *o prelúdio do diálogo verbal.*

Piaget é reconhecido por Ajuriaguerra, a partir de 1960, e, até 1975, é considerado como o segundo pilar mais influente para a Psicomotricidade. O movimento é definido por ele como único instrumento do psiquismo, portanto, para ele, a inteligência. A origem da inteligência na criança depende do desenvolvimento de esquemas sensório-motores (sensações e movimentos) ativados pela assimilação (incorporação) e acomodação (ajustamento ao mundo exterior).

Piaget e Wallon, *Piageon* e *Wallet,* como é costume chamá- los (tamanha a proximidade entre alguns de seus conceitos) são considerados os dois gigantes reconciliados pela Psicomotricidade. Para Camus, o conflito que permanece de suas contribuições diz respeito à continuidade das formas de inteligência: prática e simbólica. Alguns teóricos e práticos da Psicomotricidade censuram a ambos por não terem se preocupado mais com o destino da "inteligência das situações" ou da inteligência sensório-motora, uma vez instalado o poder de representação que nos torna "falantes".

3. Psicanalistas

A compreensão da etiologia e patogênese dos distúrbios psicomotores, por volta de 1945, leva a França a conhecer Freud, e o estatuto do corpo da criança se modifica.

Freud não considera o corpo como sede das reações emocionais que unem a criança a seu grupo (como pensava Wallon), nem como o instrumento com o qual a inteligência é construída (como postulou Piaget). O corpo passa a ser lugar do prazer e a pontuação da zona erógena é que gera a evolução libidinal. O que não aumenta a complexidade da natureza do movimento. A realidade do movimento não se limita à sua manifestação mecânica e neurofisiológica; a função mecânica (alimentar-se, por exemplo), ou a motora (a marcha) serão exercidas adequadamente se forem "investidas".

Estudiosos da Psicanálise, como Juan de Ajuriaguerra, Franz Alexander e René Spitz foram os responsáveis pela aproximação entre a Psicanálise e a Psicomotricidade. Os distúrbios psicogênicos ajudam Ajuriaguerra a lançar as bases da patologia psicomotora, e a F. Alexander a edificar conceitos da Medicina Psicossomática. Spitz (1945) se volta sobre os efeitos das carências afetivas na personalidade.

A descoberta do corpo pulsional como substrato e revestimento do corpo funcional passa a guiar os novos rumos da Psicomotricidade, afirmando sua autonomia metodológica e institucional.

Se, em 1945, a criança era tida como inadaptada na escola, com atraso escolar, nos anos da década de 1950, ela é recebida nos primeiros Centros Psicopedagógicos. Os anos de 1960 vão revelar a efervescência doutrinária e tecnológica dos novos rumos.

J. de Ajuriaguerra e sua equipe de pesquisadores, com base na investigação dos distúrbios psicomotores e de linguagem (no Hospital Henri Rousselle), permitem a construção e o reconhecimento da Escola Francesa de Terapia Psicomotora. Os resultados dão origem a uma ruptura epistemológica (1947-1958), ao se constatar a educabilidade da debilidade psicomotora e sua não organicidade e, consequentemente, o distúrbio motor como diferente do distúrbio psicomotor. O primeiro tem a ver com a perturbação do mecanismo do movimento, o segundo, com a perturbação da vontade do movimento.

A primeira Carta da Escola Francesa de Terapia Psicomotora (1960) define: "As síndromes psicomotoras não correspondem a uma lesão focal;

estão vinculadas aos afetos, mais ligadas ao soma" (AJURIAGUERRA; SOUBIRAN, 1960). Tal classificação, baseada na sintomatologia, estabelece que: "Entrarão neste quadro certas formas de debilidades motoras num sentido mais bem definido, instabilidades psicomotoras, inibições psicomotoras, certas inabilidades de origem emocional ou por desordens de lateralização, dispraxias evolutivas e certas disgrafias, certos tiques, a gagueira e outros tipos". (idem)

O diagnóstico, após o término do exame psicomotor, passou a ser considerado uma prova em seis rubricas: particularidades tônicas e sincinéticas, controle motor, adaptação ao espaço e orientação em relação ao corpo, estruturação espacial e adaptação ao ritmo. O diagnóstico serve para orientar a intervenção e a distribuição de crianças em grupos homogêneos. A necessária conduta de reeducação, as chamadas *lição-tipo,* constituem-se em lições adaptadas em 12 exercícios específicos. A especificidade consiste em adaptar crianças que poderiam ser valorizadas em seu "potencial inativo" e passíveis de uma "reorganização".

Pela ampliação e refinamento da proposta, pelo aperfeiçoamento e difusão das pesquisas e reconhecimento dos especialistas, as Terapêuticas Psicomotoras despertaram o interesse dos psiquiatras.

Em 1961, foi criado o primeiro ensino, com certificado de capacidade em RPM, pela Faculdade de Medicina de Paris. Em 1964, surge o Sindicato Nacional dos Reeducadores Terapeutas em Psicomotricidade. Em 1974, o Diploma de Psicorreeducador substitui o de RPM.

As Práticas Terapêuticas foram ajustadas por psiquiatras e reeducadores em equipes de diagnóstico e atendimento. A partir de então, dois grupos se distinguem para atores diferentes, e não por princípios teóricos e metodológicos. O grupo das práticas terapêuticas (avaliadas pelo poder público), conduzidas por psiquiatras e reeducadores para distúrbios mais bem definidos. O grupo das práticas educativas (toleradas, discretamente combatidas, sem receber a etiqueta de método), orientadas por professores de Educação Física e Esportiva, para crianças de todos os tipos.

Entre a TPM (Terapia Psicomotora) e a RPM (Reeducação Psicomotora), (1960-1973), a diferença é de estatuto, consequência da ruptura entre o esporte e a Psicomotricidade.

Nessa fase, o corpo não é considerado um dos elementos da famosa dupla, mas caminho obrigatório da gênese da personalidade e estofo de sua estrutura. Ao Esporte, coube o corpo energético; à Psicomotricidade (sem confundir com os profissionais da reabilitação), coube o corpo capaz de receber, estocar e estruturar informações - permeável às impressões – impressivo. Mas ainda impressionista e mudo: compreende sem poder falar.

O professor de Educação Física, o educador esportivo e os cinesioterapeutas delimitaram suas áreas de atuação de forma diferente das do psicoterapeuta, do ergoterapeuta e do ortofonista.

Com a Carta Metodológica da RPM, Juan de Ajuriaguerra, em 1960, torna pública a especificidade da Psicomotricidade, inscrita num projeto terapêutico e defendida pelo Sindicato Nacional, em Paris, 1964. Em 1968, o Ministério dos Trabalhos Sociais estabelece:

> A psicomotricidade é uma atividade terapêutica destinada a agir por intermédio do corpo sobre as funções mentais perturbadas e sobre as reações comportamentais do sujeito. Isto deve permitir à criança um desenvolvimento harmonioso e, ao adulto, o reequilíbrio psicomotor por intermédio da experiência corporal. (LE CAMUS, 1986)

3ª Fase – Corpo Expressivo – de 1974 a 1980

Para Camus, o corpo que compreende (impressionista, permeável, mas mudo) recebe, nessa fase, licença para falar. É a fase de maior questionamento teórico, da ampliação das bases teóricas, das práticas que respeitam as fases do desenvolvimento infantil (Wallon, Piaget e Freud). Ao mesmo tempo, as práticas sensório-motoras são rebaixadas como técnicas e a preocupação a respeito da relação terapêutica, com a influência da Psicanálise, deu origem ao refrão – "Abaixo a técnica – viva a relação!". Os psicomotricistas são agora chamados de psico-reeducadores, revelando a marginalização das práticas psicomotoras, com objetivo educativo. É destaque o chamado movimento do *psicotropismo* e do *somatropismo*. Profissionais de áreas *psi* interessando-se pelas questões do corpo, e profissionais da área do corpo fazendo o inverso.

D. Anzieu aponta o corpo ausente, figurado, negado (de 1974), como fator responsável pela revolução cultural de 1968. Era preciso mudar de vida, dar a palavra ao corpo.

Influências mais fortes dessa fase continuam sendo as da Psicanálise, mas também da Psicologia das comunicações não verbais e da Etologia.

Não se podiam confundir, em 1973-74, a Psicanálise e a RPM, pois tratava-se de intervenções diferentes (verbal e não verbal). Podiam até se complementarem, mas eram ofícios diferentes.

Os teóricos psicanalistas mais influentes, que participaram da formação dos novos psicomotricistas, foram F. Dolto, S. Lebovici, J. Laplanche, J. B. Pontalis, D. Anzieu, Sami-Ali, (que chegou a fazer um esboço de matéria psicanalítica para a Psicomotricidade, em 1977), W. Reich, cuja teoria originou a gestaltterapia (Perls), o grito primal (Janov) e a bioenergética (Lowen), embora em 1980 tenha ocorrido o declínio das inspirações reichinianas, consideradas contracultura. Para Reich, a história socioafetiva incrusta-se no estado tônico do sujeito e os defeitos da "couraça" muscular traduzem os avatares da pulsão. A cultura psicanalítica obtida pelos técnicos em Psicomotricidade não dissuadiu os formadores psicanalistas de que o modelo da RPM e o da cura analítica não deveriam confundir-se.

Entre 1947 e 1959, Ajuriaguerra já havia integrado parte da contribuição de Freud e de seus adversários: os fiéis Spitz, M. Klein, A. Freud e D.W. Winnicott, e os infiéis, como Reich.

Em relação à Psicologia das comunicações não verbais, destacam-se Parlebas (1976), que introduziu a sociomotricidade à luz da Educação Física, da Psicologia Social e da Linguística, C. Pujade- Renaud (1968), partidários da expressão corporal libertadora contra o esporte repressor, M. Bernard (1972), que utilizou a Psicologia do corpo na Filosofia e J. Corraze (1973-80), que fez um estudo sobre comunicação, EC e imagem especular do corpo.

A Etologia Infantil preocupou-se com o estudo dos mecanismos da comunicação não verbal na criança, das mensagens a partir das mímicas e posturas de bebês, por H. Montagner (1972-76) e C. Rochourse (1978). As chamadas Técnicas Semiomotoras indicaram a motricidade como emissora de informação para a Neurologia e para a Educação Física. Da Neurologia e da Educação Física, a RPM foi impelida para a Psiquiatria (psicotropismo).

As práticas terapêuticas, em 1970, foram desenvolvidas a partir de B. Jolivet, que ampliou a nomenclatura dos distúrbios, considerando a RPM como mais próxima do distúrbio instrumental ou funcional, sem levar em conta os problemas afetivos.

A Psicoterapia Corporal aproxima mais as características psicoafetivas, por meio da Expressão Corporal com os recursos da transferência. Daí em diante, o psicomotricista, o ortofonista e o psicólogo são afastados do modelo de reeducador, testador–reparador. É questionada a utilidade do exame psicomotor.

A proposta de Lapierre (1972), a chamada Psicomotricidade Relacional e o Relaxamento Relacional de Thuriot passam a valorizar a experiência do paciente e a capacidade de empatia do terapeuta.

Chega ao auge a força da sedução da experiência analítica (1973-79). Fora da Psicanálise, para muitos, não havia salvação. Na mesma época, o somatropismo se intensifica, e os psicoterapeutas psicanalistas tornam-se atentos ao corpo não só na ação, como na encenação imaginária do corpo, principalmente com a influência do psicodrama de Moreno, o Relaxamento de sentido analítico, de M. Sapir, e a Análise analítica (experiência sensorial e motora vista como trampolim para a verbalização), de Robertie.

Os não freudianos, como Lewin, Moreno, Rogers e Reich introduzem os efeitos catárticos da ação em grupo, na experiência de Esalen, tornando a terapia de Lowen, Perls e Janov mais rápida. As práticas educativas entram em estagnação, os Grupos de Ajuda Psicopedagógica ficam circunscritos à escola pública (1975) e a Educação Física marginaliza as técnicas psicomotoras. A Escola Maternal mostra-se mais receptiva, já que o esporte se estende, na escola, à Expressão Corporal, mediante o emprego da dança, da mímica e da arte dramática, e a experiência com os bebês nadadores, enriquecendo a experiência motora e relacional, como antídoto do esporte.

Segundo Camus, foi como meio de linguagem, dos significantes mudos, que o corpo interessou aos psicomotricistas. O autor faz uma distinção entre o corpo que interessa ao psicomotricista e o corpo que interessa a outros profissionais, que também têm o corpo como objeto de investigação e tratamento.

Quem são os psicomotricistas? pergunta ele. São os que têm como campo de ação o da *motricidade em relação,* que têm a seu cargo as pedagogias ou as terapias de mediação corporal. Sua prática é considerada, ao mesmo tempo, corporal e relacional, como técnica pedagógica ou terapêutica, o que ainda não os diferencia do cinesioterapeuta, nem do educador esportivo, nem do psicanalista, que utiliza o corpo no relaxamento analítico. A proposta de Le Camus, para legitimar a existência do psicomotricista, é considerar a capacidade do corpo de informar-se e emitir informações (captando, estocando e informando), diferente do espaço definido pela capacidade energética ou termodinâmica do corpo – assimilar, estocar e produzir energias. Camus (1986, p. 70) acredita que os psicomotricistas chegarão a fazer nome, um dia, se se inscreverem no campo da lógica informacional (adeptos da impressão e da expressão corporal) em vez da psicanálise de contrabando.

Camus também levanta questões em torno da RPM: Para quem? Para quê? Como? Do polo neurológico e psiquiátrico, a Psicomotricidade desliza acentuadamente, em 1960, diante do destino traçado para o distúrbio psicomotor, afastando-o da margem instrumental para aproximá-lo da margem relacional. A carta de 1960 já não propõe uma reeducação, mas uma terapia e, embora agindo sobre o componente físico, as terapêuticas psicomotoras são, de fato, atividades psicoterápicas. A mesma evolução se produziu na ação da RPM, cujos programas diferenciados foram concebidos em função de distúrbios diferentes, salientando-se o aspecto qualitativo da Psicomotricidade. Vinte anos depois, andou-se mais longe da desinstrumentalização e o exame psicomotor de diagnóstico ou de controle perdeu seu rigor e importância, quase foi abandonado. O texto da SNRTP– Sociedade Francesa de Educação e Reeducação Psicomotora, publicado em 1976, determina que "para obter-se uma ação global na pessoa, a prioridade é deslocada da técnica para a relação" (CAMUS, 1986), o que acelerou mais ainda a deriva em direção à psicoterapia.

Camus considera a RPM como uma especialidade francesa, um sistema teórico, metodológico e institucional, gestado em um país rico e capitalista. O sucesso da RPM na França, para ele, se deve menos à situação sociopolítica e mais a uma reação contra a pressão forte do dualismo platônico, agostiniano e cartesiano, do intelectualismo dos racionalistas do século XVIII e XIX, e do verbalismo dos lacanianos. A difusão em países de cultura latina, como na Itália, na Espanha, na América do Sul, se deve ao fato de serem países impregnados da mesma ideologia da primazia da alma, do pensamento, da palavra sobre o corpo, onde o corpo é mais escarnecido. A RPM é ignorada por onde os sistemas de educação e terapia valorizam o papel do corpo, como nos países escandinavos, nos da Europa oriental, Inglaterra e, com exceções, na Alemanha, Estados Unidos e Canadá. O sucesso na França e nos países em desenvolvimento deve-se a dificuldades da civilização, à agitação, à agressividade, à passividade, à inibição e ao fracasso escolar. Nos países subdesenvolvidos e de democracias populares, o autor afirma que, antes de a criança ser cuidada pela RPM, é necessário cuidar das suas necessidades sociais de primeira urgência: alimentação, saúde e alfabetização. Para ele, a inadaptação e o fracasso escolar não são privilégios dos países capitalistas, e todos os sistemas políticos do mundo têm necessidade de estabelecer instituições de ajuda e cuidado para a infância. A RPM não é uma invenção capitalista e não existe em países socialistas e capitalistas, que conheceram a revolução industrial, a economia de mercado e o advento da democracia moderna, como Inglaterra, Alemanha Ocidental e Estados Unidos.

Para Le Camus (1986), o longo caminho percorrido pela Psicomotricidade torna a composição de seu conceito uma tarefa difícil. Mas se considerarmos as diferentes influências teóricas que ela recebeu, mais os interesses de profissionais de campos diversificados no contexto sociopolítico de cada época, que culminaram em diferentes conceitos operativos, os quais, por sua vez, orientaram as diferentes propostas e técnicas, a ideia de ciência encruzilhada, interdisciplinar, permite avançar na direção de uma resposta.

No Brasil, os estudos sobre os distúrbios psicomotores iniciaramse em São Paulo, nos anos de 1960, ligados ao curso de Psicologia da Faculdade Sedes Sapientiae, que adotou o ponto de vista psiconeurológico. Na Universidade de São Paulo, os estudos foram introduzidos em 1970, com a inclusão das disciplinas "Psicomotricidade" e "Reeducação Psicomotora", no currículo do curso de Psicologia. Dessa introdução resultou a sua maior utilização por parte de psicólogos, em São Paulo, enquanto, no Rio de Janeiro, isso se deu pelos fonoaudiólogos e, no Rio Grande do Sul, por professores de Educação Física.

Difundida por outros estados brasileiros, a Psicomotricidade conta com um Curso de Graduação no Rio de Janeiro e diversos Cursos de Especialização (Rio de Janeiro, Niterói, Fortaleza, Recife, Belo Horizonte e outras cidades mineiras).

Trazida para Belo Horizonte, primeiramente por Maria Sylvia Machado, psicóloga, no final dos anos de 1960 e, depois, por Jannê de Oliveira Campos, também psicóloga, no início dos anos de 1970, a Psicomotricidade foi introduzida no Currículo do Curso de Psicologia da

UFMG no final dessa mesma década. No Curso de Psicologia da PUC-Minas, a disciplina passou a fazer parte do Currículo em finais dos anos de 1980, assim como do Curso de Fisioterapia. A partir de 1991, passei a lecionar a disciplina teórica e, em seguida, a supervisionar os estágios na PUC-Minas. Na Faculdade de Ciências Médicas, a disciplina foi ministrada por Dinah Meireles no Curso de Especialização de Fisioterapia e Terapia Ocupacional (1988 a 1990). De igual modo, faz parte também do Currículo de Psicologia e do Curso de Pós-Graduação da FUMEC.

A chegada da Psicomotricidade ao Brasil precede, em pouco tempo, as modificações que a França iria propor a partir dos anos de 1970, ao introduzir o termo Terapia Psicomotora. O distúrbio psicomotor passou a ser considerado como sintoma, como forma de exteriorização de um problema, que afeta todo o indivíduo e que pode ter raízes muito amplas, seja na afetividade, seja nos aspectos motores ou nos cognitivos.

Hoje, entende-se que o corpo está universalmente presente em todo sintoma, em todo ato inteligente, em toda emoção, nos sonhos e na linguagem. No distúrbio psicomotor, o indivíduo propõe seu corpo como um enigma.

A Sociedade Brasileira de Psicomotricidade – SBP, atualmente denominada Associação Brasileira de Psicomotricidade – ABP, com sede no Rio de Janeiro, foi fundada em 1980 e os Capítulos Regionais estendem-se a várias cidades e estados brasileiros como Minas Gerais - em Belo Horizonte, Pernambuco - Recife, São Paulo, Rio Grande do Sul, Porto Alegre, Ceará - Fortaleza. A Associação tem como sócia-fundadora Suzana Velloso Cabral, psicóloga e psicomotricista, responsável pelo desenvolvimento e propagação da Psicomotricidade, em Minas Gerais e no Brasil. Ao oferecer Formação em Psicomotricidade Relacional, em Belo Horizonte, por volta de 1990, Suzana permitiu a formação profissional de vários psicomotricistas.

Como referido anteriormente, ao terminar o curso de aperfeiçoamento em Psicomotricidade, em 1972, no Instituto Psicopedagógico de Minas Gerais, timidamente, fiz uma proposta para articular os conhecimentos de dança com os conceitos da Psicomotricidade, que foi aceita pela diretora do Instituto. Passei a elaborar uma técnica auxiliar, associando alguns movimentos da dança que, supunha, contribuiriam para o desenvolvimento das noções de espaço, tempo, lateralidade, coordenação motora e expressividade corporal de crianças e adolescentes, atendidas em RPM, no Instituto. Iniciei os atendimentos a partir dos casos encaminhados pela direção do Instituto, em 1973. Nesta época, encontrava-me na segunda fase, a do Corpo Receptivo, mencionada no Capítulo 1.1, baseando-me nos ensinamentos de Wallon e Winnicott.

À medida que atendia às crianças e aos adolescentes, procurava escrever sobre a experiência e, no caminho do Instituto para o Palácio das Artes, onde era bailarina profissional, surgiu o nome *Coreoterapia*, a terapia pela dança, diante dos pedidos insistentes de Maria Sylvia. Posteriormente, o atendimento ampliou-se para adultos, em outras instituições, hospitais psiquiátricos e em consultório particular. Tive o privilégio de encontrar diretores psiquiatras e psicanalistas, como Márcio Pinheiro, Luiz Carlos Ferreira Drummond, Carlos Motta Navarro, Djalma Teixeira de Oliveira, Clóvis Sette Bicalho, que acreditavam na filosofia da comunidade terapêutica, introduzindo-a em Belo Horizonte, no Centro Psicoterapêutico, o primeiro hospital-dia inaugurado em Belo Horizonte, e no Hospital Santa Margarida. Alguns colegas, como Pedro Coura Filho, Martha Pedrosa, Suely Machado, Simone Caporalli Ribeiro, Selma Andrade, Zlática de Farias, Maria Elisa Aun, Mônica Bruno, Lúcia Faria de Sá, Danilo Bastos Jardim, Diego Valu Rodrigues participaram de grupos de formação em Coreoterapia, alimentando discussões, revisando e introduzindo questões fundamentais para mais objetividade teórica e prática da técnica, encarregando-se de difundir a proposta em outros lugares.

A Coreoterapia foi apresentada em alguns Seminários e Congressos de Belo Horizonte. No IV Congresso Brasileiro de Neuro- Psiquiatria Infantil e IV Congresso Latino-Americano de Psiquiatria Infantil, em 1977, apresentei-a como Tema Livre. No mesmo Congresso, frequentei o curso sobre "O inato e o adquirido" ministrado pelo Professor Juan de Ajuriaguerra. Em 1980, foi publicado o livro *Coreoterapia*: terapia através da dança. (Belo Horizonte, Editora Interlivros)

Inicialmente, procurando organizar a proposta técnica, passei a me preocupar com sua metodologia (o como), definindo melhor o objeto formal abstrato (o que), tocado pela técnica. Outros teóricos passaram a me esclarecer com mais propriedade o que eu pretendia investigar. A questão do dualismo corpo/psiquismo intensificou-se, pois ainda me via, teoricamente, como os psicomotricistas da primeira e da segunda fase da história da Psicomotricidade, indicadas por Camus. Os resultados, entretanto, mostravam mais articulações, por meio das expressões e da fala dos pacientes. A descoberta, na contradição entre meu próprio pensamento e o que a prática mostrava, levou-me para mais perto da dialética de Merleau-Ponty. Embora a dialética do método de Wallon indique a saída do paralelismo psicofísico, a linha evolutiva sustentada por sua teoria impele a sensório-motricidade em direção à representação mental, à consciência de si e do mundo, e o adulto se torna dicotômico. Na tentativa de articular o corpo e o pensamento, criei, então, o conceito de articulação horizontal e articulação vertical para a revisão e a reorganização do que é do corpo e da mente. Posteriormente, as noções e a experiência com o pensamento sistêmico, aplicado à psicoterapia de famílias e casais, mais os estudos sobre as ideias de Walter Benjamin ampliaram meu entendimento sobre a sensibilidade, a presença e o significado do corpo no mundo.

Os dois métodos desenvolvidos a partir das concepções da Psicogenética de Wallon e fenomenológicas, de Merleau-Ponty, nos quais também a Coreoterapia se baseia, serão apresentados mais adiante, após as definições de Psicomotricidade, dos conceitos principais e da classificação dos distúrbios.

1.2 Psicomotricidade: Ciência, Prática ou Paradigma?

A partir de uma retrospectiva das influências teóricas e confluências metodológicas nos conceitos da Psicomotricidade, por diferentes áreas do saber, são apontadas as contradições inerentes à sua própria história. Ciência que tem o corpo como objeto de estudo e tratamento, a Psicomotricidade deve ser considerada uma epistemologia que nega validade ao fenômeno psicomotor fora do contexto das relações histórico-sociais. A intenção, ao longo deste livro, é apresentar a Psicomotricidade além das suas características de ciência e técnica, como o paradigma do século XX e não como um reservatório de paradigmas.

Como vimos, a Psicomotricidade nasceu em berço francês, como reação aos excessos do verbalismo e do intelectualismo do século XIX, oscilando entre os polos pedagógico e médico, psiquiátrico e psicológico. Cresceu alimentada pela renovação dos conceitos da Psicogenética, da Fenomenologia e da Psicanálise, afirmando-se como ciência autônoma, no século XX. A Fisioterapia, a primeira a aparecer no cenário paramédico como técnica de reabilitação, por volta de 1846, é considerada sua irmã mais velha. Inicialmente, professores de Educação Física, Fisioterapeutas e Pedagogos foram os que mais se interessaram pela prática da Psicomotricidade.

Por herdar seu conceito a partir da combinação de outros, tem sido considerada *ciência encruzilhada* (COSTE, 1981), na qual vários pontos de vista se cruzam. Essa confluência, que caracteriza suas origens, me faz considerá-la uma ciência essencialmente interdisciplinar, pois como ciência do corpo e das relações, a Psicomotricidade empresta-se a outras áreas do saber que têm o corpo como objeto de estudo, investigação e tratamento.

A Psicomotricidade é também considerada uma terapia que se propõe a tratar as capacidades impressivas e expressivas do sujeito. Nas terapêuticas psicomotoras, é possível reinventar o corpo em relação, na busca de novo projeto de vida, para que o corpo possa andar de braços dados com o pensamento. Resgatar o corpo que carrega a subjetividade atrás de si é um dos objetivos da Psicomotricidade. Decodificar a linguagem do corpo na comunicação é tarefa do psicomotricista. As manifestações psíquicas estão entrelaçadas com as expressões do corpo. Separadas, indicam que estamos doentes. Separá-las, é uma questão de paradigma.

Todo psicomotricista tem obsessão pelo movimento e, onde ele estiver, põe-se como sentinela na defesa do estatuto do corpo.

Mas, de qual corpo se fala em Psicomotricidade? O corpo do qual se fala neste texto é tratado tanto em sua dimensão real, como representado simbolicamente.

O conceito de Le Camus (1975) define o corpo como capaz de informar-se, estocando informações sobre si mesmo, e informar, emitindo informações a partir de si mesmo. Segundo o autor citado, é o corpo da lógica informacional, da impressão e da expressão corporal. Na concepção de Merleau-Ponty (1999), é o corpo na comunicação, na possibilidade de se ver e ser visto, num campo de presença. Podemos identificá-lo, portanto, como o corpo ação-comunicação.

Como vimos, a história da Psicomotricidade começa com o primeiro adjetivo psico-motor, escrito com hífen, em 1870, quando os progressos da Neurofisiologia permitiram a descoberta de uma nova área cortical. Esta área mostrava uma junção meio misteriosa entre a imagem mental e o movimento e recebeu o nome de área psico-motora. O termo vem da composição entre a Psicogenética: psico - história do gesto e da ação motora, e da Neurologia: motricidade – ação motora que o corpo exibe no tempo e no espaço, que depende da integração dos sistemas piramidal, extrapiramidal e cerebelar. Além das descobertas neurofisiológicas, as concordâncias entre a motricidade e a inteligência, observadas posteriormente por E. Dupré, em 1907, e as coocorrências entre a motricidade e o caráter, apontadas por H. Wallon, e publicadas em 1925, ajudaram a fortalecer a Psicomotricidade que tem se esforçado, desde então, em se guiar pelo princípio fundamental na consideração do ser humano em sua globalidade.

O grande mérito da Psicomotricidade é o de ter aproximado o corpo do psiquismo, retirando-o do limbo, de uma categoria inferior, relegado por Platão e Descartes. A doutrina do paralelismo psicofísico permitiu, a princípio, a possibilidade de investigação e tratamento dos aspectos físicos e psíquicos de crianças e jovens, por meio de técnicas de caráter ortopédico, em discursos pedagógicos e paramédicos. Vem daí a reação e contribuição da Psicomotricidade: a de ter aproximado, pelo menos de forma paralela, até dez anos de idade mental, o corpo do psiquismo, ou a motricidade do pensamento. A própria doutrina do paralelismo se encarregará de dar continuidade ao pensamento dicotômico da época, pois não se pode esquecer que duas paralelas jamais se encontrarão!

Abre-se, portanto, um momento para pensarmos a Psicomotricidade não só como ciência e técnica, mas também como o novo paradigma da ciência, por romper com o modelo atomista, dicotômico e cartesiano da época: o paradigma do cálculo, do mecanicismo do universo.

Para se chegar a essa afirmação, é preciso repassar como se construiu o conhecimento ao longo do tempo. Sabemos que o homem sempre se preocupou em conhecer os fenômenos do céu e da terra. A história nos conta que os gregos acreditavam que para se conhecer alguma coisa devíamos usar a razão, a lógica. Posteriormente, na época medieval, a fé substituiu a razão e aprisionou o fenômeno na ilusão do espírito. Ai daquele que ousasse conhecer, ou inventar fora dos muros, dos recintos e preceitos religiosos!

Quando, então, Galileu apontou sua luneta para o céu, no século XVI, o mundo veio abaixo! Instituiu-se, assim, a ideia de que o conhecimento só tinha validade se fosse adquirido pela observação, pela experimentação e pela elaboração de leis.

Descartes, no século XVII, observa o fenômeno a partir de três substâncias: a alma, o corpo e Deus, e instaura o método científico cartesiano, indicando ao mundo que só é possível conhecer o fenômeno se ele for separado em várias partes. As ciências, então, passam a aplicar esse método em seus devidos campos de investigação.

A Psicologia também adota essa direção e funda seu primeiro laboratório experimental, em 1879, na Alemanha. Encontra reações na Inglaterra, que preferiu pensar que o fenômeno deve ser conhecido no seu todo, na perspectiva de sua unicidade. Marcados historicamente por essas formas de pensar e conhecer os fenômenos, nós, psicólogos, também nos dividimos entre elas e concebemos o fenômeno ora em seus aspectos comportamentais, ora inconscientes, ora cognitivos, ora relacionais.

A intervenção na clínica psicológica passa a depender, portanto, dos métodos e das técnicas sustentados por uma e outra determinada concepção epistemológica. Tal diversidade teórica, ao mesmo tempo em que possibilita a escolha, nos divide e atrapalha, enquanto se é um estudante de Psicologia. Ora ele é capturado pelos parâmetros de evolução, progresso e controle da Modernidade implicados na Psicologia, ora é estimulado a caminhar em direção às epistemologias contemporâneas, que absorveram concepções da Filosofia.

A necessidade de controle e a perspectiva de evolução e progresso que a Psicologia absorve da Modernidade gera, em suas diversas teorias, diferentes conceitos do campo psicológico. Em nós, tal herança leva a atitudes práticas que separam aptos de não aptos, em instituições, clínicas e escolas. Vamos ficando cada vez mais vesgos diante de nossos pacientes, numa expectativa de que alcancem um progresso rápido e eficiente em sua tarefa de ser alguém mais inteligente, ou mais habilidoso, ou mais harmonioso, bem-adaptado ao mundo e à escola, obediente à família, normal! A contradição acaba aparecendo também no modismo das questões da inclusão, muitas vezes, excluindo o diferente.

Ao se constituir a partir das influências de outras ciências, a Psicomotricidade também herda diferentes formas de pensar e intervir em sua prática, apesar de defender seu princípio básico: o ser humano é uno e deve ser considerado no seu todo, o que nos põe em constantes paradoxos diante da prática. Ao procurar seu próprio caminho, com mais autonomia, o psicomotricista está sempre se esbarrando em contradições: alguns encaminham seus pacientes para outros profissionais, quando se veem às voltas com problemas de ordem emocional, ou motoras, ou familiares. O que, muitas vezes, representa uma escolha, a que temos direito, outras vezes pode revelar a dificuldade de se pensar o fenômeno em seus diferentes aspectos. Afinal, somos criados e formados sob a perspectiva atomista, e cisões estão em todos os lugares: na família, na escola, na cultura.

Se considerarmos o contexto histórico do século XIX, quando surge a Psicomotricidade e imaginarmos a vida à época, podemos vê- la como pioneira ao romper a membrana tênue que separa o mundo físico do mundo psíquico. Ao propor ao mundo uma forma prática de casar a mente com o corpo, mesmo com as contradições inerentes ao seu exercício técnico, pautado pelas diferentes influências teóricas, a Psicomotricidade, a meu ver, inaugura, na prática clínica, nova maneira de ver e tratar a complexa condição de sujeito, diante das ciências, como novo paradigma das ciências.

É só no século XX, no entanto, que a Psicomotricidade se impõe como disciplina autônoma, ao se separar de sua irmã mais velha, a Fisioterapia, e da Educação Física. Em 1960, J. de Ajuriaguerra desata os laços que as confundiam, ao fazer um corte epistemológico em relação à definição dos distúrbios motores (os que dizem respeito ao mecanismo do movimento) e dos distúrbios psicomotores (os que dizem respeito à vontade do movimento), tornando pública a independência da Psicomotricidade. O corpo não é mais reconhecido apenas como um dos elementos da famosa dupla, mas caminho obrigatório da gênese do pensamento.

Já em sua adolescência, a Psicomotricidade recebe outras influências teóricas e é muito criticada pela Psicanálise, que não considera possível a relação de transferência em sua prática. Mas, como todo adolescente, a Psicomotricidade vive entre as contradições e os paradoxos da vida com os mais velhos. Continua procurando afirmar sua identidade, seguindo à risca a perspectiva de conhecer o fenômeno em suas dimensões psíquicas, afetivas, cognitivas, motoras e sociais, entre *bolas, tambores e transferência.*

Entre os anos de 1970 e 1980, surgem, então, várias propostas para ampará-la nesse caminho obstinado. Passa a ser bombardeada com métodos e técnicas diferentes, com bases da Psicogenética, da própria Psicanálise, que a critica, recebe contribuições da Gestalt, da Fenomenologia, da Psicologia das comunicações não verbais e da Etologia. Embora seja considerada a ciência do corpo, a Psicomotricidade nunca apresentou um corpo teórico. Ao longo de sua história, as características da evolução do conceito de Psicomotricidade conferem a ela sua dimensão de ciência e de técnica.

Para decifrar os códigos não verbais que as crianças, os adolescentes e os adultos usam na comunicação com o mundo, o psicomotricista deverá escolher um desses caminhos teóricos, em sua prática, que sustentam também suas noções de corpo.

Na perspectiva fenomenológica de Merleau-Ponty (1998), por exemplo, o mundo tem um significado porque podemos tocá-lo e representá-lo de uma só vez, com o nosso corpo e a nossa mente. Não é preciso tocar o mundo primeiro para depois representá-lo, como sustenta a Psicogenética, ao considerar a motricidade a primeira expressão do psiquismo, configurado evolutivamente ao longo de estágios do desenvolvimento da criança e do adolescente.

Ao apresentá-la, também, como o paradigma das ciências, é preciso, entretanto, citar alguns autores que buscam as bases epistemológicas da Psicomotricidade. No VII Congresso Brasileiro de Psicomotricidade, realizado em Fortaleza, Fonseca (1998) aponta que a Psicomotricidade está rodeada por um sem-número de práticas corporais desconceitualizadas, com discursos teóricos inconsistentes entre a Neurologia restritiva e a Psicologia do tipo racional, ou relacional, presa a emoções e afetos, sem, contudo, ter definido seus conteúdos, seus paradigmas e seus objetos de pesquisa. E que as tentativas de abordagem epistemológicas da motricidade humana sustentadas em análises filosóficas atraentes e correntes do pensamento contemporâneo, ao lado de fundamentos neurológicos, psicológicos, psiquiátricos e patológicos, tornam o objeto de estudo da Psicomotricidade um desafio mais sério de integração teórica. O autor aponta que o termo Psicomotricidade, diante da ambiguidade dos conceitos a que ela se associa, assim como sua significação, é definido na *Enciclopédia Universal* de forma ampla e vaga, como *campo de todas as tentativas para analisar e realizar a perfeição do comportamento*. Traça, então, as históricas influências e convergências de propostas teórico-práticas e apresenta o objeto de conhecimento da Psicomotricidade como a chave da criação cultural, na manifestação da inteligência, ao fazer a distinção entre a motricidade humana e a animal. Da natureza a uma civilização, dos reflexos motores a uma reflexão psicológica, a Psicomotricidade, para o autor, decorre de um processo de aprendizagem dependente da mediatização que opera num contexto social concreto (FONSECA,1998, p. 104).

A definição de Psicomotricidade dada pela SBP, na ocasião do I Congresso, de 1982, é aqui transcrita: *É uma ciência que tem por objetivo o estudo do homem, através do corpo em movimento, nas relações com o seu mundo interno e externo.*

Mediante essas observações, fico tentada a apresentar uma questão: Em vez de pensarmos a Psicomotricidade como um reservatório de paradigmas, será que poderíamos considerá-la como o paradigma do século XX? Penso que o mais importante é deixarmos de nos preocupar com seu objeto de estudo e passarmos a vê-la num campo híbrido de presença no mundo, capaz de acolher o que há entre as disciplinas que a configuraram e o que há naquelas às quais empresta sua direção teórica e prática. Aponto essa direção epistemológica, pedindo emprestado o raciocínio sistêmico-cibernético, que nega validade ao fenômeno fora de seu contexto. Antes do surgimento dos princípios de globalidade, equifinalidade e retroalimentação, conforme propostos pela Teoria Geral dos Sistemas (1930) da Cibernética (o comando da comunicação), por volta de 1940, vejo a Psicomotricidade como pioneira ao lançar as bases do sistemismo, na tentativa de aproximação de dois sistemas: a motricidade e a inteligência. Podemos vê-la, portanto, como a ciência das ciências, que tem o corpo e o psiquismo como objeto de estudo e tratamento. Passemos a considerá-la, então, como a ciência das ciências, que tem um pouco de cada uma delas. A Psicomotricidade não é Neurologia, não é Psicologia, não é Pedagogia, nem Psicanálise, nem Filosofia, mas tem um pouco de cada uma delas. Ao apontá-la como o paradigma do século XX, a Psicomotricidade negará validade ao fenômeno psicomotor fora de seu contexto, podendo, ela própria, ser vista como uma epistemologia psicomotora. O que deve interessar a nós, psicomotricistas, são os *mediadores* entre o corpo e a mente, o que se passa na junção misteriosa entre a imagem mental e o movimento, na articulação das expressões do corpo com a mente, na relação com o outro e com o mundo, apesar de ainda sermos considerados como profissionais auxiliares ou meros arlequins, entre a colombina e o pierrô apaixonado.

Autores contemporâneos sugerem que deixemos de pensar em polos opostos: sujeito/objeto, homem/natureza e nos preocupemos mais com os mediadores que ocorrem entre eles. Nada mais apropriado para repensarmos nossa presença no mundo.

Ao apontar a Psicomotricidade como o novo paradigma da ciência, na revisão do raciocínio característico do homem moderno e abstrato diante de si e dos outros, podemos considerar, por exemplo, a capacidade de sermos "visíveis e videntes" na nossa condição no mundo, focalizando a intervenção não verbal diante das relações que permeiam entre nosso corpo e mente, com o corpo maior, ou seja, com o contexto onde vivemos. Talvez possamos nos colocar em uma interação corporal mais direta com as pessoas que observamos, não nos esquecendo de nos ver nessa relação, enquanto assim o fazemos, ao sermos vistos por elas.

Adotar essa direção paradigmática da Psicomotricidade nos permite buscar a vertente educativa e a vertente clínica, segundo as três modalidades de aplicação: a Educação Psicomotora, a Reeducação Psicomotora e a Terapia Psicomotora.

2. CONCEITO DE PSICOMOTRICIDADE

Para responder à primeira questão formulada no início do livro – o que é Psicomotricidade? –, é necessário retomar suas origens, sua história.

Em relação ao seu próprio estudo, isto é, o indivíduo humano e suas relações com o corpo, a Psicomotricidade é uma ciência encruzilhada ou, mais exatamente uma técnica em que se cruzam e se encontram múltiplos pontos de vista e que utiliza as aquisições de numerosas ciências constituídas, como a Biologia, a Psicologia, a Psicanálise, a Sociologia e a Linguística. Mas, além disso, é uma terapia que se propõe a desenvolver as faculdades expressivas do indivíduo. Em sua prática, a Psicomotricidade empenha-se em superar a oposição da problemática cartesiana que toda a Filosofia Clássica apresenta: *O homem é o seu corpo* e não o homem e seu corpo.

As noções de causalidade linear entre as áreas motoras nervosas e os fenômenos corporais, que a Neurologia mostrou em suas investigações, mais a relação entre os fenômenos corporais e a história psico-afetivo-social, por meio do processo dinâmico evolutivo da criança, que a Psicologia Genética desenvolveu, foram responsáveis pela substituição do adjetivo psicomotor, para a palavra Psicomotricidade. O termo *psico* vem do campo da Psicologia Genética e está relacionado à história da ação motora, do gesto motor, compreendendo o movimento como elemento determinante dos processos psíquicos. Motricidade vem do campo da Neurologia e relaciona-se à ação motora que o corpo exibe no tempo e no espaço, compreendendo o movimento como o resultado final da atividade dos sistemas piramidal, extrapiramidal e cerebelar. Embora presas ao paralelismo psicofísico, as duas vertentes – a psicogenética e a organicista – são consideradas polos que passaram a introduzir a ideia da união e da interferência entre o corpo e o espírito.

A investigação no campo da Neurofisiologia sobre os distúrbios motores que não apresentavam lesão, como a apraxia ideomotora, por exemplo, em que a pessoa é capaz de pegar um copo de água, mas não consegue fazê-lo diante de uma instrução verbal, somada à ideia de que crianças inadaptadas em sua coordenação motora eram passíveis de reeducação por meio de atividades específicas, tornou possível conciliar os aspectos corporais e mentais, ampliando as considerações sobre os distúrbios simbólicos. A Psicomotricidade começava a oscilar entre os polos psiquiátrico, pedagógico e psicológico, psicanalítico. Dupré, em 1915, ao comparar a debilidade mental com a debilidade motora, indica a primeira operacionalização do conceito de Psicomotricidade, uma primeira definição de equilíbrio funcional do conjunto de elementos de um ato motor adaptado a seus fins.

Algumas perturbações psicomotoras (patologia-etiogenia) foram discriminadas. Certos autores classificam as perturbações psicomotoras dentro do quadro heterogêneo da soma de conceitos interdisciplinares: enfermidades motoras cerebrais, debilidade motora, instabilidade, atrasos e repressões do desenvolvimento psicomotor, os pseudo-retardados mentais, a histeria, a catatonia, os movimentos coreiformes, os tiques, a gagueira, a amnésia. Ajuriaguerra (1960) utilizou procedimentos que permitem reconhecer uma especificidade dos problemas psicomotores, graças a algumas características gerais: ausência de lesão neurológica focal; ausência de um sistema definido desregulado; manifestação intimamente ligada às aferências e às situações de um indivíduo determinado.

A falta de lesões localizadas no sistema nervoso nas desordens psicomotoras, os trabalhos de Wallon, Piaget e Freud, enfatizando o papel da atividade sensório-motora na elaboração da relação de objeto, na construção do objeto libidinal, o fato de a atividade sensório- motora ser considerada condição para se chegar ao pensamento simbólico (manifestações na linguagem), a perspectiva fenomenológica da formação do esquema corporal e seu referencial têmporo-espacial, tudo isso faz pensar que *a Psicomotricidade não pode ser enfocada a não ser de forma pluridisciplinar.*

As relações do corpo e do psiquismo, no campo da patologia se organizam em torno de dois polos: a Medicina Psicossomática e a Psicomotricidade. Ambos mostram um campo de ação pouco preciso, mas a Psicomotricidade é ainda mais ignorada por médicos, psicólogos e educadores, talvez pelo ecletismo das suas perspectivas e a complexidade das suas referências ou o desconhecimento destas. O método anátomo-clínico tradicional não consegue detectar as afecções psicossomáticas e muito menos as psicomotoras. Nas perturbações psicossomáticas, a representação do sentido encontra-se camuflada, reprimida ou deslocada. O método não consegue exprimir a significação inconsciente da doença para o sujeito. Por outro lado, as perturbações psicomotoras mostram a ausência de representação do sentido, não aparecem bruscamente na pessoa, sendo consideradas questão de distância evolutiva. Isto é, ao longo do desenvolvimento, a criança, por diferentes condições adversas, de ordem maturacional, familiar e social, distancia-se das aquisições esperadas em cada etapa no decorrer dos estágios evolutivos. Na primeira infância, parece que as perturbações psicossomáticas exprimem pelo corpo da criança os conflitos de sua mãe; não é a criança que tem um sentido camuflado diante dos problemas (McDOUGALL, 1983). As perturbações psicomotoras repercutem sobre a possibilidade de a criança ir desviando seu sistema de representação simbólica.

Por que não considerar o déficit psicomotor como psicossomático? Isso é possível, mas não acontece no geral, pois a definição das perturbações psicossomáticas é árdua pela insuficiência de conceitos neurológicos, psiquiátricos e psicológicos, e o conceito de Psicomotricidade é ainda recente.

O conceito de Psicomotricidade de caráter reeducativo foi aplicado no início do século XX, sob a denominação geral de Reeducação, ao tratamento das inadaptações. Nasceu de uma renovação dos conceitos pertencentes aos campos da Psicologia Genética que, por sua vez, foi enriquecida pelas contribuições da Neurofisiologia, da Psicologia, da Psicologia Social e da Psicanálise, cada uma delas já perfazendo uma área específica. O conceito, herdado da combinação de outros, garante a riqueza e o otimismo de um elemento novo carregado de promessas para o futuro. O conceito Psicomotor repousa sobre esse conjunto de dados, e o *princípio da unidade do ser* exige que este seja visto como um todo. A diversidade dos componentes que, em conjunto, definem o conceito psicomotor, exige que cada um deles seja visto por si mesmo, analisado, confrontado com outros, tendo-se uma preocupação têmporo-espacial, inerente a uma situação evolutiva.

O conceito psicomotor, portanto, deve ser visto nos enfoques neurofisiológico, psicológico, fenomenológico, psicanalítico e na epistemologia genética.

Nas considerações psicofisiológicas, psicoafetivas e psicossociais estão implícitas a questão da experimentação e a da aprendizagem. No desenrolar da vida psicomotora intervém, de um lado, o *espaço* que a pessoa constrói junto com seu esquema corporal, que vai influir em suas relações com o mundo e, de outro, o *tempo*, que regula a construção do esquema corporal como se fosse um relógio interno que, por sua vez, deve se regular de acordo com o cronômetro social. O fato implica a experimentação, a aprendizagem, a evolução, a construção do espaço, a construção do tempo, o EC, a *unidade do ser*. A partir dessas noções, presas ainda a um paralelismo psicofísico, os teóricos e os práticos da Psicomotricidade dão início às formulações sobre o desenvolvimento psicomotor, esquema corporal, noções de espaço e tempo.

O grande mérito da Psicomotricidade foi o de ter aproximado o polo motor do polo mental. Mas o conceito psicomotor é mais profundo do que uma simples associação corpo-psiquismo. A unidade do ser parte, de fato, da concepção do homem como um indivíduo em desenvolvimento. Parte de um substrato orgânico (hereditário) que recebe influências, de um lado, da atividade organizadora do próprio sujeito; de outro, da atividade adaptativa que depende das inter-relações com o meio (psicossociais). No início, o Homem está preso ao polo orgânico, à sensório-motricidade (elemento de ligação de expressão tanto dos aspectos corporais como dos aspectos psíquicos da unidade do ser). A manifestação da sensório-motricidade se faz por meio da *ação*, que contém elementos tônicos (tensão dos músculos), elementos motores (movimentos) e elementos sensórios (sensação).

O psiquismo vai se formando e se manifestando por meio da sensório-motricidade em inter-relação com os conteúdos psicoafetivos simultâneos. Desde o início da vida, portanto, o conceito psicomotor está presente. À medida que o desenvolvimento prossegue, já não haverá uma dependência tão marcante do polo orgânico. Os aspectos psicossociais vão adquirindo maior predominância e se liberam parcialmente do polo somático, que continua a intervir em todo o desenvolvimento do ser humano.

Sob a influência da Neurologia e da Psicologia Genética, os conceitos utilizados em Psicomotricidade foram organizados segundo a cadeia tônico-afetivo-motora, e eles permitiram o diagnóstico dos distúrbios para a intervenção. Assim foram distinguidos os conceitos de coordenação motora global e fina, de tonicidade, de lateralidade, ou dominância lateral, de orientação de espaço, tempo e ritmo. Todos eles devem ser reunidos em torno do conceito de esquema corporal que, juntamente com as noções de espaço e tempo, formam o Sistema de Referência sobre o qual a teoria e a prática psicomotora se apoiam.

Como se pode ver, para definir o que é Psicomotricidade, como ciência e terapia, é preciso retomar a evolução do conceito ao longo da sua história, considerando três dimensões: a influência das investigações de outras ciências na composição de seus princípios, a contribuição das propostas práticas desenvolvidas por diferentes reeducadores ou psicomotricistas e os atores, as crianças, em sua maioria, que se submeteram às distintas orientações teóricas e metodológicas de seus autores.

Não se pode precisar se foram as práticas ou as influências teóricas que ajudaram a definir o conceito de Psicomotricidade. Se considerarmos o contexto histórico em que a RPM surgiu, na era Moderna, cujos parâmetros circulam em torno das ideias de progresso, controle e evolução implicados na Psicologia, separando os mais aptos dos não aptos, à criança restou se adaptar às exigências de uma técnica de cunho reeducativo e adaptativo por meio de intervenções diretivas.

Pergunto-me, então, se o conceito de Psicomotricidade original responde ainda pelas aplicações, na contemporaneidade, das terapêuticas psicomotoras. Será que a criança ou o adolescente contemporâneo são os que agora já podem melhor redefini-la? Diante das ameaças que circunscrevem o mundo moderno em relação a situações enfrentadas por crianças e jovens, de violência, do trabalho infantil, da compra e venda de crianças, dos abusos de todos os tipos a que são submetidas pelos adultos seja em casa, na família, na escola, seja na cidade, penso que o corpo continua a ser considerado elemento inferior em relação às funções de ordem intelectual. Que papel a Psicomotricidade deve desempenhar ao lidar com as vicissitudes que a contemporaneidade impõe ao mundo do jovem?

Para Castro (1998), as teorias psicológicas e educacionais que sustentam as práticas de cuidado e orientação de crianças e jovens nem sempre dão conta da variedade de situações específicas da época contemporânea. A perspectiva tradicional familiar desqualifica a maneira de a criança apreender o mundo que a cerca e sua função de coparticipação na vida.

Diversas compreensões circunscreveram a infância num estado ideal do ponto de vista do adulto, portanto, de forma controlável. A Psicologia do Desenvolvimento, implicada no projeto moderno, confinou a infância a situações previsíveis de tempo e lugar, extinguindo alternativas de produção sócio-histórica. A ênfase sobre a racionalidade mistificou e suprimiu um aspecto importante da vida infantil: o caráter fluido, ambíguo, contraditório e caótico da criança. As condições de história e cultura que produzem hoje uma infância e uma adolescência são diferentes daquelas do início do século XX. *Pensar sobre o sentido da infância, hoje, significa examinar a construção da representação da infância na modernidade* (CASTRO, 1998).

Se se considera a infância como a idade oprimida, como uma passagem a ser ultrapassada, como objeto normatizável da Psicologia do Desenvolvimento, é necessária a investigação dos modos de subjetivação na infância quando a criança pode ser considerada *sujeito* do seu devir.

O que há, então, para se fazer pela criança?

É possível livrá-la da exigência tradicional da Psicologia do Desenvolvimento na perspectiva do progresso moderno? Isolar a criança em guetos infantis, buscando formas de convivência e cognição entre seus próprios pares? Protegê-la da sociedade de consumo? Recortar o espaço para que suas ações se deem de forma independente, para que possa mirar-se a si mesma? Suspender o tempo, por um instante, para que ela possa viver suas próprias experiências, para que possa se encarnar no seu próprio corpo, no seu próprio tempo de vida, na História?

Na impossibilidade de desemaranhar toda essa rede de situações em que se encontram imersas as crianças na contemporaneidade, ousei destacar uma delas, propondo, em minha dissertação de mestrado (2001), a seguinte questão: É possível criar um momento, um instante para que a criança possa *se impressionar* e *impressionar* com suas próprias experiências corporais, *encarnando-se em si mesma*, produzindo sua própria essência e singularidade, contando sua história?

Juntando-me às questões e considerações levantadas nas publicações de Castro (1998) e colaboradores, numa proposta de *revisitar* a infância, repensando as invariantes do pensamento evolucionista da Psicologia do Desenvolvimento, procurei outra apresentação do mundo pela criança. Intitulado *Por uma infância encarnada*: impressões do corpo no tempo, esse trabalho tratou, portanto, de investigar se a criança tem a capacidade de contar sua história pelo corpo, num tempo que não se constitui de uma sequência linear de minutos, mas que diz respeito ao *tempo do agora* (Benjamin, 1986, 1993).

Encarnar-se é perceber, em estado nascente, a singularidade da visão e dos sentidos (MERLEAU-PONTY, 1999). O *tempo do agora* permite interromper a visão cronológica dos fatos para recuperar, na História, a singularidade dos eventos. Encarnar-se no tempo do agora é *impressionar- se, captando e armazenando informações sobre si mesmo, para impressionar* (LE CAMUS,1986) o outro, expressando informações, num movimento singular.

Será esse o caminho a seguir em busca da revisão pós-moderna do conceito e da aplicação da Psicomotricidade?

A descrição, a seguir, dos conceitos básicos operacionais utilizados tanto para o estudo quanto para o tratamento psicomotor mais a distinção entre Educação, Reeducação e Terapia Psicomotora, ajudam a recuperar a noção e a compreensão do conceito e das orientações de ordem teórico-prática, eixo das origens, que ontem e hoje norteiam os profissionais que se dedicam à Psicomotricidade.

2.1 Os Conceitos Originadores da Prática Psicomotora

Ainda na tentativa de responder à pergunta: O que é Psicomotricidade? - penso ser importante lembrar os conceitos utilizados em estudos e em propostas práticas que considero mais uma direção que ajudou a defini- la como ciência e terapia. Foi pela prática do próprio experimento, na ação terapêutica, que muitos psicomotricistas ajudaram na construção dessa ciência. Como apontado, a evolução do conceito de Psicomotricidade, a meu ver, deve ser buscada em conjunto em sua história, assim como em práticas propostas e, acrescento, na definição de seus conceitos originais, perfazendo assim as três dimensões que podem facilitar a compreensão frente à complexidade dessa ciência e terapia. Como também já apontado, procurei pensá-la como paradigma do século XX, outro norteador, uma vez que apresenta, em sua própria história, outra concepção da unidade do ser, a partir de 1897.

Os principais conceitos utilizados para a investigação, os estudos e a terapia no campo psicomotor, foram extraídos de diferentes teorias de cunho evolutivo e se voltam mais para a direção da aprendizagem, em seus aspectos educativos e reeducativos. Consideram as teorias que, para a aprendizagem se desenvolver num curso normal, são necessárias algumas habilidades básicas. A evolução psicomotora se traduz pela independência progressiva dos grupos musculares e pelo aparecimento do chamado freio inibitório, que exerce cada vez mais o controle da atividade voluntária. Parte dos conceitos é fruto das teorias da Psicologia do Desenvolvimento, principalmente por meio dos teóricos Gesell, Piaget, Wallon e Spitz; outra parte, das teorias centrais e periféricas da Neurologia. Tais conceitos sustentaram as primeiras práticas, dando origem às classificações dos distúrbios que, por sua vez, realimentaram, e ainda realimentam, as práticas clássicas e as contemporâneas. Mais à frente, alguns conceitos serão mais bem detalhados, de acordo com a perspectiva genética de H. Wallon em contraponto à perspectiva fenomenológica de Merleau-Ponty, no intuito de destacar e precisar as bases teóricas e metodológicas nessas duas vertentes. É bom lembrar que a descrição isolada de cada um deles se deve a aplicações de ordem didática para facilitar a compreensão do professor e do aprendiz de Psicomotricidade. Na prática, devem ser considerados em sua interdependência. Se, por exemplo, o profissional buscar precisar um deles, com propósitos de pesquisa ou finalidade terapêutica, deve fazê-lo e, em seguida, pensá-lo em conjunto com os demais. Tal atitude estará de acordo com o princípio fundamental da Psicomotricidade, qual seja, o de considerar os aspectos motores e psicológicos em um só tempo e espaço.

A descrição que se segue é uma composição extraída de diferentes autores, principalmente Costallat (1987) e Le Coste (1981).

1 - Coordenação motora global: é a coordenação que envolve os movimentos amplos do corpo. Assim, o movimento de engatinhar, ou o de um jogo de vôlei, implica a coordenação global ou grossa do corpo.

2 - Coordenação motora fina: é a que acontece em um movimento manual que responde a um estímulo visual e se adapta positivamente a ele. Também chamada de coordenação óculo-manual, precisa da associação do olho e da mão para ser exercida. Colher uma passa com o dedo indicador e o polegar, pegar um copo de água e levá- lo à boca, escrever são exemplos disso.

3 - Lateralidade: é o uso preferencial de um lado do corpo para a realização das atividades. Tal preferência refere-se ao uso do olho, ouvido,

mão e pé. De origem dupla, fisiológica e cultural, a noção de lateralidade é fundamental na adaptação psicomotora. O canhoto (em latim, *sinistro*) foi, por muito tempo, considerado anormal pela pedagogia rígida e diretiva. Existem quatro tipos de lateralização cujos comandos dependem dos hemisférios cerebrais direito e esquerdo:

a) a destralidade verdadeira, com dominância cerebral esquerda, que permite à pessoa usar preferencialmente o lado direito do corpo;
b) a sinistralidade verdadeira, com a dominância cerebral à direita dos hemisférios. É errôneo pensar que o canhoto é organizado às avessas do destro;
c) a falsa sinistralidade, consequência de acidentes, como amputação ou paralisias. Há casos em que o indivíduo foi cultural e materialmente impedido de ser canhoto;
d) a falsa destralidade, cuja organização é a inversa da observada na sinistralidade. Os métodos de aprendizagem escolar, a cultura, os fatores psicológicos, familiares e afetivos, além da interdependência dos dois hemisférios cerebrais, multiplicam a realidade das preferências pessoais. É ilusório afirmar que um tipo de lateralização é puro e normal. Só a partir do momento em que os movimentos se combinam e se organizam, numa intenção motora, é que se impõe e se justifica a presença de um lado predominante que irá ajustar a motricidade. A lateralidade da criança virá com as experiências de complexidade crescente com que se irá defrontar. É difícil falar de uma lateralidade manifesta antes dos nove anos de idade.

4 - Dominância ou reconhecimento da direita e da esquerda: a comprovação da dominância depende de como a criança a utiliza, a maneira como ela a integra, o modo como ela a projeta no mundo. A diferenciação entre direita e esquerda decorre da assimetria entre um lado e o outro do corpo, precedida pela distinção à frente e atrás e pela conscientização do eixo corporal. A evolução da lateralidade depende de uma capacidade de descentração da criança de seus pontos de referência para projetar, em outrem, essa discriminação espacial das partes de seu próprio corpo. A criança distingue o lado direito e o esquerdo, em si mesma, nos outros e nos objetos. A direita e a esquerda já não dependem

somente uma da outra, e sim do ponto de vista da pessoa que as considera modificadas em função de seus deslocamentos incessantes. A descentração completa é atingida por volta dos dez anos de idade, quando a criança manipula as noções de direita e esquerda sobre outra pessoa, sobre o mundo exterior, independentemente de sua própria situação.

5 – Estruturação espaço-temporal: é um dado importante para a adaptação favorável da pessoa, que lhe permite não só movimentar- se e reconhecer-se no espaço, mas também organizar e dar sequência a seus gestos, localizar as partes de seu corpo e situá-las no espaço. O espaço e o tempo formam um todo indissociável; isolados, não passam de abstrações. Todo ato se desenrola no tempo e no espaço. Antes de estruturar o espaço e o tempo, é preciso orientar-se neles. Do *espaço topológico* vivido pela criança no início do desenvolvimento, na relação com a mãe e os objetos circundantes, constrói-se o espaço euclidiano, na integração de perspectivas amplas e tridimensionais em relação à representação espacial projetiva do mundo, sem a referência exclusiva ao corpo.

a) Orientação espacial: toda a nossa percepção do mundo é uma percepção espacial na qual o corpo é o termo de referência. No desenvolvimento infantil, o espaço se forma a partir da percepção dos movimentos, posturas e deslocamentos, formas, dimensões, distâncias e relação entre os objetos, o que implica ação e manipulação da criança para depois chegar a uma estruturação espacial. As crianças que iniciam o processo de alfabetização, por exemplo, sem possuírem as noções de posição e orientação espacial, confundem as letras que diferem quanto à orientação espacial e têm dificuldade em respeitar a ordem de sucessão das letras nas palavras e das palavras nas frases.

b) Orientação temporal: tempo é ordem, duração e sucessão, três níveis que devem ser integrados na conquista da estruturação temporal. A experiência concreta vivida pela criança em relação a seu cotidiano, nas relações com o espaço e o outro permitirão, ao longo de seu desenvolvimento, alcançar a noção abstrata do tempo. A ausência desse pré-requisito pode causar dificuldades na escrita e na pronúncia de palavras, trocando a ordem das letras ou invertendo-as, dificuldades na retenção de uma série de palavras dentro da sentença e de uma série de ideias dentro de uma história, a má utilização dos tempos verbais e problemas na correspondência dos sons com as respectivas letras que os representam, especialmente quando se trata de realizar um ditado.

6 – Ritmo: é o fator de estruturação temporal que intervém em todos os níveis de atividades, elemento chave do comportamento corporal que sustenta a adaptação no tempo. Distinguem-se diferentes espécies de ritmo: o externo, objetivo que ajuda a organizar a sucessão de eventos naturais, como o ritmo das estações, dos dias, das horas, e os fenômenos que lhes correspondem como a claridade, o calor, a floração. O interno, relacionado às funções neurovegetativas, como a batida cardíaca, o respiratório, o digestivo mergulha a criança na dimensão temporal do corpo. E o subjetivo que deriva das experiências pessoais e emocionais em sua duração, como o da fala, o contato, os sentimentos. O ritmo consiste numa sucessão de elementos sonoros no tempo e que obedecem a uma determinada duração. De grande importância nas observações da aprendizagem, a falta de habilidade rítmica pode causar uma leitura lenta e silabada, já que a leitura é constituída por uma sucessão de elementos gráficos que são traduzidos em elementos sonoros. A pontuação e a entonação que a criança dá durante a leitura do texto, também são consequências da habilidade rítmica.

7 - Esquema corporal: é a impressão que a criança tem de seu corpo, proveniente da experiência com o meio ambiente, pois é seu corpo enquanto ponto de referência que servirá como base para o desenvolvimento e a aprendizagem de todos os conceitos indispensáveis para a sua vida, como as noções de direita e esquerda, espaço e tempo. O conceito de EC é mais utilizado por neurologistas e alguns psicólogos e o de Imagem corporal, ou do corpo, por outros psicólogos e psicanalistas.

8 – Função tônica: por ser considerado o critério fundamental do desenvolvimento da criança, propositalmente, deixei por último descrever o conceito sobre os aspectos tônicos, por dois motivos. Em primeiro lugar, porque as noções de motricidade, tonicidade e afetividade, conforme concebidas por Wallon (1975), reúnem todos os outros conceitos citados, e os integra no chamado Sistema de Referência. Em segundo lugar, porque ampliará mais à frente as ideias sobre a questão da relação em

Psicomotricidade. É a função tônica que dará início ao processo do desenvolvimento e da vida de relação. Dos reflexos arcaicos (manifestações do tono de fundo) e a forma como são acolhidos pelo adulto, determinar-se-á a história psicomotora da pessoa. Suas ações, sua linguagem, seu pensamento, a consciência de si e do outro dependem deles. Tonicidade é a função que mantém no músculo, certa tensão, é o suporte de onde se projetam as atitudes, o movimento, a quietude, a relação. Inseparável da motricidade e da afetividade, a tonicidade é o conceito-chave para se pensar o "diálogo corporal", na prática psicomotora.

As definições de tonicidade, motricidade e afetividade, as noções de espaço e tempo, as concepções sobre o esquema corporal, que, em conjunto, configuram o Sistema de Referência ECET serão destacadas nos capítulos à frente. De acordo com o eixo proposto por este livro, é momento de passarmos para as primeiras considerações sobre as práticas psicomotoras clássicas que ajudaram a conceber a noção de Psicomotricidade.

3. PROPOSTAS CLÁSSICAS

Diversos autores e profissionais sustentam que o caráter específico das práticas psicomotoras não está na natureza dos estabelecimentos onde são aplicados, nem nos sujeitos que podem delas se beneficiar, nem na natureza das técnicas utilizadas, nem na insistência de psicomotricistas em sublinhar o caráter relacional da sua prática. Segundo Le Camus (1986), para que a Psicomotricidade ganhe o nome de ciência e a especificidade de suas práticas, é preciso considerar a questão que perpassa a lógica informacional. Para o autor, o corpo, cerne dessa ciência, deve ser considerado capaz de se informar e informar, núcleo conceitual reservado à impressão e à expressão corporal que fundamenta e caracteriza a metodologia psicomotora. Tal apontamento determina, a meu ver, que a prática psicomotora é não verbal por natureza histórica, teórica e metodológica, o que permite ao profissional discriminar os fundamentos do processo psicogenético, psicanalítico, neurológico ou fenomenológico a construir. Devido a seu caráter eminentemente não verbal, a especificidade da prática psicomotora reside, portanto, no conceito de corpo e na orientação teórica que se pretende dar ao longo da construção do processo terapêutico daí decorrente, entre o profissional e seu paciente. As intervenções (o que fazer) das quais o profissional lança mão por meio da linguagem muda entre os corpos irão refletir o método (o como fazer), fundamentado em sua escolha e crença teórica. Na perspectiva da Psicogenética, por exemplo, as intervenções seguem a linha evolutiva do desenvolvimento e são proporcionadas, de forma regressiva e progressiva, em relação aos estágios críticos evolutivos pelos quais passa a criança. Nesse caso, a prática psicomotora se apoia sobre o Sistema de Referência (SR) constituído pelo esquema corporal, pelas noções de tempo e de espaço (ECET) adquiridas ao longo do desenvolvimento psicomotor.

A Reeducação Psicomotora foi a primeira a ser considerada uma forma de lidar com crianças e adolescentes inadaptados, surgindo depois dela a Educação Psicomotora e, em seguida, a Terapia Psicomotora. Muitos questionam se é mesmo necessário ainda considerá- las práticas diferentes, como o foram no passado, com indicações específicas para cada caso ou se devem ser consideradas uma mesma prática, que toma formas diferentes ao longo do processo. Nesta parte deste livro, as práticas psicomotoras serão abordadas em ordem cronológica de aparecimento, para facilitar a compreensão em relação à maneira de se realizar determinada intervenção.

3.1 Reeducação Psicomotora

A Reeducação Psicomotora situa-se entre a Educação e a Terapia Psicomotora, podendo ser mais bem compreendida a partir de uma análise institucional, segundo a formação e as competências do reeducador e do terapeuta.

De acordo com Le Camus (1986), a Reeducação Psicomotora (RPM), foi criada em 1935 por um discípulo de Wallon, chamado E. Guilmain, considerado o "pai da Reeducação Psicomotora", com o objetivo de enfrentar os distúrbios do comportamento que são seguidos de modificações das funções afetivas, resultando em uma melhora do desempenho da atividade muscular tônica e cinética de certas crianças. Para Le Camus (1986), a ideia de Guilmain em criar a Reeducação Psicomotora surge devido ao contexto da época, repleto de crianças que apresentavam distúrbios de caráter considerados instáveis ou perversos. Sem diagnóstico ou exame para pesquisar o que elas apresentavam, Guilmain percebia nessas crianças o que Wallon caracterizava como a função tônica intervindo na tomada e na manutenção das atitudes e também na execução dos movimentos, impossibilitando-lhes assegurar o equilíbrio, a função cinética e influenciando seus movimentos automáticos e voluntários. Guilmain constrói, então, um novo método de Reeducação que se baseia em conhecimentos de alguns predecessores, como Wallon, apresentando o seu método como uma tentativa de definir indicações, modos de aplicação e meios de realizar uma ação que se ajustasse aos objetivos almejados.

Le Camus (1986) propõe a existência de duas correntes: a médico-pedagógica e a educativa, que influenciaram o pensamento de Guilmain. Com relação à médico-pedagógica, Guilmain considera que, em todo o tratamento psicomotor, devem-se abordar várias técnicas utilizadas em Neuropsiquiatria Infantil como: exercícios de desenvolvimento da atenção, trabalhos manuais, atividades de educação sensorial. A corrente educativa que influencia o pensamento de Guilmain é marcada pela contribuição da Educação Física.

Para Le Camus (1986), o novo método de reeducação de Guilmain consiste em uma inovação na forma de conceber o distúrbio psicomotor e a Reeducação Psicomotora, pois Guilmain dedicou-se a isolar os distúrbios das funções psicomotoras que acompanham os distúrbios do caráter. Não eram indicados para RPM os casos de deficientes motores cerebrais, os débeis mentais, nem os deficientes funcionais. Guilmain inova as modalidades de intervenção e aponta as precauções a se tomar para que o treinamento motor alcance, por meio dos exercícios, o seu valor educativo. Assim, para melhorar a atividade de relação, propõe exercícios de coordenação motora, utilizando materiais lúdicos, para reeducar a atividade tônica e também desenvolver o controle motor, exercícios de equilíbrio, de mímica e de atitude, utilizando atividades de inibição para os instáveis e de desinibição para os emotivos.

Para alguns psicomotricistas, a RPM é considerada uma terapia de mediação corporal dos distúrbios psicomotores específicos, distúrbios de personalidade, de déficits motores e sensoriais, nos quais ocorrem as ações globais sobre a pessoa, sendo a relação priorizada. A Reeducação Psicomotora tem por objetivo desenvolver o aspecto comunicativo do corpo e dar ao indivíduo a possibilidade de dominar seu corpo, de economizar sua energia, de pensar seus gestos a fim de aumentar-lhes sua eficácia e a estética, de completar e aperfeiçoar seu equilíbrio.

A Reeducação Psicomotora, às vezes, fica mal delimitada se comparada à cinesioterapia, à fisioterapia e à ginástica ortopédica que servem para déficits setoriais inatos ou adquiridos, cuja consequência é uma disfunção limitativa das praxias elementares. Trata-se de técnicas que propõem uma reabilitação ou readaptação funcional de órgãos limitados. A Cinesioterapia e a Reeducação Psicomotora não se excluem, podendo ser indicadas sucessivamente: a primeira tem o objetivo de reeducar o gesto e a segunda, a integração desse gesto na melodia cinética do conjunto. Mas a Reeducação Psicomotora não é uma ginástica, nem uma rítmica especializada. A ginástica e a rítmica especializada são indicadas para grupos de crianças aptas para se beneficiarem de um ensino coletivo que pressupõe boas capacidades de coordenação neuromuscular, de controle corporal e de sentido rítmico. Servem para estimular capacidades latentes que não podem se manifestar no marco habitual da vida escolar e não têm objetivo terapêutico.

A Reeducação Psicomotora é uma técnica que se dirige ao ser em sua totalidade, por meio do corpo e do movimento. Não tem como objetivo, portanto, a readaptação funcional setorial, nem a supervalorização do músculo, mas a fluidez do corpo no ambiente. Seu objetivo é permitir à criança sentir-se melhor e, com seu corpo mais preparado, situar-se no espaço e no tempo e no mundo dos objetos para chegar a uma transformação e a uma harmonia de seus meios de relação com os demais.

Se para Ajuriaguerra (1960) há um diálogo tônico que é o prelúdio do diálogo verbal, a Reeducação dirige-se aos fundamentos da vida de relação. Na organização motora, o componente tônico-postural desempenha um papel fundamental e sua organização pode perturbar a ação mesma e, particularmente, o investimento no mundo dos objetos. Uma desordem tônico-postural pode desorganizar todo o mecanismo da manipulação, perturbar a constituição do objeto e alterar a realidade do sujeito e de seu domínio sobre o real. O exame psicomotor facilita a compreensão da forma como o transtorno se apresenta no estado atual e as adaptações positivas ou negativas, que a criança desenvolve diante de suas próprias dificuldades. O prognóstico da evolução diante das hipóteses levantadas necessita da complementação com os dados da história familiar e escolar ou a anamnese. Os resultados de um exame neurológico e do exame psicomotor permitem a confrontação dos dados clínicos psicométricos que se complementam.

A Reeducação Psicomotora como método terapêutico é indicada às crianças que não apresentam deficiências sensoriais ou intelectuais notáveis. Entretanto, aplicações devidamente adaptadas desse método são utilizadas em crianças com deficiências sensoriais e intelectuais, por meio da Educação Motora. Nessa mesma ordem de ideias, considera-se que a educação pré-escolar (sobretudo nas grandes cidades) pode se inspirar em alguns princípios da reeducação para facilitar a organização do espaço motor, gestual e semântico das crianças, que têm sua evolução comprometida pela pouca possibilidade de se desenvolverem harmoniosamente no plano motor.

A Reeducação Psicomotora não deve substituir a psicoterapia do tipo verbal apesar da possibilidade de associá-la a variadas técnicas preponderantes de métodos psicomotores para certas crianças perturbadas afetivamente. Nesse caso, a Reeducação associa-se à Terapia Psicomotora, ou pode ser indicada como coadjuvante útil de um tratamento psicoterápico, podendo precedê-lo ou acompanhá-lo.

A Reeducação Psicomotora está indicada, segundo Ajuriaguerra, sempre que o transtorno se expresse mediante uma fórmula psicomotora que responda a certos quadros clínicos mais ou menos definidos: debilidade psicomotora, inibição psicomotora, instabilidade psicomotora e distúrbios da orientação espacial e temporal. Ela se propõe, no geral, a integrar a função tônica harmonizada em uma melodia cinética mais fluida e mais bem-adaptada para desembocar no diálogo verbal.

A meu ver, a RPM consiste em uma técnica que busca a readaptação funcional de funções limitadas e se dirige ao indivíduo como um todo, levando em consideração o seu corpo e o movimento. Assim, a Reeducação Psicomotora visa a adaptar as alterações do desenvolvimento psicomotor da criança. Os objetivos são: desenvolver a comunicação do corpo, permitindo ao indivíduo dominar o próprio corpo, pensar seus gestos, completar e aprimorar o seu equilíbrio, fazendo com que a criança se sinta melhor e que consiga, por meio de seu corpo, se situar no mundo dos objetos, no espaço e no tempo como formas de ocasionar uma mudança e harmonizar seus meios de relação com os demais.

3.2 Educação Psicomotora

A Educação Psicomotora (EPM), como afirma Le Camus (1986), foi implantada na França, na escola maternal, sendo indicada para todas as crianças, com o objetivo de desenvolver a motricidade e de solicitar a mediação corporal. Foi necessária também para desenvolver a formação dos pais e de assistentes maternais em todos os aspectos e informar uma equipe interdisciplinar de pediatras, psicólogos e educadores de crianças sobre maneiras de acompanhar, contribuir para a evolução percepto-motora, cognitiva e socioafetiva de bebês.

A EPM deve ser realizada em espaços que possibilitem a ação de crianças, desde que haja um profissional ao seu lado que poderá, por meio de seus conhecimentos e intervenções, inseri-las no contexto e processo educacionais.

Segundo Picq-Vayer (1988), a EPM é uma ação pedagógica, educativa e psicológica que utiliza os meios da educação física, com o objetivo de normalizar ou melhorar o comportamento geral da criança, ou seja, ao educar as várias condutas motoras e psicomotoras de uma criança, a ação das técnicas educativas é facilitada, o que possibilita maior integração social e escolar. Os objetivos da EPM, expostos por Picq-Vayer, são: readaptar, refazer as etapas malsucedidas do desenvolvimento psicomotor da criança, melhorando o seu comportamento geral e contribuir para os aprendizados escolares e pré- escolares. Para os autores, a EPM deve ser pensada em função dos problemas apresentados e das dificuldades a serem vencidas e não em função dos métodos existentes. E é importante ressaltar que a aplicação prática da Educação Psicomotora é educativa e não psicoterapêutica, pois possibilita que a criança adquira as noções básicas para a aprendizagem na organização do esquema corporal, do equilíbrio, da percepção do próprio corpo e da organização espacial. Ainda segundo os autores, a EPM se opõe à Educação Física tradicional, pois propõe certo número de noções fundamentais que não só formam a base de toda a educação pelo movimento, como são básicas nos aprendizados escolares, profissionais e desportivos, estimulando a percepção do próprio corpo e a organização do esquema corporal, a organização espacial e temporal, cuja programação se realiza em função dos objetivos a se alcançar em períodos determinados.

Para Ferreira (2001), a EPM consiste em trabalhar com propostas que integrem o indivíduo por meio de suas ações no mundo com seus pensamentos, afetos e esquema corporal, visando a que as crianças construam sua própria autonomia.

Segundo Silva (2004), a Educação Psicomotora deve ser praticada desde o início da vida e deve ser considerada na escola primária. A Educação Psicomotora dá condições a um indivíduo de adquirir aprendizados pré-escolares e escolares, pela consciência de seu próprio corpo, da noção de tempo, espaço e da coordenação motora, ao realizar os movimentos.

A EPM também possibilita a prevenção de inadaptações que são difíceis de serem corrigidas depois de estruturadas. Dessa forma, a Educação Psicomotora tem como objetivo produzir no indivíduo um padrão de adaptação motora eficiente, o que consequentemente lhe permitirá responder aos estímulos e às demandas sociais.

Há, portanto, indicação terapêutica e profilática para a EPM para indivíduos com deficiências sensoriais, como deficientes auditivos e visuais, e com déficits intelectuais, como os portadores de Síndrome de Down, retardos, ou paralisias cerebrais. Assim, a EPM como método terapêutico é utilizada em crianças com notáveis déficits intelectuais e déficits sensoriais e é considerada também como prevenção de patologias. Quando há uma criança com uma desordem tônico- postural, esta pode perturbar a constituição do objeto, modificar a realidade do sujeito e desorganizar todo o mecanismo de manipulação.

Para Aucouturier (1986), a Educação Psicomotora propicia a utilização da expressividade psicomotora da criança e o desenvolvimento rumo a três objetivos que são: a comunicação, a criação e a operação, ou seja, a formação do pensamento operatório, que se complementam de forma mútua. A comunicação é a capacidade de acolher e de responder de uma maneira, a mais ajustada possível, à solicitação mais profunda da criança, ou seja, em uma escuta que supõe uma independência em face das emoções; consideram-se a provocação, a sedução, a agressão como prelúdio a uma demanda de comunicação. A criação é uma produção vasta que compreende a expressão gestual, vocal, gráfica, sonora e verbal que se destinam ao outro. No sua fase de desenvolvimento, a criação é a liberação de tensão que evolui para um bem-estar, o que pode propiciar o reconhecimento e a comunicação. E o último objetivo é a operação que é a capacidade de fazer análise e síntese. Essa capacidade apenas pode ser adquirida a partir do momento em que ocorrer um distanciamento emocional e sensório-motor em relação ao espaço e aos objetos, cuja consequência será a descoberta das medidas de grandeza, como comprimento, peso, volume, largura, cores e altura.

Para André Lapierre (Cabral, 2001), não há diferença entre Educação Psicomotora e Psicomotricidade Relacional, a não ser de grau. Para o autor, a Psicomotricidade tradicional (EPM) serve de profilaxia mental, mas joga-se com os mesmos fantasmas, os mesmos conflitos, as mesmas relações simbólicas, tanto em uma modalidade quanto em outra. A diferença é que, na Psicomotricidade tradicional, os conflitos não estão ainda estruturados de modo patológico. A Educação, para ele, situa-se no quadro escolar, na convivência cognitiva racional, centrada sobre a aprendizagem corporal, motora e as noções que parecem faltar à criança para realizar as performances escolares. A Psicomotricidade Relacional, desenvolvida por Lapierre e Aucouturier, vai permitir à criança viver seus fantasmas inconscientes por meio de um jogo simbólico no qual o adulto lhe serve de parceiro. Assim ela vai poder exprimir e elaborar seus conflitos, preencher suas faltas, estruturar sua personalidade de maneira mais equilibrada. Esse trabalho permite eliminar os bloqueios pedagógicos, liberar a criança de angústias e tensões, propiciando-lhe melhor disponibilidade e mais autonomia na aprendizagem escolar e na vida relacional.

3.3 Terapia Psicomotora

Ao fazer a diferenciação entre o distúrbio motor (o que tem a ver com o mecanismo do movimento) e o distúrbio psicomotor (o que tem a ver com a vontade do movimento), Juan de Ajuriaguerra, por volta de 1960, por meio desse corte epistemológico, distingue o campo neurofisiológico, situando aí o primeiro distúrbio, do campo psicológico, inscrevendo-lhe o segundo. Ele indica a Terapia Psicomotora para o distúrbio psicomotor. Mas para Le Camus (1986), a Terapia Psicomotora é ainda considerada na França, e em outros países, como uma especialidade paramédica, reservada aos profissionais que, desde 1974, são denominados psicoreeducadores.

Segundo Aucouturier (1986), a Terapia Psicomotora é uma prática cuja estratégia pode ser entendida como um desvio que exige o emprego de meios de reapropriação sensório-motora e emocional distante da criança, isto é, que ela ainda não desenvolveu, mas necessária a uma dinâmica de prazer que ela desconhece como fonte de abertura ao mundo. O objetivo da Terapia Psicomotora é propiciar à criança reviver as situações afetivas e emocionais passadas, por meio de atividades lúdicas e de jogos simbólicos, no corpo a corpo com o terapeuta.

A intervenção em Terapia Psicomotora é realizada pelo que a criança apresenta, no seu tempo e espaço, de suas possibilidades limitadas de se comunicar, pois é indicada para casos de pessoas com a comunicação gravemente perturbada. Tem como objetivo permitir que os aspectos educativos da criança, esquematizados anteriormente, desenvolvam-se com mais facilidade.

As características, as indicações e os objetivos da EPM, da RPM e da TPM permitem ao profissional a construção do processo junto ao cliente e a elaboração da proposta específica de acordo com o problema apresentado, uma vez que ampliam a ideia de composição em síntese entre os aspectos educativos, reeducativos e terapêuticos.

A título de ilustração, extraí algumas direções utilizadas por alguns profissionais que se dedicam à RPM clássica, de acordo com o referencial neurológico-psicogenético, para aplicações nos distúrbios da motricidade e da expressão. A intenção é mostrar ao leitor uma das técnicas possíveis e ainda em voga no arsenal de muitos psicomotricistas. Trata-se de uma escolha metodológica por parte do profissional que, muitas vezes, pode até acompanhar o processo segundo a TPM, em associação com momentos específicos reeducativos demandados por um paciente. Esse é o momento em que as diferentes direções e escolhas entre a EPM, RPM e TPM se encontram na prática clínica.

Como já dito, do ponto de vista estático, a motricidade é o funcionamento de sistemas neurológicos superpostos. Do ponto de vista fisiológico, não se compreende o movimento, a atividade, sem a noção do sistema piramidal e extrapiramidal que são encarregados de mobilizar as forças que dirigem os olhos, a cabeça, o corpo para uma base determinada e a preparação de uma posição de partida e freio de ação. Pode-se opor o fisiológico ao psicológico se forem dados valores a esses dois polos de constância e fixação ligados ao organismo e às estruturas ou ao meio. Mas o objetivo e o subjetivo da ação que se desenvolve não são realidades separadas. O experimento é a forma que toma o corpo e as estruturas cerebrais, que não são diferentes na sua existência e fazem parte de um mesmo todo. O importante é adotar uma metodologia que tenha a preocupação de estabelecer a história das funções e dos determinantes que marcaram sua evolução. Devem-se estabelecer ligações que guardem entre si diversas funções: motricidade, vida emocional, linguagem (gestual e falada), orientação espacial, orientação temporal, esquema corporal. Uma atividade é sempre motora; uma atitude é sempre tônica, mas é o modo como são vividas ou experimentadas que lhes dá um sentido. A linguagem e o grafismo, por exemplo, são as representações simbólicas de tudo o que se viu, ouviu e sentiu.

Qual o procedimento da Reeducação Psicomotora quando indicada aos problemas de ordem escolar?

Uma sessão de Reeducação Psicomotora, em geral, comporta três momentos: o sensorial (impressão), o associativo (relação) e o representativo (expressão). Na sessão, são estimuladas a expressão verbal e a expressão gráfica, a partir de certas atividades. Tudo o que a criança puder expressar em palavras ou grafismos deve fazer parte da sessão. A expressão verbal e a gráfica permitem dar um sentido ao ato e, por meio dessa primeira simbolização, abre-se um caminho para outras simbolizações: a escrita e a leitura.

Na sessão de preparação para o aprendizado escolar, por exemplo, a RPM deve seguir o mesmo caminho que a maturação cortical (lei céfalo-caudal). A motricidade digital deve vir depois da independência da mão, do braço e do ombro. A educação da mão é preparada na seguinte sequência: exercícios de relaxamento segmentar, independência funcional da lateralidade, entre a direita e a esquerda, independência dos dedos, controle de preensão, coordenação e precisão do movimento dos dedos. Como exemplo de exercícios, pode-se citar: para o relaxamento segmentar, o uso de marionetes; para a independência D e E, a contração cruzada ou a relaxação cruzada; para a independência funcional, o uso de bolas; para a independência dos dedos, a atividade de dedos em traçados com tintas ou água; para a coordenação ou precisão, a massa para modelar; para a preensão, a atividade de colher várias bolinhas com o indicador e o polegar.

Na sessão de preparação para a escrita e a leitura, a criança deve se tornar ciente de seus meios. As sincinesias (movimentos parasitas que acompanham um movimento principal, por exemplo, morder a língua enquanto se escreve, ou enquanto se corta um papel) devem estar atenuadas, a criança deve estar apta para inibir um gesto segundo a ordem, mostrar interesse por imagens e noções de espaço e tempo.

Na sessão de preparação para o cálculo e a numeração, terreno da abstração, da generalização, do raciocínio e da dedução, é preciso perceber quantidades para as crianças comporem e decomporem. Devem fazer parte da sessão exercícios específicos para a sensibilização de noções sobre quantidade, volume, forma, classificação e seriação, para depois se desenhar o número, somando-o ou dividindo-o, sendo necessário viver o número sensorialmente para depois desenhá-lo. Assim, após as preparações de quantidades, devem-se usar lápis, giz para fazer traçados, até que se possa começar a aprender o desenho das letras e dos números: primeiro com o corpo, com gestos, podendo estar associados com o ritmo, por meio do canto ou da música, como o método denominado Bon Départ.

Há interdependência entre motricidade e representação. Muitas perturbações do comportamento escolar e das alterações da expressão (escrita – ditado – leitura) mostram essa equivalência. Alguns autores acham que as insuficiências escolares se devem às *alterações na discriminação espacial*, outros acham que são *alterações da orientação* (BOREL-MAISONNY, s/d).

As principais dificuldades encontradas no aprendizado escolar e que são indicadas à RPM são conhecidas como:

a) Dislexia: considerada como dificuldade na leitura e na escrita, associada com alterações da lateralidade (canhotos, canhotos contrariados, ambidestrismo), que se apresentam em crianças acostumadas a transcrever da direita para a esquerda, com dificuldade para captar e reproduzir estruturas espaciais e temporais. Ou por inadaptações associadas a profundas alterações da atenção ou por insuficiente elaboração do esquema corporal, ou insuficiente conduta respiratória, assim como a alterações de equilíbrio e de estruturação espaço-tempo.

b) Disortografia: considerada dificuldade na ortografia, apresentando as mesmas causas que a dislexia, na troca de letras na escrita.

c) Disgrafia: também chamada de disgrafia de evolução ou disortografia, revela a dificuldade particular para escrever, com certa incoordenação e torpeza somente ligadas à escrita. Essas crianças são bem-dotadas nas demais coordenações finas, mas se apresentam disgráficas, na escrita. Trata-se do desenho das letras. A causa específica está no fato de escrever, sendo que os problemas afetivos (inadaptações e fracassos) são considerados secundários. Uma escrita solta e ágil precisa, além da independência segmentar e inibição motora, duas condições especiais: a forma correta de segurar o lápis e bons hábitos motores e a rotação dos punhos ante a esquerda e movimentos da esquerda para a direita. No caso de crianças canhotas, deve-se educar a mão esquerda, se for caso de dificuldades constitucionais ou em acidentados. Nos casos de lateralidade pouco definida, as duas mãos devem se educadas e deixar que a criança escolha uma delas. A educação da mão esquerda deve seguir o traçado do braço direito, isto é, o movimento dos punhos deve ser feito em direção à esquerda e a transcrição da esquerda para a direita.

Infelizmente, essas dificuldades se revelam entre os nove e onze anos, quando os hábitos já estão formados na criança, causando a constante sensação de fracasso. Dificulta o diagnóstico, também, o fato de estarem ocultas a alteração da atenção e a estruturação espaço-tempo. Há uma grande demanda de problemas escolares (escrita, leitura, ditado) para a Reeducação Psicomotora. Vários autores concordam que essas crianças devem ser, em primeiro lugar, estimuladas em nível de uma coordenação mais global, com exercícios de relaxamento segmentar, exercícios de orientação espaço-tempo, exercícios de esquema corporal e lateralidade para depois exercitarem suas dificuldades mais específicas. É bom lembrar que toda sessão de Reeducação Motora pode e deve conter formas de impressão e expressão psicomotoras.

De modo geral, a RPM se fundamenta nas teorias do desenvolvimento, ao buscar o processo evolutivo da criança ao longo do tratamento. Nesse caso, considero a escolha teórica e metodológica utilizada pelo profissional o indicador que permite diferenciar sua proposta prática de EPM, RPM ou TPM. Em relação ao processo da RPM, procuro me orientar pela concepção de corpo à qual chamei de *corpo consciente,* de acordo com as considerações de Piaget e Wallon.

3.4 Relações e Técnicas

H. Bucher (1968), um dos principais práticos da escola francesa, preocupou-se com o controle tônico durante as sessões de RPM, chamando a atenção para o duplo aspecto que esta deve objetivar: o da relação e o instrumental (a função a ser reeducada), considerando-os aspectos de uma mesma ação. A dificuldade na relação pode entorpecer a evolução da criança. Ela se estabelece de modo distinto para cada sujeito e não se pode deduzir dela mesma nenhuma sistematização, exigindo um reajuste contínuo de nossas respostas. É preciso saber esperar a criança, dando-lhe tempo para que explore, a seu modo, a situação que se lhe oferece. Ao mesmo tempo, é essencial pôr a seu alcance os meios de evolução, deixando-a livre. O terapeuta deve aprender a julgar em função das necessidades do momento, formas de atividades para fazer evolucionar a situação, deve saber matizar a relação, e mesmo passá-la a segundo plano se a criança não está apta a assumi-la, constituindo um obstáculo para a espontaneidade. À medida que ela for progredindo em sua identificação, no jogo das atividades, é levada a tomar consciência de si mesma e do lugar que ocupa o terapeuta e somente então a relação pode ser estabelecida. Outras vezes, o diálogo pode ser motor essencial de participação, pela progressiva tomada de consciência em relação a suas possibilidades. A aceitação de seu comportamento, a ausência de críticas e, sobretudo, a confiança são importantes nas atitudes do terapeuta para o estabelecimento de um clima particular. As relações são frágeis e demoram muito tempo, antes de se tornarem mais seguras; a angústia ressurge e dificulta as respostas. As atividades da RPM produzem uma espaçada desdramatização do problema e permitem à criança integrar aspectos de si mesma na experiência corporal, dando-lhe a medida real de suas capacidades, tranquilizando-a. Bucher assegura que as técnicas devem ser escolhidas mais em função de uma revalorização e tomada de confiança do que em vista de um problema particular. A dificuldade só pode ser considerada em função dos elementos subjacentes que lhe têm dado forma própria e é por onde o terapeuta deve começar. Em alguns casos, é essencial tomar de novo a organização psicomotora desde suas bases por atos elementares de caráter global até uma diferenciação progressiva da atividade. Em outros, em que as dificuldades de relação figuram em primeiro plano, pode ser mais indicado valorizar o aspecto técnico e vulgarizar o contato. A autora critica a posição de algumas pessoas para as quais não importam as técnicas empregadas, pois são a favor somente da personalidade do reeducador. Bucher assinala que a transferência se faz em longo prazo e que é graças ao "jogo duplo das relações e técnicas" que o meio privilegiado da RPM permite à experiência vivida situar a criança de novo em si mesma, tomar suas próprias medidas, assegurar- se de seus atos, aprendendo a resolver seus problemas frente à situação com meios mais adequados. O método de Bucher contém técnicas específicas para cada etapa de evolução. Por exemplo, o terapeuta deve começar pelas atividades de esquema corporal, incluindo exercícios de percepção global do corpo, de sua unidade e de sua posição no espaço. O terapeuta pode estimular a criança a se deslocar no espaço em diferentes formas, de acordo com as experiências vividas por ela em casa ou na escola. Assim, caminhar de diferentes maneiras pela sala ao som de um metrônomo, ou de um tambor, ou de uma música pode surtir resultados surpreendentes em determinadas crianças. Em outras, pode trazer bloqueios no movimento ou na relação com o terapeuta. Sentar-se no "banco sueco" (banco de tamanho e forma especial muito utilizado nas sessões de RPM) ou nele subir, procurando associar a respiração; deitar-se nele, em diferentes posições, de costas, de lado, de frente, pode parecer proposta meio antiga, mas é de grande valor para garantir à criança o grau de conhecimento que já possui de si mesma, estimulando sua vontade de alcançar outros meios de sua percepção corporal.

As chamadas "técnicas da lição-tipo" são usadas nas propostas clássicas, e servem como a primeira fase para o agrupamento de crianças, após os resultados do exame psicomotor, ajudando em diagnósticos diferenciais. Crianças que apresentam debilidades ligeiras e instabilidades médias no exame psicomotor passam por uma conduta esquematizada, antes de serem encaminhadas a grupos. Um dos exemplos das atividades propostas como "Jogo de orientação" são as denominadas viagens de Mme. Vyl. Enumeram-se quatro peças da sala, por exemplo: o número 1 é dado para o quadro negro; o 2 para a porta; o 3 para a cadeira; o 4 para o colchão. Uma das crianças escolhe uma série, por exemplo, 4-2-1-3 para outra criança. Pede-lhe para fazer a "viagem", tocando as peças e dizendo o número de cada uma delas. Variações são possíveis, devendo-se ter o cuidado em relação a idades e série escolar das crianças, pois o movimento já traz certa expectativa de inibição nos presentes, frente ao olhar dos outros.

O aspecto educativo e reeducativo de uma sessão de RPM leva os terapeutas atuais a rejeitar esse tipo de proposta. Penso que não devemos nos afastar desses ensinamentos, uma vez que nos ajudam na compreensão da história da Psicomotricidade, dos conceitos com os quais podemos operar em diferentes lugares, com diferentes sujeitos. Além disso, a tendência é procurarmos pela associação entre EPM, RPM e TPM, guardando as devidas ressalvas diante de cada problema, lugar e metodologias, norteados pelas concepções de corpo que, por sua vez, se orientam pelas teorias escolhidas pelo profissional. É importante lembrar, por exemplo, a necessidade do aparato técnico, quando a relação torna-se difícil.

3.5 Boneca de *Bano (sic)*

Na tentativa de ilustrar a possibilidade de associação entre as propostas da Reeducação e da Terapia Psicomotoras, tendo em mente os ensinamentos clássicos conforme aprendidos com vários autores e profissionais do ramo e aplicados na própria experiência prática, trago o exemplo de um dos atendimentos realizados pelo Projeto Psicomotricidade, elaborado e supervisionado por mim desde 1991, na Clínica de Psicologia da PUC-Minas. A estagiária, a certa altura do processo, impacientou-se consigo mesma, ao relatar que as sessões de Reeducação Psicomotora, da qual se encarregava, transcorriam da mesma forma, quase como um ritual. Queixou-se também de que não estava sabendo conduzi-las e que talvez não pudesse se tornar uma psicóloga psicomotricista. Segundo a estagiária, a menina de 10 anos a quem ela atendia, apresentava-se muito bem cuidada, em seu vestido engomado, de sapatos e meias brancos. Durante várias sessões, logo que entrava na sala para o atendimento, sempre pedia para desenhar em uma cartolina. Usava lápis coloridos e uma régua para traçar o desenho da mesma casa, quase milimetricamente calculada e arquitetada. Permanecia na tarefa por longo tempo, conversava pouco, despedia-se, para voltar na sessão seguinte. A queixa da escola e da família, que pesava sobre ela, era a de troca de letras. Sugeri, então, que a estagiária procurasse fazer os três movimentos possíveis de uma bola, chamando a atenção da criança para essa atividade, em momento oportuno, ao que a menina respondeu prontamente, em determinada sessão, enquanto desenhava. Assim, aos poucos, a criança respondeu quais os movimentos que a bola podia fazer, e a estagiária a convidou depois para que os imitasse com seu corpo. A criança deixou o desenho de lado, passou a saltar sobre o chão, a girar sobre seu próprio eixo e a rolar de um lado para o outro, como uma bola, durante bom tempo. Depois, sentou-se à mesa, pediu uma cartolina para desenhar, barbante e cola e escreveu com eles: *boneca de bano* (*sic*). Ao terminar a tarefa, foi visível sua tensão e surpresa por ter escrito pano com b. Como o erro não lhe foi apontado e nenhuma interpretação feita, nas sessões seguintes, permitiu-se explorar outras atividades na sala, parecendo restaurar sua própria imagem corporal, vendo-se de outro modo diante dos outros. Pode-se pensar que a boneca-princesa, certinha, perfeita, conforme a viam e exigiam que fosse, em casa e na escola, escondia, diante dos olhares dos outros, a boneca de pano, (ou *bano*?) frágil, com dificuldades, tal qual se percebia. O que pretendo ilustrar aqui é a possibilidade de que o processo seja coconstruído em conjunto com o terapeuta, o paciente e o supervisor. Pode ser dito que, de início, nem a estagiária nem eu pensamos em uma proposta de Reeducação, Educação ou Terapia, diante das queixas específicas em relação à criança, trazidas pela escola e pela família. Ao longo do tempo, e de acordo com as situações vividas na sala, a história da criança e da terapeuta-estagiária, é que se encarregaram de desenhar a metodologia, definindo as técnicas empregadas, segundo o desenho da criança. Mais à frente do processo, foi interessante propor atividades específicas para a troca de letras da menina. Para tal, a estagiária buscou referências na sessão para a escrita sugerida por Picq-Vayer (1968). Os capítulos sobre as bases epistemológicas e as considerações sobre os métodos em Psicomotricidade vão ajudar a interpretar e a sustentar a análise desse e de outros casos.

A formação e a experiência clínica é que irão ditar a escolha do profissional. Quando comecei a atender em Psicomotricidade, logo depois da especialização realizada no IPPMG, busquei, principalmente, as bases teóricas de Wallon e Winnicott para as propostas de RPM em diferentes técnicas. A experiência clínica com a Coreoterapia mostrou a necessidade de ampliar essas bases, dirigindo-me para a formação em Psicanálise e Terapia de Família. Ao longo do tempo, com os estudos da Fenomenologia de Merleau-Ponty, pude diferenciar melhor a condução ética e estética dos processos. Assim, para alguns casos, a proposta é de educação, se o problema é de ordem neurológica, preventiva ou profilática; reeducação, se for de aprendizagem; ou terapia, quando o problema demandar a proposta psicoterapêutica, substituindo até outras modalidades de psicoterapia. Para outros, pode-se começar por uma delas ampliada e modificada em coconstrução com o cliente. De algum tempo para cá, intitulo-me psicóloga-psicomotricista-terapeuta de família. A escolha feita com a combinação da Psicomotricidade com o pensamento sistêmico-cibernético concebe o ser humano em relação a seu corpo maior, o corpo no contexto, mostrando-se bem eficaz, seja em atendimentos particulares seja junto a parcerias em equipes institucionais, em escolas, abrigos e hospitais.

4. TONICIDADE, MOTRICIDADE E AFETIVIDADE

Para entender a noção de que o ser humano deve ser concebido em sua unidade corporal e psíquica, considera-se a indissociabilidade da noção de corpo, espaço e tempo em torno do chamado Sistema de Referência ECET (Esquema Corporal, Espaço e Tempo) que integra os demais conceitos da Psicomotricidade. A partir de agora, os conceitos de esquema corporal, espaço e tempo serão descritos separadamente, por uma questão de didática, embora devam ser considerados ao mesmo tempo, em todo momento, interligados, seja na teoria, seja na prática. Assim, quando um deles for tratado de forma específica, os demais naturalmente serão considerados e integrados. O profissional, ao dedicar sua intervenção ou estudo a um desses conceitos, sabe automaticamente que os demais estão sendo observados, estimulados ou teorizados.

Antes disso, e mais ainda, para desenvolver a compreensão do ECET, é preciso começar pela noção de tonicidade-motricidade- afetividade. Ninguém substitui Wallon nessa pesquisa e é nele que passo a me referenciar. O autor será apresentado mais adiante.

Para Wallon (1975), o ser humano é orgânico- social e a emoção serve de ponte entre o organismo e o meio. A passagem dos reflexos e automatismos herdados ontogeneticamente pela espécie em direção à representação simbólica é permitida, segundo o autor, pela emoção. Tal passagem é possível, desde que as emoções se organizem corticalmente, isto é, passem dos centros nervosos inferiores para os centros nervosos superiores, ao mesmo tempo em que se organizam socialmente. Wallon mostrou que se uma pessoa fizer cócegas na sola do pé de um recém- nascido durante um tempo maior, este pode entrar em convulsão, pois não sabe para que serve tal sensação. É por isso que é preciso ter cuidado com a estimulação precoce em pacientes com paralisia cerebral, por exemplo, muito utilizada e de forma pouco responsável por alguns. Uma vez organizada corticalmente e socializada, a emoção pura dará condições à criança de rir sob o efeito das cócegas. Ela saberá traduzir a sensação. Sensações e reações denominadas por Wallon como interoceptivas, proprioceptivas e exteroceptivas, de início reflexas e automáticas, organizam-se, portanto, pela maturação cortical e social das emoções, consideradas, por sua vez, a ponte entre o ato motor e o ato mental. As interoceptivas originam-se na atividade funcional das vísceras e da respiração. As proprioceptivas, do aparelho de equilíbrio (labirinto), das fibras musculares e esqueléticas, nas articulações e na atividade postural. As exteroceptivas vêm dos órgãos dos sentidos: visão, audição, paladar, olfato e tato, na atividade de relação.

Até mais ou menos os quatro meses, a sensibilidade postural da criança encontra-se cerrada sobre si mesma (sinergias funcionais). Daí em diante, ela irá regular sua própria posição, na relação com o outro, fazendo aparecer formas superiores de organização psíquica. As primeiras manifestações motoras, as sinergias reflexas sensório-motoras desenvolvem-se por meio da alimentação, na defesa e no equilíbrio da criança. A partir do segundo mês, aparecem as primeiras praxias (ações coordenadas em direção a um resultado) sensório-motoras (sugar polegar, afastar um objeto). Entre o primeiro e o segundo anos, aparecem as praxias mais evoluídas, que esboçam um movimento mais simbólico. A fase operatória é responsável pelos esquemas motores originais: esquemas transitivos e esquemas expressivos. Passar ao plano operatório é o mesmo que reconstruir, progressivamente, no plano da representação, o que já foi adquirido no plano da ação.

O papel desempenhado pela atividade postural, na evolução psíquica, por intermédio das emoções, diz respeito à íntima dependência recíproca das contrações e da sensibilidade tônica. A cada contração da mãe corresponde uma sensação da criança, num circuito sem fim, o que imprime uma determinada atitude. Wallon chamou a esse fenômeno de *primeiro complexo sensitivo-motor*, que capta a atividade e a atenção da criança. A atitude passa a ser uma impressão, uma intenção e uma significação, considerada por ele como o *mínimo de consciência primitiva*. Em momentos de emoção não organizada, a não distinção entre si mesmo e o outro aumenta mais na criança, que ainda não adquiriu ainda essa diferenciação. Quando uma criança chora, por exemplo, as demais que estão por perto também choram. Se acontecer de um aluno chorar ou se tornar agressivo numa sala de aula, a professora ficará tensa, sem saber o que fazer com a situação, o que aumenta a desordem emocional e, consequentemente, a relação afetiva entre eles. Isso fez Wallon pensar que a emoção é contagiosa, uma das suas questões que aponta para a revisão do conceito de educação e relações pedagógicas.

Assim, é possível provocar reações semelhantes ou recíprocas no outro, por meio de ritos, jogos, cerimônias e dança. Isso permite que um se sinta parte do outro, o que o revela a si mesmo. Fazendo parte, há possibilidade de identificar-se com o outro. A cenestesia (impressão geral, resultante do conjunto de sensações internas, caracterizada por bem-estar ou mal-estar) não pode ser estudada ou medida na Psicologia se não se considerar a funcionalidade íntima em relação ao outro, no decorrer do desenvolvimento da pessoa. Para melhor compreensão da dinâmica dessas reações e sensações na relação inicial entre mãe e filho, é importante destacar o conceito de tono, ou tônus.

Wallon, quando aborda a noção de tonicidade, automaticamente aborda a de motricidade e a de afetividade. A função tônica, para ele, está ligada intimamente à motricidade e à afetividade: a manutenção das posições do corpo compondo a atitude e a postura, de onde os movimentos se projetam, são dependentes das situações que ocorrem no meio. Segundo Wallon, tônus é a função que mantém certo nível de tensão no músculo. É o suporte de onde são feitas as atitudes relacionadas com a acomodação, a espera e a afetividade.

O tônus exibe duas funções: a função clônica (ou cinética) que corresponde à ação (locomoção, preensão, manipulação). E a função tônica (ou plástica) que corresponde à sustentação (expressão e relação). A evolução do tônus pode ser acompanhada ao longo do desenvolvimento, a partir de três aspectos: a consistência, observada na resistência das massas musculares; a extensibilidade, no comprimento do músculo e a passividade, na dificuldade ante a mobilização passiva. De acordo com a evolução do tônus, as pessoas serão mais ou menos hipertônicas, apresentando maior rigidez em sua postura e movimentos, ou mais ou menos hipotônicas, apresentando-se mais flexíveis e relaxadas. Toda criança mostra hipertonia, por volta dos quatro meses. A mãe tem dificuldade de abrir sua mão para ser lavada, e colocar-lhe as fraldas torna-se tarefa difícil. Trata-se de uma defesa inicial do organismo, pois a criança ainda não é capaz de se sustentar sozinha, sua coluna vertebral não desenvolveu a sustentação própria.

Modificações do tônus ocorrem de acordo com a situação funcional do momento. Assim, o tônus é chamado de fundo ou de base, ou permanente, quando é ponto de partida de toda atividade estática; tônus de ação, quando acompanha os movimentos e tônus postural, quando assegura as atividades e posições do corpo.

O Sistema de Referência Esquema-Corporal-Espaço-Tempo depende da tonicidade, da motricidade e da afetividade que, por sua vez, ajudam a organizá-lo. As reações interoceptivas, própriocept ivas e exteroceptivas, inerentes às sensações e reações, durante o contato entre mãe e filho, manifestam-se por meio de fluxos de tensão. Os fluxos de tensão podem ser livres, como sugar o polegar, por exemplo, ou contidos, como manter o dedo na boca. Além dos fluxos livres e contidos, existem fluxos de forma que variam a forma corporal no movimento para o alongamento (associados aos livres), ou para o encolhimento (associados aos contidos).

Aumentos e redução de tensão da mãe geram aumentos e redução de tensão do filho. A mamada, por exemplo, mostra harmonias e desajustes: a harmonia oral causa o desajuste oral (morder). Fluxos de tensão e modulação tônica são apropriados para a satisfação das necessidades fisiológicas (sugar, evacuar, urinar) e permitem a inibição ou a descarga das pulsões afetivas. Fluxos de forma exprimem sentimentos (conforto, desconforto, atração, repulsa) como modos de ligação e interação com os objetos e o mundo. As formas básicas de reação tônico-motora na relação objetal se expressam por descarga e inibição. Inibição de pulsões, para não desagradar o objeto de amor ou por não tolerar frustrações, tornando-se defesas (negação, isolamento, repressão, intelectualização). Descarga motora, pela intolerância à frustração, à negligência, tornando-se defesas (balanceios do corpo ou da cabeça, condutas arrojadas, correrias e birras, deslocamentos, *acting- out* e identificação com o agressor).

Como se associam o movimento, a tonicidade e a afetividade com o pensamento? A sensibilidade durante o movimento, advinda das sensações táteis, sinestésicas, labirínticas, visuais, é responsável pela entrada do movimento na vida psíquica. Os centros nervosos superiores permitem o armazenamento das percepções e informações sobre o próprio corpo e o mundo. Formam-se as *imagens motoras,* nas áreas corticais que permitem a execução de movimentos que se tornam cada vez mais adaptados em sua execução na vida de relação.

A atividade de relação e a atividade postural, portanto, têm uma raiz comum. Da fusão inicial mãe-bebê, a melodia cinética, descrita por

Wallon e chamada por Ajuriaguerra de "diálogo tônico", prelúdio do diálogo verbal joga o sujeito na comunicação afetiva com o outro.

4.1 Teoria da Emoção em Wallon

Não podemos falar de tonicidade, motricidade e afetividade sem mencionarmos o papel desempenhado pela emoção na construção de si mesmo e do conhecimento do mundo. Observando crianças em estados de pura emoção, aponta-nos Wallon (1975) que, quando a emoção domina, as impressões orgânicas e subjetivas da criança aumentam, dilui-se a delimitação eu e não eu e a sensibilidade se torna confusa, global, indivisível. Essa ausência de partes diferenciadas no conjunto é o estado ao qual Wallon chamou de *sincrético*. A percepção pode ser sincrética, assim como o pensamento, e constitui a própria subjetividade. De início, a criança parece refletir em suas reações aqueles que a rodeiam, parece participar da sensibilidade ambiente. Nos momentos de emoção, a distinção entre a criança e o outro desaparece ainda mais. A emoção suscita reações similares e recíprocas no outro e tem inversamente grande força de contágio. No início da vida, afetividade e inteligência estão, portanto, sincreticamente misturadas. Da afetividade, segundo Wallon, diferencia-se, lentamente, a vida racional.

A emoção, pela sua capacidade de mobilizar o ambiente, é considerada, pelo autor, uma manifestação epidêmica e contagiosa. A criança pequena não seria atendida por sua mãe se não chorasse.

A emoção para Wallon é, portanto, uma linguagem antes da linguagem e um comportamento social. No *diálogo corporal* entre indivíduo e meio, a função tônica intervém na dialética da relação e integra a história das informações exteriores, interrelacionando-as para dar origem à fenomenologia do comportamento humano (FONSECA,1983).

A teoria de Wallon mostra como a motricidade ou a função postural do corpo, pelos mecanismos tônico-emocionais, está implicada na evolução psicológica da criança. O corpo em ação, portanto, tem um papel fundamental na consciência de si mesmo. Aos poucos, enquanto se conhece pela ação, a criança é capaz de estabelecer uma distinção entre ela e o outro, os objetos e o mundo social. O corpo em relação se integra a partir do corpo do outro e o assimila. Por intermédio do diálogo tônico, cada emoção da criança se manifesta e se objetiva na consciência que ela tem de si mesma e do outro. Ao mesmo tempo, é a partir daí que ela poderá ser vista como o outro a vê. A gênese do corpo é dialética na medida em que há um ver-se-vendo a si mesmo e ao outro e em si próprio (LEITÃO, 1992).

A distinção entre si mesmo e o outro é mínima na criança e só é adquirida progressivamente, com a evolução do sincretismo e a organização neurofisiológica e social da emoção. Com essa concepção, Wallon introduz também a emoção como fator de relação entre sujeito e objeto.

Para reduzir a emoção, é preciso opor-lhe uma atividade perceptiva e/ou intelectual. Aí reside o determinismo dialético da gênese do psiquismo, que Wallon (1975) nos apresenta: a razão nasce da morte da emoção que lhe deu origem. Do período sincrético, a criança passará progressivamente ao período categorial, será capaz de conceituar-se, de representar-se a si mesma, representar o outro e o mundo.

A aparição e as manifestações da emoção têm a ver com a história do sujeito e sua raça. As emoções são, para Wallon, em sua essência, função de expressão, função plástica; dizem da história de um grupo social, de uma cultura. São consideradas uma formação de origem postural e têm por material o tônus muscular, de onde se inicia o diálogo tônico, na relação intersubjetiva, pela via da motricidade. A teoria de Wallon sobre a emoção, com forte inspiração darwinista, é fundamentalmente social, pois fornece o primeiro vínculo entre os seres da espécie, suprindo a insuficiência da articulação cognitiva nos primórdios da história do ser e da espécie. A longa fase emocional da infância corresponde à história da espécie: nos grupos humanos primitivos, o contágio afetivo supre as insuficiências da técnica e dos instrumentos intelectuais. A emoção garante, para o indivíduo e para a espécie, uma forma de solidariedade afetiva. Tão logo sai da vida orgânica, o ser humano é um ser afetivo.

O papel desempenhado pela emoção, como ponte que possibilita a transformação do ato motor em ato mental, em estágios mais avançados, indica que os aspectos afetivos e hierarquizados orgânica e socialmente contribuem para a conquista da atividade simbólica e a especialização da linguagem e do pensamento e, consequentemente, da própria motricidade, uma vez diferenciadas. O conhecimento é, portanto, dependente do conhecimento de si próprio, pelo corpo. A construção de si e do conhecimento das coisas se dá a partir de si mesmo, na relação afetiva com o outro, nas origens do sincretismo psicofísico. Da ação surge a linguagem;

desta, o pensamento. A criança, de início, faz e fala num espaço intersubjetivo, isto é, a referência ao outro é considerada, pelo autor, estádio indispensável para a descoberta do eu, sendo que essa referência é deixada de lado quando a autonomia do pensamento e da linguagem é adquirida.

5. ESQUEMA CORPORAL OU IMAGEM DO CORPO

As definições sobre o esquema corporal, outro conceito-chave na Psicomotricidade, variam de acordo com diferentes epistemologias. O termo Esquema Corporal é mais usado pela Neurofisiologia, como Imagem do Corpo, pela Psicologia e Psicanálise. A noção de Esquema Corporal indica uma estrutura baseada no real. A de Imagem do Corpo está ligada ao mundo dos fantasmas e dos sentidos. É nos dois campos, o da realidade física (neurologia do esquema corporal) e o da realidade psíquica (imagem do corpo) que a Psicologia e a Psicomotricidade procuram classificar o sentido das condutas, ou seja, daquilo que existe entre o sujeito e ele mesmo, os outros e os objetos. Nesse vaivém, entre imagem do corpo e esquema corporal, é preciso procurar a origem desse mal-estar para conhecê-lo. O pensamento científico reflete, nesse domínio, a própria ambiguidade do seu objeto de estudo.

A noção de esquema corporal é, portanto, ambígua, como o é toda noção que aparece nos marcos da ciência. Essas noções só poderiam ser inteiramente desenvolvidas com uma reforma dos próprios métodos de estudo e, só com o seu desenvolvimento imanente, os antigos métodos serão abandonados (MERLEAU-PONTY, 1999).

Bonnier (1893), citado por Berthaud e Gibello, 1975, foi o primeiro a definir o Esquema corporal como a representação permanente e a figuração espacial do corpo e dos objetos. Em seguida, Head, Lhermitte e Schilder desenvolveram a concepção de um padrão ao qual se referem as percepções e intenções motoras, pois a garantia da situação espacial precisa das percepções e da eficácia das intenções motoras. Para eles, o EC é permanente, mas maleável, e toda a experiência nova se refere a ele, tornando-o mais preciso e modificando-o. Schilder (1999), na perspectiva psicanalítica, aponta que é a libido que dá forma ao agregado plástico dos dados sensoriais e que existe uma base biológica do Esquema Corporal, mas sua estrutura é libidinal.

Há diferentes concepções sobre o EC e, a meu ver, são delas que advêm o estabelecimento e a compreensão das bases epistemológicas da

Psicomotricidade. A revisão de nomenclatura a seguir foi extraída da Dissertação de Mestrado *Por uma infância encarnada*: as impressões do corpo no tempo (RENNÓ, 2001).

5.1 Concepções Neurofisiológicas: O Corpo Cortical

A patologia tornou mais preciso o conceito de EC, na Neurologia, pela observação da lembrança do membro fantasma. Se um membro ausente é sentido como presente, isso se deve ao fato de que o EC se emancipou o suficiente das aferências intero e exteroceptivas, para continuar intacto mesmo depois de sua supressão. O que acontece quando há uma lesão cerebral? Os distúrbios são diferentes se a lesão aparece em um dos dois hemisférios. As anosognosias (desconhecimento por parte do doente de sua afecção) de certos hemiplégicos, por exemplo, perturba a visão da hemi- imagem do seu corpo como separada de sua personalidade, de sua vida psicológica e está relacionada à região parietal direita. As somatognosias estão associadas às lesões do hemisfério esquerdo. A agnosia digital (dificuldade de mostrar, nomear ou escolher os diferentes dedos da própria mão, ou da mão do outro), a incapacidade de distinguir o lado direito do lado esquerdo em si mesmo, no outro ou nos objetos, a assimbolia à dor, o sentimento de ausência, as ilusões de transformação do corpo são perturbações do EC ligadas a lesões vasculares, tumores, traumatismos cranianos, intoxicações e estão relacionadas à região dos lobos temporo-parieto-occipitais. Os neurólogos admitem que o córtex parietal é responsável pelo mecanismo primordial de integração do EC e que, sob a dependência de processos emocionais e de necessidades biológicas, representa a energia e a força diretora dele.

Schilder, em Berthaud e Gibello (1975), tem o mérito da síntese entre as teorias centrais e periféricas, na tentativa de uma aproximação psicanalítica. Segundo ele, apesar de existirem lesões locais na origem do enfraquecimento da imagem de si, essas são apenas o efeito de um desejo inconsciente que se manifesta sobre uma base orgânica. Os dados cinestésicos, os dados visuais e as aferências vestibulares foram apontados por Lhermitte como responsáveis pela concepção da imagem do corpo, colocando em evidência a ligação que existe entre as praxias e o EC. Tal qual observou, na apraxia ideomotora, o doente foi incapaz de tocar uma parte do corpo sem um espelho à sua frente, apesar de conservado seu movimento, provando a importância da proprioceptividade, de um lado, e a primazia das representações visuais na representação corporal, de outro.

Ajuriaguerra insiste no ponto de que o EC é uma condição necessária de toda e qualquer experiência. Para ele, a constituição do EC depende do desenvolvimento da sensório-motricidade, da imagem do outro e da vida instintivo-afetiva. A somatognosia se elabora na idade em que nasce a consciência da pessoa como sujeito autônomo, e não está construída definitivamente, pois as influências e as experiências novas podem modificá-la.

5.2 Concepções Psicanalíticas: O Corpo Erógeno e o Corpo Fantasmático

Para Freud (1976), o ego é, antes de tudo, um ego corporal. Não um ego de superfície, mas uma projeção de superfície. O ego deriva das sensações corporais, principalmente das que se originam da superfície do corpo. Pode ser encarado como uma projeção mental da superfície do corpo, além de representar as superfícies do aparelho mental. O próprio corpo de uma pessoa e, acima de tudo, a sua superfície, é um lugar de onde se originam sensações externas e internas. A dor e o tato, por exemplo, podem levar à ideia do corpo.

Freud acentua a complexidade do movimento, cuja realidade não se limita à sua manifestação mecânica e neurofisiológica. Uma função orgânica, a alimentar, por exemplo, e uma atividade percepto- motora, como a marcha, apenas serão adequadas se forem investidas.

É interessante destacar que o esforço de Freud para ligar a Neurologia à Psicologia do inconsciente, faz com que ele rompa com a noção de corpo-objeto dos neurobiólogos. Essa ruptura metodológica faz aparecer a oposição entre o corpo biológico e o corpo fantasmático, emergindo a noção de corpo erógeno na trama relacional, cuja sedução materna é fonte de erotização do corpo da criança (LEITÃO, 1992). A noção de conversão em Freud é explicada como o salto misterioso do psiquismo no físico dando aos conflitos considerados psíquicos, uma *saída corporal.* Schilder retoma os estudos de Freud e Breuer (1895) sobre a histeria e diz que a compreensão desses fatos torna necessária a noção de Esquema Corporal.

O conflito se exprimiria no sintoma de modo simbólico, ele seria *falado* pelo corpo.

O corpo passa a ser o mediador, o organizador privilegiado das relações intersubjetivas. É o corpo que diz da organização da libido e que é, ao mesmo tempo, submetido à linguagem. O corpo pulsional, o corpo erógeno, banhado pela libido, passa a ser o substrato e o revestimento do corpo funcional, real. O corpo erógeno pode ser pensado como superfície, onde cada ponto tocado na troca com o outro corresponde a uma zona erógena. Como superfície, o corpo da criança é um continente onde a mãe separa a vertente biológica da vertente erógena. O pai assegura a clivagem entre o corpo biológico e o corpo erógeno da criança.Trata-se de uma rede de pontos que se organizam em torno de uma falta do Outro. O indivíduo tem uma espécie de mapa erógeno diferente, particular, no qual é possível a captura do outro e no qual se ordena um campo de desejo (LEITÃO, 1992).

O corpo erógeno diz da história vivida do sujeito, inscrevendo-o numa ordem singular, no próprio sistema inconsciente, acentuando-se algo de sua singularidade. O corpo erógeno inscreve o sujeito numa ordem inconsciente que não é garantida, uma vez que as funções orgânicas que estimulam as zonas erógenas continuam a exercer suas funções de sobrevivência e prazer (LEITÃO, 1992).

A noção de corpo erógeno, portanto, não fala de uma totalidade do sujeito, pois implica uma dispersão. Os registros erógenos privilegiam determinadas zonas do corpo biológico, nas quais é predominante a função orgânica. O corpo fisiológico é ainda o organizador dos investimentos libidinais, o que mostra a existência de certo emparelhamento entre o orgânico e o desenvolvimento da libido (LEITÃO, 1992).

A primeira estrutura e os caracteres principais do ego foram definidos por Freud como relacionados ao esquema corporal. Assim, o esquema corporal é essencialmente pré-consciente e constitutivo do ego. Ao esquema corporal se deve a prova de realidade sob seu aspecto mais concreto, ou seja, em relação às excitações interoceptivas, proprioceptivas e exteroceptivas que ele modifica pela atividade.

Nos trabalhos contemporâneos da Psicanálise, encontram-se preocupações mais definidas sobre a questão corporal, como a fantasia do corpo próprio. Trata-se do fantasma do corpo. A partir de Wallon, a Psicanálise, por intermédio de J. Lacan (1989), afirma que é o corpo do outro que fornece, como se fosse um espelho, a imagem do corpo próprio.

Lacan havia lido Wallon, porém foi mais além da apreensão da imagem no espelho pela criança. A imagem especular, a captação que a criança faz de si, pela forma espacial de seu corpo no espelho, é o momento fundador da "função do eu". É a primeira forma organizada no processo de sua constituição subjetiva. O estádio do espelho é situado, por Lacan, como prenúncio do complexo de Édipo, como limiar específico do processo de maturação da criança e como um momento particular da sua vida psíquica. Trata-se de uma teoria de um momento estruturante e genético da constituição da realidade (DÖR, 1992). O estádio do espelho é uma experiência de identificação fundamental, durante a qual a criança faz a conquista de seu próprio corpo. A imagem do corpo leva à conceituação do imaginário, marcado pela prevalência da imagem do outro.

Para Lacan, em Berthaud e Gibello (1975), nos primeiros seis meses de vida, a criança apresenta uma imaturidade, uma incoordenação que resulta num estado afetiva e mentalmente constituído de uma proprioceptividade que traduz um espedaçamento do corpo. A experiência afetivo-mental do corpo, no estádio arcaico, é sentida sob a forma de espedaçamento que se revela nos fantasmas de desmembramento e de deslocação do corpo. Depois, um brusco fenômeno de percepção jubilatória se produz na criança, assinalando o triunfo da percepção de sua própria unidade. É o que Lacan denomina estádio do espelho, ligado à aparição da Imago do Outro. A fase do espelho é um momento revelador para o sujeito, tomado enquanto forma na aparição, na emergência de seu corpo, enquanto totalidade reconhecida no breve e mágico instante do olhar do Outro. A percepção de si forma a imagem de si e pressupõe a presença do Outro. Nesse processo, predomina a maturação da percepção visual que permite o reconhecimento da forma humana e, a partir daí, a possibilidade de identificação com essa forma. A fusão dos dados visuais ligados ao corpo do outro, por intermédio da Imago materna, vai se unificar como uma forma de representação inconsciente, ou Imago de si própria, sendo que a proprioceptividade esparsa e incoordenada passa a dar lugar a uma imagem unificada de si mesmo.

Assim, a unidade corporal da criança é percebida pela imagem do corpo do outro. Para adquirir essa percepção, a criança deve ultrapassar a fase especular, pelo acesso à ordem simbólica que surge com a aquisição da linguagem e com a intervenção do pai na vida psíquica. É preciso um terceiro para separar a díade e dar unidade corporal à criança que se tornará um ser de desejo. É a barra ao gozo (satisfação de uma pulsão; gozo absoluto do corpo e sua completa destruição) que torna possível a entrada do sujeito em outro registro, o do desejo que o faz ascender ao nível do simbólico, tornando possível a emergência do inconsciente.

A pulsão, cuja fonte é o corpo, por intermédio das zonas erógenas, terá agora outro destino, o da linguagem, enquanto representação. A barra ao corpo é a barra ao gozo, inscrito na ordem do desejo, o desejo do outro, não enquanto satisfação de uma necessidade, mas desnaturalizado, isto é, inscrito enquanto linguagem. A linguagem se interpõe, portanto, entre o sujeito e o corpo, tanto nas suas conjugações, como nas suas disjunções.

A imagem, entretanto, prepara o sujeito para outra alienação: "a do eu pelo outro". O outro, tomado como espelho na reciprocidade dos olhares, possibilita ao sujeito se ver como unidade na forma de seu corpo. Mas, ao mesmo tempo em que esse outro decodifica o que a criança precisa, *estranhamente o inscreve numa melodia de presenças-ausências, tocada à custa de prazeres e desprazeres, ao som de uma equivocação fundamental* (LEITÃO, 1992, p. 62).

Assim, ao mesmo tempo em que o outro *configura* a criança, igualmente a *desfigura*, pois o outro lhe falta, pois o outro deseja outro (a mãe deseja o pai). A criança se desencanta: *não sou o desejo da mãe* (quem pensava ser) e se depara com a *falta-a-ser*. Abre-se, aí, uma saga de um desejar sem fim. Resulta disso uma disjunção do sujeito e seu corpo, um sujeito dividido, barrado entre o Outro do desejo, que existe, e o outro do gozo, que não existe. A perda que inscreve a subjetividade, na tensão da barra, é para o ser humano, como ensina Lacan, uma perda em nível do corpo. O sujeito não *é um*, ele tem um corpo, que pode ser facilmente textualizado na linguagem. *O corpo é para o sujeito algo que ele próprio diz de fora* (LEITÃO, 1992, p. 67). Para o sujeito se instituir é necessário, portanto, que algo seja interditado ao puro gozo do corpo (interdito edípico) para ascender à palavra, ao nome do Pai, à linguagem. A linguagem cria o corpo e igualmente o interdita. Constitui um acesso e uma barreira: acesso ao corpo simbólico e barreira ao corpo real (LEITÃO, 1992).

O sujeito, para Lacan, não poderá ser situado na consciência já que é inconsciente. O inconsciente não é dado, pois se estrutura como linguagem, no campo do Outro, onde linguagem e estrutura se organizam segundo uma lógica própria.

Para Leitão (1992), um corpo constituído na dialética do jogo dos olhares, inscrito pela mediação intersubjetiva, no campo do Outro, faz pensar que é a própria imagem especular que transparece ao sujeito como fonte de erro. Isto é, a imagem, como transparência e forma, aponta daquilo que é ao que não é.

O estádio do espelho se organiza antes do advento do esquema corporal e simboliza a pré-formação do eu, pressupondo seu destino de alienação no imaginário, de onde se delineia o desconhecimento crônico que o sujeito não cessará de alimentar, em relação a si mesmo.

Wallon convidou Lacan, ainda estudante, para colaborar no trabalho de uma Enciclopédia (BERTHAUD e GIBELLO, 1975). O contato entre os dois permitiu a Lacan elaborar o conceito de estádio do espelho, a partir das observações de Wallon sobre as reações da criança diante do espelho. Wallon faz dupla crítica a essa teoria. Na primeira, embora reconheça que o espedaçamento possa ser um dado inicial do corpo próprio, recusa o modo dramático e ansiogênico pelo qual ele seria vivenciado (BERTHAUD e GIBELLO, 1975). A segunda crítica se refere ao processo de acesso à unidade: para Wallon, a posição lacaniana mostra que a busca da unidade do eu se fundamenta numa preconcepção da unidade do ser e, seria necessário que existisse, subjacente, a ideia dessa unidade. Para que o ser tenha um sentido de si mesmo, configurando uma unidade corporal, segundo a imagem do outro, seria necessário que tivesse uma preconcepção da unidade do ser. Para ele, isto é impossível, pois a construção de si se dá etapa por etapa, enquanto o sujeito constrói o conhecimento geral. A construção de si e das coisas se dá a partir de si mesmo, na relação afetiva com o outro.

Para responder qual seria essa tendência à restauração da unidade perdida de si mesmo, Lacan argumenta que o homem representa uma dupla ruptura: a da adaptação ao meio e a da unidade funcional. À falta de um controle perceptivo, as sensações dispersas e as pulsões cegas, que engajam o organismo em atividades que não podem ser eficazes, constituem vazios e barreiras que vão induzir condutas de adaptação, estando aí, talvez, a origem da inteligência. A imagem do corpo está, portanto, condicionada não só pela primazia no homem, de formas imaginárias do corpo, anteriores ao domínio do próprio corpo, como também pelo valor defensivo dessas formas imaginárias, diante da angústia do esfacelamento vital, decorrente da imaturidade.

Encontramos, assim, também na Psicanálise, a antecedência obrigatória do Outro, a Imago materna captada de modo privilegiado para se chegar à descoberta e ao estabelecimento do eu.

Nessa perspectiva da Psicanálise, podemos entrever a natureza do esquema corporal e aproximá-lo de uma qualidade psíquica determinada. Desse ponto de vista, o esquema corporal, portanto, não se situa unicamente no plano consciente.

Em relação às questões da corporeidade e subjetivação, pela Psicanálise pode-se ver como o imaginário, por meio das vivências orgânicas, relaciona-se com o simbólico e como os fatos imaginários são relacionados a uma cadeia simbólica que os liga e os orienta.

Se, para Lacan, não há uma supremacia do simbólico sobre o imaginário e o real (tudo que subsiste fora da simbolização), é sinal de que já existe uma ordem simbólica na constituição das organizações têmporo-espaciais e nas primeiras relações do sujeito com o objeto.

Nessa perspectiva, se não há inconsistência entre as vivências orgânicas, os fatos imaginários e o que é da ordem do simbólico, pode- se ver que não é necessário que eles sejam considerados anteriores para se relacionarem a uma supremacia da cadeia simbólica que os liga e os orienta. O que vem reforçar nosso ponto de vista, em relação à impossibilidade da dicotomia entre funções elementares corpóreas e funções psíquicas superiores.

A Psicanálise de Lacan nos fala, portanto, do resultado das impressões da imagem especular do Outro sobre o sujeito. Novamente, pode ser destacado que a questão da noção de si mesmo é mostrada, pelo autor, tendo por base e origem as noções do corpo.

5.3 Concepções Psicológicas: O Corpo Consciente

O estudo da gênese do esquema corporal de Wallon chamou mais a atenção dos teóricos da infância, educadores e terapeutas.

Segundo Wallon, *o esquema corporal não é um dado inicial, nem uma entidade biológica ou psíquica,* mas uma construção (WALLON *apud* CAMUS, 1986).

Estudar a gênese do esquema corporal, na criança, é indagar- se como ela chega à representação mais ou menos global, específica e diferenciada de seu corpo. O esquema corporal é um elemento básico, indispensável à construção da personalidade, o resultado e a condição de relações legítimas entre o indivíduo e seu meio. Wallon deu ênfase aos movimentos reflexos e impulsivos da criança, cujo caráter global, incoordenado, ineficaz, sempre os tornou negligenciados pelos observadores (DANTAS, 1992). Na medida em que os movimentos dos braços e das pernas exprimem estados de desconforto ou bem- estar, são, ao mesmo tempo, interpretados pelo ambiente como sinais de necessidades a serem atendidas, tornando-se, então, movimentos expressivos e significativos, pelos quais a criança atua indiretamente sobre o meio. Essa é a perspectiva *geneticamente social*, da qual nos fala Wallon, que ilustra, em sua teoria da emoção, a ponte entre o orgânico e o social.

Se seguirmos o pensamento de Wallon, a dicotomia mente e corpo, característica do homem histórico ocidental, talvez possa ser compreendida à luz do raciocínio dos contrários entre mente e corpo, sujeito e objeto, no paradoxo da construção da subjetividade. No decorrer do desenvolvimento, a noção do todo se configura à medida que as partes elementares e superiores se diferenciam e se somam em direção ao todo, alcançando um significado de verdadeira abstração.

Para Wallon (1975), o eu frágil, conquistado debilmente, precisa da admiração alheia e oferece-se em espetáculo. O eu usa depois o outro como modelo para sua própria construção e ampliação de competências. Outro que deverá ser deixado. Nessa contradição, segundo esse par de opostos, necessitar do outro para ser, conhecendo- se de fora para dentro, depois de se ter conhecido de dentro para fora, expressando-se pela atividade e conhecendo-se por meio dela, para a criança, após um momento de dependência frente ao que a rodeia, o outro não poderá ser mais do que um simples *partenaire*.

Se, em Wallon (1975), encontram-se os princípios e a explicação do processo genético-evolutivo da criança, a partir das suas impressões corporificadas, é possível notar, entretanto, que, embora o autor não dissocie o contexto orgânico do social, mostra-nos ainda uma concepção dicotômica da forma como o corpo está no mundo. As impressões da criança, como apontado por Wallon, dependem de um desenvolvimento progressivo e linear para chegarem ao estágio da representação mental de si mesma, o que nos remete à lógica da dominação da representação do adulto. Em outras palavras, uma vez representadas mentalmente, as impressões corporificadas da criança parecem perder seu significado e sua essência, fazendo-a introduzir-se no mundo adulto. Depois de adultos, a força e a intensidade das impressões corporificadas vão se tornando indeléveis, menos nítidas e acabamos por não precisar mais delas para pensar. Daí a possibilidade de se considerar a sobrevalência das funções psicológicas superiores.

Já que a concordância exata entre o corpo visual e o corpo cinestésico, do qual nos fala Wallon (1975), é que possibilita a edificação do esquema corporal, no espaço e no tempo, na relação com o outro, pode-se argumentar aqui que essa concordância se dá por intermédio e influência da lógica do adulto. Em outras palavras, é sob a visão do adulto que a criança se vê. O adulto, portanto, influencia a visão que a criança vai construindo sobre si mesma.

Essa argumentação nos leva às considerações de Wallon sobre a imagem da criança diante do espelho e diante do olhar do adulto. Os estudos sobre a ontogênese das reações infantis diante da imagem especular foram mais bem desenvolvidos por Renée Zazzo, embora inspirados na concepção walloniana sobre o desenvolvimento do esquema corporal. Pesquisando a criança diante do espelho, Zazzo aponta que a predominância e a primazia da imagem do corpo da criança são evidentes na descoberta de si. A criança não diferencia o eu do não eu diante do espelho, diante de sua imagem especular, até o final do terceiro mês: o espelho fica vazio para ela. Só aos três anos de idade é que ela usa seu primeiro nome para identificar sua própria imagem no espelho. O autor não explica se esse desdobramento é efeito da experiência ou da maturação. Possivelmente, os dois fatores intervêm, sendo, portanto, por meio da necessidade do reconhecimento do outro que a criança pode chegar ao conhecimento de si.

É sempre na relação com o corpo do outro que se baseia nossa existência e a inclusão de nosso eu no mundo. Por meio do diálogo tônico e da experiência da imitação, propiciado pelas relações intersubjetivas, a criança é capaz, diante da sua própria imagem no espelho, por volta dos três anos de idade, de exteriorizar a imagem de si mesma, virtualizando-a no espaço.

As manifestações das emoções, durante o considerado estágio primitivo, sincrético, da criança, imprimem a história do sujeito e de sua raça e originam o esboço de uma consciência primitiva na formação do esquema corporal.

Conforme destacado na dissertação de mestrado citada, é possível pensar, a partir daí, na narrativa corporal da criança: a capacidade de contar a História com o corpo.

A Psicogenética de Wallon nos diz, portanto, da construção do sujeito, a partir de aspectos corporais, etapa por etapa, e das consequências dessa construção, considerada o momento da sua conquista simbólica. De igual modo, nos diz também da constituição subjetiva na relação com o outro, por meio de um diálogo corporal.

No interior de uma díade, na *simbiose afetiva*, entre mãe e filho, as trocas sociais promovem a criança do puro fisiológico à emoção. A partir daí, no jogo incessante da imitação, implicada entre o movimento e a representação, a criança acede às elaborações simbólicas de si mesma e do mundo.

O que lamento é que os autores citados tenham considerado e ressaltado a matriz sensório-motora como origem da representação mental, da capacidade de lidar com símbolos, como ponte, como passagem para a expressão pela linguagem e pelo pensamento, num enfoque evolucionista, e, não como o tempo da criança contar sua história pelo corpo, por meio de um *diálogo intercarnal* com o outro (RENNÓ, 2001).

Uma perspectiva dualista entre corpo e psiquismo, no meu entender, continua presente em Wallon, por mais que o autor quisesse ultrapassá-la e, embora aponte a constituição subjetiva na relação com o outro, pelo corpo, a noção aparece centrada no próprio sujeito, na consciência. O sujeito consciente, portanto, parece resolver, para Wallon, a dialética entre organismo-meio, ao integrar consciência social e corpo.

Os estudos citados sobre a criança, no enfoque evolutivo desses teóricos do desenvolvimento e da Psicanálise mostram as condições de reciprocidade entre o ser e o meio, as relações entre os estágios de desenvolvimento, especialmente as relações de filiação e oposição entre a afetividade, muitas vezes considerada em relação aos aspectos tônicos e motores a caminho da representação mental. O homem, *já não animal*, aparece, quando, ao mundo perceptivo se sobrepõe o mundo das representações, das ideias, segundo sua habilidade para lidar com o signo, com a intervenção da linguagem e da sociedade.

Como já apontado, os conceitos sobre o EC são ambíguos e devem ser reintegrados num modelo genético geral para a elaboração dialética do *ser corporalmente no mundo*. Penso que é com a Fenomenologia que se consegue reverter tal ambiguidade.

5.4 Concepções Fenomenológicas: O Corpo Vivido

A dimensão temporal é o elemento da Fenomenologia para se pensar o corpo no mundo. O sujeito é, ao mesmo tempo, sujeito e objeto da experiência e da sua história. A experiência motora não é um dado do conhecimento; ela fornece um modo de chegar ao mundo e ao objeto, uma *practognosia original e originária* (MERLEAU-PONTY, 1999). Os fenomenólogos consideram que o esquema corporal é uma maneira de exprimir que o corpo está no mundo. A espacialidade do próprio corpo não é uma situação, ele não existe aqui, mas sim em direção às suas tarefas. O membro fantasma, para eles, é uma experiência reprimida de um antigo presente que não se decide a se tornar passado. Para Scherrigton (1975), *o tempo é que assegura a síntese do eu*. Para Bergson, *apud* Berthaud e Gibello (1975), a *estrutura do Esquema Corporal é temporal: o passado imediato, enquanto é percebido como uma sensação e o futuro imediato enquanto determinante, como uma ação ou movimento.*

5.5 O Corpo Próprio e o Corpo Carne em Merleau-Ponty

Ao longo da história da Psicologia, pode-se ver, pelo exposto até o momento, que as dimensões motora, afetiva, cognitiva e intelectiva do sujeito têm sido consideradas de forma separada. Ao tratar dos aspectos psíquicos e corporais de forma separada, a Psicologia do Desenvolvimento e a Psicanálise nos levam a pensar, portanto, o corpo como objeto do mundo, isto é, separado da mente e do mundo, cujo significado deve ser dado pelo mundo, pelo outro, pelo desenvolvimento cronológico das conquistas simbólicas e objetivas. A noção de corpo na Psicologia e na Psicanálise traz o tema do corpo preso à consciência. Trata-se do corpo que serve ao psiquismo e que se organiza na relação com o outro, do destino biológico que se cumpre na relação. O outro é que dá testemunho do sujeito.

Mas o corpo é um meio de comunicação com o mundo (MERLEAU-PONTY, 1999). Em relação às considerações do corpo com os objetos, o autor aponta que o que impede o corpo de ser só objeto, de estar constituído, é o fato de ele ser aquilo porque existem objetos. *Ele* (o corpo) *não é tangível nem visível, na medida em que é aquilo que vê e aquilo que toca* (MERLEAU-PONTY, 1999, p.138). O corpo não é qualquer um dos objetos exteriores. Ele é permanente e serve de fundo à permanência relativa dos objetos. A presença ou ausência dos objetos exteriores são variações no interior de um domínio perceptivo sobre os quais o corpo tem potência.

Em Merleau-Ponty (1999), a percepção de si mesmo não é incomunicável. O ser da consciência é se perder no mundo e não ficar encerrado em si mesmo. O destino biológico se realiza na relação ambígua de ser sujeito e objeto ao mesmo tempo. A percepção se desdobra em si mesma. O autor entende que a percepção do outro como outro tem uma dupla face: de um lado está a consciência do corpo próprio e, de outro, a consciência do outro. A consciência do corpo próprio abre a consciência do corpo do outro para o sujeito. É basicamente essa experiência vivida – a "objetivação do corpo próprio" e a "constituição do outro em sua diferença" – que faz possível a diferenciação do indivíduo frente a outros indivíduos (LEITÃO, 1992). O primeiro "eu", latente e virtual, na percepção de Merleau-Ponty (1999), é um corpo totalizante e unificado. A imagem corporal constitui-se numa rede de imagens impregnadas pela presença do outro, na qual os gestos e a plasticidade do corpo são o testemunho que se dá do outro. A problemática da imagem corporal reside, então, na sua ambiguidade radical de começar a existir a partir do ponto de vista do outro.

O corpo da criança não pode ser tratado como objeto, no sentido de coisa, pois é um meio de comunicação com o mundo. Enquanto objeto exposto à visitação do olhar do outro, neste aprisionamento ao olhar do outro, ele se presta à visibilidade. Mas, ao mesmo tempo, o corpo se presta à reflexividade, em relação à consciência que faz de si e do outro. Ter um corpo é a maneira de dizer que posso ser visto como objeto e que procuro ser visto como sujeito. O outro pode ser meu senhor e meu escravo

(MERLEAU-PONTY, 1999). Portanto, busco que o outro me veja como sujeito, e o outro se busca em mim na mesma relação dialética. Somos, portanto objetos-consciências, sujeitos entre sujeitos. Nem puro objeto, nem puro sujeito. Um "corpo-sujeito".

Ao apontar a condição de visibilidade e de reflexividade do corpo, Merleau-Ponty (1999) fala da condição de sujeito e objeto indivisíveis, nomeando-o "corpo próprio". Isso significa buscar nova definição de subjetividade, pois rompe com o tratamento de sujeito ou objeto dicotomizado em fatos psíquicos internos, de um lado, ou de realidades físicas, de outro, como quer a ciência mecanicista. O corpo próprio, incompletamente constituído, torna o ser sempre aberto-ao- mundo-e-no-mundo.

Cabe aqui a pergunta: Será que o ser-criança-aberto-ao-mundo- e-no-mundo incompletamente constituído, tem um corpo-sujeito que quer e necessita se deixar ver? De outra forma?

A realidade do sujeito, dada pelo corpo, elabora-se numa dinâmica, numa circularidade sem pouso, que se desdobra sem fim, onde cada um de nós traz o outro, o mundo, o cultural, o social, o corpo e a linguagem num nó inextrincável (LEITÃO, 1992).

Para Merleau-Ponty, o corpo é possibilidade, desdobramento fundado na sua condição de reflexividade-visibilidade. É o enigma que ele nos põe: o corpo é, ao mesmo tempo, vidente e visível.

> O Outro está sempre no meu horizonte banhando com suas ações as minhas ações, criando uma zona de estranhamento de mim mesmo, bem como afirmando a mim, a si, como semelhantes, iguais e diferentes.
> (LEITÃO, 1992, p. 13)

A alienação ao outro por mim e de mim pelo outro é que torna possível a percepção do outro. Merleau-Ponty (1999) chegou ao conceito de corpo próprio trabalhando a noção de Todo, Forma e Estrutura. Para ele, não faz sentido apresentar separadamente a *existência como coisa* e a *existência como consciência*. Surge, assim, a noção de estrutura que é a *junção de uma ideia e de uma existência* inseparáveis, para a compreensão de uma totalidade do organismo vivo e do comportamento humano, na direção da superação dos dualismos corpo-espírito, sujeito-objeto, homem-mundo (JÚNIOR e CARMO, 1991).

O comportamento deve ser entendido como possuindo intenção e sentidos e não como processo mecanicista de causa e efeito. É na "experiência vivida" ou na "existência" que se pode apreender a trama das relações entre a consciência e a natureza orgânica, psicológica e social. O nível físico, o biológico e o mental são irredutíveis um ao outro. O biológico pressupõe o físico, e o mental pressupõe ambos. Há uma interdependência entre eles, sem que se estabeleça uma relação de causalidade, que nos permite sair da prisão conceitual caracterizada pelo objetivismo científico e pelo subjetivismo filosófico. A partir dessa visão de Merleau-Ponty, retorna-se ao mundo anterior à reflexão, ao irrefletido, ao mundo vivido sobre o qual o universo da ciência deve ser construído.

A Fenomenologia de Merleau-Ponty aponta para a intencionalidade, ou seja, uma abertura ao mundo exterior. A intencionalidade deixa de ser atributo da consciência para ser característica de um corpo voltado para o mundo. O homem está no mundo e é no mundo que se conhece. Essa noção supera a noção de consciência fechada sobre si própria.

> Nós nunca deixamos de viver no mundo da percepção, mas o ultrapassamos pelo pensamento crítico, a ponto de esquecer a contribuição que a percepção comporta à nossa idéia de verdade..." (MERLEAU-PONTY *apud* JÚNIOR; CARMO, 1991, p.47)

A Fenomenologia da Percepção pede, portanto, um estudo detalhado do corpo e nos favorece a ultrapassagem tanto da concepção materialista da ciência positiva que considera o corpo objeto, quanto da visão espiritualista que opõe o corpo à alma. Merleau-Ponty, afastando- se da concepção de uma *consciência constituinte* aproxima o sujeito como ser-no-mundo ou existência, passando a falar de uma *consciência perceptiva*. Insiste que a consciência só é pensável a partir da compreensão de que ser consciente é estar na coisa por intermédio do corpo.

Aos poucos, ao longo de sua obra, o autor já não fala em consciência, mas em percepção, cuja ideia ampliada será considerada, por ele, sinônimo de inconsciente. Se o sentir não é uma possessão intelectual daquilo que é sentido, o *inconsciente é o sentir mesmo*, isto é, despossessão de nós mesmos, abertura àquilo que, em nós, não é necessário pensar para compreender. O inconsciente, proposto por Merleau-Ponty, não é aquele de um mundo intrapsíquico, mas "este inconsciente a ser procurado, não no fundo de nós mesmos, atrás das costas de nossa 'consciência', mas diante de nós, como articulação de nosso campo" (MERLEAU-PONTY *apud* COELHO JÚNIOR ; CARMO, 1999, p. 51).

Para superar a distinção consciência/objeto, proposta em sua obra *Fenomenologia da Percepção*, Merleau-Ponty parte para a ontologia do sensível, desvelando a encruzilhada entre o visível e o invisível. Para essa reflexão, o autor entrelaça nossa vida com a dos outros, nosso corpo com as coisas visíveis, para sabermos o que é ser-no-mundo, o ser-coisa, o ser-imaginário, o ser-consciente, com a intenção de suprimir a clivagem entre sujeito/objeto. O corpo, para ele, é uma totalidade que pressupõe uma estrutura entre suas partes. Não é visto apenas como a soma de partes, pois tem uma organização e dinâmica própria e original. A sua forma de corpo lhe garante o modo de ser-no-mundo e torna possível compreender o modo de relação que ele (corpo) tece com o mundo e no mundo. Como organismo vivo, o corpo é da ordem do fenomenal, mas não redutível ao acontecimento físico. Para além do físico, é necessário entendê-lo na ordem do campo fisiológico. O corpo, como campo fenomenal, além de suas ações vitais, nos permite compreender as suas relações de sentido e de significação. Deve ser entendido como realidade que propõe valores da ordem simbólica e da ordem virtual.

O autor continua a dizer que é no duplo – percepção e trabalho – que o homem e o mundo se constituem numa estrutura aberta, onde um interior e um exterior se presentificam, ao mesmo tempo, nos limites da expressão (criatividade), dos vínculos (engajamentos) e dos simbolismos (linguagem) (LEITÃO, 1992).

Após a morte de Merleau-Ponty, em 1961, suas últimas anotações foram reunidas e publicadas em 1964, em *O Visível e o Invisível*. Nelas, o autor trabalha a noção de *dobra*, por meio dos conceitos de ser-mundo, natureza-*logos*, corpo-luz que tornam mais compreensível a noção de *quiasma*, o *entrecruzamento*, a relação não separada, mas de contiguidade entre o corpo e o espírito, entre o corpo e o mundo. Trata-se de um esforço de Merleau-Ponty para que se entenda a relação que o corpo estabelece com o mundo, não de estranhamento, mas intricada com o mundo. Não somos estranhos ao mundo, mas fenômenos que se destacam na relação que não é de separação, mas de reversibilidade. Quiasma é reversibilidade e vai estabelecer possibilidades de pontos de vista na relação eu e o outro, abrindo novas perspectivas, no horizonte, maiores do que a ciência impessoal localiza.

É o corpo que, numa espécie de dobra original (desdobramentos perceptivos), entre o ambiente e sua dimensão biológica, como mediador, tornará possível o aparecimento da ordem humana. É pela corporeidade que se faz aparecer o mundo humano, o mundo da cultura (do trabalho e da linguagem). Todo corpo, a cada momento, anuncia seu projeto, seu sentido e o significado de sua existência. O corpo junta-se ao meio definido, confunde-se com alguns projetos e se engaja neles.

A Filosofia da Carne, como Merleau-Ponty (1999) passou depois a designar, abre espaço para a compreensão do ser como *campo bruto*, a ser explorado enquanto experiência da experiência, na qual é possível a ontologia do sensível. Portanto, é mais adequada às questões infantis.

A dicotomia sujeito-objeto, por intermédio da Filosofia da Carne, é superada em definitivo e fundamenta a primeira relação do ser-no-mundo. Corpo e mundo vistos e visíveis num *campo de presença* tornam possível a expressão das relações da vida perceptiva e do mundo sensível.

Merleau-Ponty reivindica o pensamento de Husserl com o qual afirma a necessidade de voltarmos à *ingenuidade do vivido*, que a consciência não é o continente de imagens, emoções e ideias, mas, sempre, a consciência de algo, mira intencional de um objeto. Para ele, nossos atos, principalmente o ato de perceber, devem ser tomados como modalidades de ser no mundo. A união da alma com o corpo se realiza a cada instante, no movimento da existência (MERLEAU- PONTY *apud* CAMUS, 1975).

A obra de Merleau-Ponty é um dos tratados mais clássicos e prestigiosos sobre o corpo, e pode ser considerada como o último ato de condenação do dualismo. Merleau-Ponty (1999) critica os psicólogos quando quiseram reservar, ao corpo próprio, *sensações cinestésicas* que exigiriam um percurso mental para que o corpo sentisse os movimentos. Na verdade, a originalidade dos movimentos que executamos com nosso corpo é que ele mesmo antecipa uma situação final; só secundariamente é que movemos o corpo para fazer um movimento auxiliar para a condução de objetos, num espaço objetivo. Não é preciso procurar o corpo, ele já está conosco; não é preciso conduzi-lo em direção ao termo do movimento, ele o alcança desde o começo, e é ele que se lança a esse termo.

O pensamento impessoal da ciência, segundo ele, acreditou poder separar o que diz respeito à situação do observador e às propriedades do objeto absoluto. Para o sujeito vivo, o corpo próprio podia ser diferente de todos os objetos exteriores. Era o psiquismo tratado como segunda realidade que se opunha ao real, submetido às leis como objeto de ciência. A experiência, já abordada pela Física e pela Biologia, deveria resolver-se em saber objetivo. A experiência, desde então, degradava-se em *representação* do corpo; não era um fenômeno, era um fato psíquico. A incompletude do corpo, sua apresentação marginal, sua ambiguidade como corpo tocante e tocado não podiam ser traços de *estrutura* do próprio corpo, não afetavam sua ideia, eram caracteres distintivos dos conteúdos da consciência.

O psicólogo pode, como cientista, olhar seu próprio corpo pelos olhos do outro e ver o corpo do outro como uma mecânica sem interior. As experiências alheias vinham apagar a estrutura da sua e, tendo perdido contato consigo mesmo, ele se tornava cego ao comportamento do outro. Instalava-se um pensamento universal que recalcava tanto sua experiência do outro como sua experiência de si mesmo. Mas o psicólogo, para Merleau-Ponty, estava envolvido numa tarefa que o chamava de volta a si mesmo. Era ele mesmo o fato do qual tratava. Abordava, com desapego, a experiência que ele mesmo vivia ao mesmo tempo em que a pensava.

Foi preciso, então, com Merleau-Ponty, redescobrir uma relação pré-objetiva para considerar o psiquismo não mais um acontecimento no tempo objetivo e no mundo exterior, mas possível de ser tocado desde o interior, do qual éramos a realização, reunindo o seu passado, seu corpo e seu mundo.

De acordo com as concepções delineadas, considero que a ideia de corpo para a Neurologia é a de corpo cortical; para a Psicanálise, a de corpo erógeno ou fantasmático; na Psicologia, o corpo consciente e na Fenomenologia, o corpo vivido.

6. NOÇÕES DE ESPAÇO E DE TEMPO

Tanto no sentido evolutivo, proposto pela Psicogenética, como no sentido fenomenológico de Merleau-Ponty, o conceito, ou noção têmporo-espacial diz respeito a um todo indissociável, cujo termo de referência é o corpo. Diferenças em um e outro sentido aparecem quando se põe a questão de cunho representacional. Em Wallon, etapa por etapa, enquanto a criança constrói a noção de si mesma, ela também constrói sua noção espacial e temporal. Merleau-Ponty tem outra visão a respeito do corpo, do espaço e do tempo. Para ele, o ser e estar no mundo, no espaço e no tempo não depende de etapas construtivas, segundo a ordem cronológica do desenvolvimento humano. A partir dessas duas orientações diferentes, a evolutiva e a fenomenológica, é que se desenhará a orientação da clínica psicomotora, implicada em direções metodológicas e éticas diferentes. É a partir dessas duas bases epistemológicas que passo a destacar, desde este capítulo, a continuidade do presente livro.

6.1 O Espaço e o Tempo em Henri Wallon

Os estágios do desenvolvimento da criança, conforme descritos por Piaget (1982) e Wallon (1975), indicam que a criança, ao construir a ideia de si mesma e do mundo, o faz através da ação, mediante as relações que estabelece com o outro no tempo e no espaço. Não cabe aqui trazer a descrição das etapas da construção das noções de espaço e tempo na criança, amplamente divulgadas por esses autores. A intenção agora é apenas apontar situações em que essa construção se faz e as considerações, principalmente de Wallon (1975), sobre a organização do ato, a partir da noção de automatismos, na orientação e adaptação da criança no espaço-tempo.

O espaço existe independentemente da pessoa, mas para que tenha um significado e possa ser reconhecido, deve nele se situar. A noção de espaço, na perspectiva evolutiva, vem antes da noção de tempo, e ambas organizam-se mediante a ação progressiva que a criança exibe no meio. Quanto mais estimulada, mais capaz será de se orientar e se organizar.

Ao longo do desenvolvimento infantil, a noção de espaço se forma a partir de percepções dos movimentos, posturas e deslocamentos, formas, dimensões, distância e relações entre a criança e o objeto. Isso implica uma ação e manipulação da criança, ao longo do desenvolvimento que a torna capaz de elaboração, estruturação e orientação espacial. Uma criança, em estágio de desenvolvimento anterior ao da representação mental, não é capaz de dizer que existe a mesma quantidade de líquido se esta estiver contida em recipientes diferentes. Também não saberá responder por que a faca afunda na água e o navio não.

A organização do tempo é considerada em três níveis, de acordo com a noção de ritmo que a criança vai conquistando e estruturando: o tempo biológico, o tempo externo e o tempo interno. Cada pessoa tem seu tempo próprio (biológico) influenciado pelo tempo externo. As funções orgânicas possuem um ritmo (interno) condicionado às experiências vividas. O tempo biológico advém da apreensão das sensações interoceptivas, responsáveis pela fome, sede, sono, vigília (noção de duração conforme as necessidades vitais). A noção de tempo externo é universal, objetiva, imutável, mensurável e impessoal. Trata- se do tempo social, o tempo que gera a noção real e exata (relógio, calendário, sistema cronológico), dada pela representação simbólica e abstrata, por meio da noção de espaço. O tempo interno (ou psicológico) é o sentimento de tempo vivido, o tempo individual e afetivo do qual não se tem noção real. É mais uma duração de tempo subjetiva do que propriamente um tempo. Assim, há um tempo vivido e um tempo por viver, presente, passado, futuro, que se tornam inseparáveis da memória. A noção de tempo também é adquirida de forma gradativa. O irmão de uma criança de quatro anos, por exemplo, que nasceu em um mês depois, mas dois anos antes dela, isto é, já com seis anos, se considera mais novo do que ela.

Conflitos entre o tempo externo e o interno surgem com frequência em crianças às quais um rigor de tempo social é imposto, trazendo-lhes dificuldades por não compreenderem tal exigência. Acostumadas com a rotina e os horários da casa poderão, na escola, se surpreender com o ritmo das aulas. Em consequência, poderão apresentar baixo rendimento e deficiências de linguagem. É o que se destacou como *deslize psicomotor*, na monografia de uma aluna da PUC-Minas, Roberta Christofolleti, orientada por mim, a partir de uma pesquisa sobre os distúrbios psicomotores apresentados por crianças e adolescentes entre os anos de 2000 e 2005, na Clínica de Psicologia. A linguagem é indissociável do ritmo por ocorrer dentro de um quadro temporal. A palavra é uma sequência sonora no tempo e no espaço; a sentença é uma sucessão de palavras construída hierarquicamente numa ordem de tempo e espaço; o período, uma sucessão de sentenças organizadas de forma lógica, resultante de um componente também no tempo e no espaço. A linguagem permite à criança se separar da experiência concreta, evocando situações não atuais, deslocando seu pensamento do campo perceptivo para o representativo. Muitas vezes, ela não consegue sair das etapas da organização do espaço, presa aos conflitos de ordem da rotina familiar, com dificuldades para abstrações intelectuais, que o tempo externo da escola exige.

Em Wallon (1975), a organização do ato, anterior à experiência é a característica mais notável do automatismo, ou dos automatismos naturais, dos automatismos herdados pela espécie. Os automatismos aparecem em algumas horas ou dias, ou de forma repentina nos animais. No homem, aparece depois de um período preliminar de imperícia total. Se há uma lesão do córtex motor gerando uma hemiplegia, por exemplo, esta suprime a possibilidade de todos os movimentos automáticos e voluntários da criança. Os automatismos estão sob dependência dos núcleos subcorticais (cérebro inferior) e, à medida que aumenta a importância da atividade cortical superior, poderão continuar a efetuar sua ação. O automatismo não é mais que uma adaptação. Nenhuma de suas manifestações é possível sem um ajuste instantâneo às condições cambiantes, em movimento do meio, e às da ação em si mesma. No caminhar, o passo não é mais que a apropriação do pé e do equilíbrio no terreno, às suas irregularidades e desníveis, às resistências que encontra na marcha. Para o autor, distinguir o que é parte do mecanismo e o que é parte das circunstâncias exteriores é pura abstração. A reação para produzir-se exige condições que pertencem ao meio e outras à substância vivente. São dois termos complementares cujo conjunto é indissociável e contínuo. Cortar esse circuito e decompô-lo em objeto e sujeito, fins e meios, é suprimir o essencial. Não merecem o nome de automatismos mais que o instante em que se faz impossível a delimitação entre a ação do corpo e as reações do meio. O pianista põe sua sensibilidade no teclado mais que em seus dedos. A costureira hábil se prolonga nas agulhas e no tecido.

Há um antagonismo entre a representação (capacidade simbólica) e o automatismo. As representações respondem a objetos muito diferentes daqueles que oferecem a realidade do momento. E, na medida em que as representações se resolvem em atos, fazem prevalecer situações puramente virtuais sobre as situações reais. O automatismo é cego por si mesmo, e é necessária a intervenção da inteligência para adaptar-se às circunstâncias imprevistas e a vontade para dirigi-lo. Entre o automatismo inscrito no organismo e as realidades exteriores seria necessária a articulação da representação, da intenção. Assim, a imagem seria uma condição prévia à ação adaptada.

Entre a representação e o automatismo, há incompatibilidade radical e mútua exclusão. O homem se encontra sobre duas superfícies de imitações: sua periferia sensorial, por onde o meio lhe solicita atos de adaptação ou de apreensão imediatos, e seu córtex cerebral, de onde se desenvolve o mundo das representações, de situações ideais, de motivos não atuais. Sua conduta será subtraída ao império exclusivo da primeira e isso lhe garante meios mais seguros e poderosos de conquista e adaptação. Para atuar adequadamente sobre o meio, mais vale pensá-lo do que prová-lo. É a partir de sua atividade postural e de sua plasticidade essencial que o ser humano obtém um primeiro esforço de intuição subjetiva e de consciência. Cabe às emoções decidir que ciclos de atividade e de adaptações humanas novas contribuirão para essa sensibilidade nascente.

A sensibilidade de relação deve conquistar seu domínio sobre a sensibilidade orgânica. Tende a suprimir, entre o objeto e a ação, a tela de disposições puramente subjetivas. Quando a sensibilidade de relação está ausente, voltam a se encontrar sempre as manifestações da sensibilidade orgânica que é elementar e primitiva. Há incompatibilidade entre elas. Ao citar Head, Wallon (1975) destaca a sensibilidade protopática (sensibilidade primitiva e seu caráter afetivo) e a sensibilidade epicrítica (sensibilidade que nos permite diferenciar as qualidades e conhecer as causas). A protopática vem da vida funcional e afetiva e corresponde às sensações íntero e proprioceptivas. A epicrítica vem da percepção e corresponde às sensações exteroceptivas. A sensibilidade orgânica e afetiva tem como centros o cérebro médio, e as outras parecem ter passado para o córtex e os hemisférios. Assim, a orgânica é anterior e independente, guardando papel distinto da percepção e do conhecimento, funções exclusivamente corticais.

Para Wallon, portanto, há de início, na criança, um espaço corporal, de origem basicamente orgânica, manifestado pelas imperícias e pelos reflexos herdados da espécie que se torna progressivamente conhecido pela ação nas relações com o ambiente. A criança se conhece primeiro de dentro para fora, centrada em si mesma. Aos poucos, vai se adaptando e se adequando ao espaço externo, por intermédio dos automatismos para, finalmente, chegar à distinção entre o espaço corporal e o espaço ambiente. Em etapas posteriores, a criança ainda precisará representá-los por via racional, descentrando-se de si mesma, abstraindo-se de si mesma. Assim, as noções de corpo, espaço e tempo de ordem orgânica, de início, desenvolvem-se no plano da sensibilidade "protopática" e "epicrítica", no âmbito das relações interpessoais da criança com seu grupo, ingressando-a na ordem social.

6 .2 O Espaço e o Tempo em Merleau-Ponty

Não basta dizer, no entanto, que o corpo é uma forma, um fenômeno no qual o todo é anterior às partes. Em sua concepção mais dinâmica, o corpo aparece, para Merleau-Ponty, como uma postura do sujeito em vista de uma tarefa atual e possível. A espacialidade do corpo não é como a dos objetos exteriores (espacialidade espacial), mas uma espacialidade de situação, ou seja, não é uma posição determinada pela relação a outras posições ou por coordenadas exteriores, mas designa a instalação das primeiras coordenadas, a ancoragem do corpo ativo, a situação do corpo em face de suas tarefas. Sem ser objeto, o espaço corporal distingue-se do espaço exterior e envolve suas partes

> [...] porque ele é a obscuridade da sala necessária à clareza do espetáculo, o fundo de sono ou a reserva de potência vaga sobre os quais se destacam o gesto e sua meta, a zona de não-ser diante da qual podem aparecer seres precisos, figuras e pontos. (MERLEAU-PONTY, 1999, p.146)

Se o corpo pode ser uma forma e se pode haver diante dele figuras privilegiadas sobre fundos diferentes, enquanto está polarizado por suas tarefas e existe em direção a elas, ele encolhe sobre si mesmo para atingir a sua meta. O esquema corporal... *é, finalmente, uma maneira de exprimir que meu corpo está no mundo* (MERLEAU-PONTY, 1999, p. 147). É o terceiro termo subentendido da estrutura figura e fundo, perfilado sobre o duplo horizonte do espaço exterior e do espaço corporal.

A análise do espaço corporal, portanto, não pode ser abstrata, se levamos em conta figuras e pontos num espaço orientado em relação aos objetos exteriores. A espacialidade do corpo não tem sentido próprio se é distinta da espacialidade objetiva, fazendo desaparecer o problema de sua relação com a forma. O horizonte e o fundo não podem se estender para além da figura se não puderem ser convertidos em pontos, por um movimento do olhar. O espaço corporal e o espaço exterior formam, numa relação de contiguidade, um sistema prático: o primeiro é o fundo sobre o qual pode destacar-se ou o vazio diante do qual o objeto pode aparecer como meta de nossa ação. Ora é presença, ora se encolhe sobre si mesmo para dar presença ao objeto.

Quando ponho um objeto sobre a mesa, por exemplo, sempre me situo corporalmente em relação à mesa ou ao objeto e aplico uma relação entre meu corpo e eles. É na ação que a espacialidade do corpo se realiza e, na estrutura ponto-horizonte, a zona de corporeidade determina qual ponto será visto em torno de um horizonte indeterminado. Não há espaço se não houver um corpo; o espaço está aí, mas precisa ser significado pelo corpo.

Se fundamentarmos a questão da subjetividade, na perspectiva fenomenológica, como sujeito encarnado em sua espacialidade, para problematizar sobre a capacidade da criança de contar a própria história pelo corpo (RENNÓ, 2001), a infância passa a ser vista como uma forma de existência completa, pois a criança expressa a espacialidade de seu corpo principalmente por suas ações, pontuando figuras no horizonte. Assim, não se pode deduzir o que é normal ou patológico na criança, as carências das suas suplências, ou seja, o que lhe falta e o que é esperado em determinado estágio do desenvolvimento, a partir do ponto de vista de sua evolução, como aponta a Psicologia. Não se deve considerar o estágio sensório-motor, por exemplo, onde o vivido da espacialidade é mais intenso (suplência) na perspectiva somente de um estágio a ser desenvolvido (em carência) em busca de uma organização, uma estruturação abstrata do espaço (em suplência mais avançada). É necessário considerar o estágio sensório-motor como um momento, marcadamente expressivo por si mesmo, no espaço e no tempo. Devem-se compreender as suplências da criança como suplências suficientes por si mesmas. Qualquer manifestação corporal e expressiva da criança deve ser encarada como suplência e não como carência, como funções elementares que devem dar lugar, por seu desenvolvimento, às manifestações de cunho mais elevado, superior, para que a criança seja considerada em sua subjetividade verdadeira. A criança é seu corpo. Sua expressividade corporal basta por si mesma e é uma suplência e não uma carência evolutiva.

Se a noção do esquema corporal é tida pela maioria dos teóricos da Psicologia como uma construção progressiva, como uma edificação que subentende a construção concomitante das noções de tempo e espaço, na relação com o outro, depende, portanto, do outro a ideia que fazemos de nós mesmos. Nessa perspectiva, o sujeito aparece como simples espectador da história, assujeitado a seu próprio processo de desenvolvimento, aguardando, no tempo, a sucessão cronológica dos fatos que serão responsáveis pela sua evolução.

Na epistemologia de cunho representacional da Psicologia e da Psicanálise, portanto, a noção de subjetividade infantil é considerada quando a criança representa seu corpo subsumido na representação do espaço e do tempo, sob o olhar do outro. Ou seja, é preciso tempo e espaço para que um corpo exista e se represente, diante do outro.

Será que o adulto, diante de sua própria angústia de incompletude, apressa-se no tempo ao dar uma forma à criança, mostrando a ela que seu olhar é que lhe garante uma forma?

Diferente da epistemologia de cunho representacional, ao tratar da subjetividade, Merleau-Ponty (1999) aponta que não existe distância fenomenológica entre o que se vê, o que se é e o que se diz que é. Somos o que dizemos que somos, o que nos disseram que somos ou deveríamos ser.

O conceito de *corpo carne* do autor é aqui evocado justamente porque nos permite superar essa dicotomia de olhares e nos permite falar da visão da criança que apresenta sua história pelo corpo, no próprio vivido da sua espacialidade, no tempo presente, onde está, inclusive, o passado e o futuro.

O que aproxima Merleau-Ponty de Heidegger? Em *O que é Metafísica*, Heidegger (1979) aponta o limite do pensamento representacional, pois cada vez que se pensa o ser, o pensamento o entifica, transforma-o em uma coisa. Heidegger investiga o nada fora do campo da representação e usa as vias das disposições afetivas, privilegiando a experiência não representada na fala. O não figurado (não ente), o irrepresentável, o incomunicável, enfim, o nada do qual nos fala Heidegger, remete-nos à falha da linguagem e nos deixa diante de nossa singularidade. O fora da linguagem, o inaudível constitui uma abertura e disposição para o crescimento e a criação de novas figuras denotativas das subjetividades.

O pensamento operatório, segundo Merleau-Ponty (1999), é de um artificialismo absoluto. A *função simbólica* ou a *função de representação* subjaz em nossos movimentos. Segundo ele, o erro do intelectualismo é fazer essa função repousar sobre si mesma, destacando-a dos materiais nos quais ela se realiza. Se a consciência está situada fora do ser, a variedade das consciências (a mórbida, a primitiva, a infantil, a do outro) não pode ser levada a sério, pois nada há ali para se conhecer ou ser compreendido, a não ser a pura consciência. O corpo, para o autor, não causa a consciência, ele é consciência e inconsciência.

Merleau-Ponty advoga que o pensamento da ciência deve se colocar no lugar, "no solo do mundo sensível e do mundo lavrado tais como são em nossa vida, para nosso corpo..." (MERLEAU-PONTY, 1969, p. 29). Não esse corpo considerado como máquina de informação, mas "o corpo atual que digo meu, a sentinela que se posta silenciosamente por sob minhas palavras e por sob meus atos" (MERLEAU-PONTY, 1969, p. 29). O corpo não é um pedaço de espaço, um feixe de funções, mas um entrelaçado de visão e movimento.

Essa superposição do corpo – estar imerso no visível, embora ele próprio vidente - faz com que este só se aproxime daquilo que vê, pelo olhar, abrindo-se para o mundo. Merleau-Ponty vê um enigma nisto: Em que meu corpo é ao mesmo tempo vidente e visível? Ele olha todas as coisas e também pode olhar para si, reconhecendo no que vê o "outro lado" do seu poder vidente. "Ele se vê vidente, toca-se tateante, é visível e sensível por si mesmo" (MERLEAU-PONTY, 1969. p. 35). É um si, não por transparência, como o pensamento,

> mas um si por confusão, por narcisismo, por inerência daquele que vê naquilo que ele vê, daquele que toca naquilo que ele toca, do senciente no sentido – um si, portanto, que é tomado entre as coisas, que tem uma face e um dorso, um passado e um futuro. (MERLEAU- PONTY,1969, p. 35)

O autor aponta que esse paradoxo não cessa de produzir outros. O corpo visível e móvel está no número das coisas e é uma delas, é captado no tecido do mundo, e o mundo é feito do próprio estofo do corpo. Já que ele se move e se vê, as coisas são mantidas à sua volta, como anexos ou prolongamentos dele mesmo, incrustrados na sua carne. A visão é tomada ou se faz do meio das coisas, de onde um visível se põe a ver. Se o corpo não se refletisse ou não se sentisse, não seria um corpo de homem e não haveria humanidade. A animação do corpo não é a reunião, uma contra a outra, de suas partes, nem a descida de um espírito vindo de outro lugar, que poderia supor o corpo sem um si, sem um interior. Sua interioridade não precede o arranjo material do corpo humano e nem dele resulta.

Na visão de Merleau-Ponty, o corpo humano se assemelha a uma obra de arte, mais do que a um objeto físico e é também a sede em que se articulam todos os significados. Nossos atos, e principalmente o ato de perceber, devem ser tomados como modalidades do ser no mundo. Ser no mundo e ter um corpo, é ser criança, é associar-se a um meio definido, confundir-se com certos projetos e empenhar-se neles. Se a criança é seu corpo que habita o espaço e o tempo, suas impressões corporificadas revelam, por meio de suas experiências, um significado vidente e visível.

Essas considerações sobre o nada de Heidegger e a perspectiva do ser vidente e visível de Merleau-Ponty apontam-nos uma disposição para uma nova visão do novo na criança, para uma metodologia diferente: a leitura da sua *narrativa corporal*, do que escapa à linguagem falada, mas é passível de ser comunicado pelo corpo (RENNÓ, 2001). Apontam para a necessidade de uma mudança de olhar do adulto, segundo a lógica da representação, para a lógica da imagem corporal em e por si mesma, no espaço e no tempo, para o discurso da imagem.

Até aqui foi possível ver que ter um corpo é agir no mundo por meio dele, no espaço e no tempo. O corpo aplica-se ao espaço e ao tempo e os abarca.

Sobre a temporalidade, Merleau-Ponty nos aponta que a noção de acontecimentos sucessivos não tem lugar no mundo objetivo. "Os 'acontecimentos' são recortados por um observador finito, na totalidade espaço-temporal do mundo objetivo" (MERLEAU-PONTY, 1999, p. 551). Isso quer dizer que não há acontecimento sem alguém que tenha uma visão sobre o tempo. O tempo nasce das minhas relações com as coisas. O passado e o futuro estão no presente, no mundo. O passado não empurra o presente, nem o presente empurra o futuro. O passado e o porvir existem no presente. Só se podem encontrar "agoras".

Segundo Merleau-Ponty (1999), os psicólogos explicam a consciência do passado pelas recordações e a consciência do porvir pela projeção dessas recordações diante de nós. A percepção que é presente pode indicar um acontecimento passado e fazer previsões futuras. Mas para o autor, a prospecção é, ao mesmo tempo, uma retrospecção e o porvir, uma projeção do passado. O presente findo já se anuncia como um passado para breve e nos faz sentir, sobre ele, a pressão de um porvir que irá destituí-lo. Assim, o curso do tempo não é apenas a passagem do presente ao passado, mas também a passagem do futuro ao presente. O passado e o porvir não são simples conceitos que formamos por abstração a partir de nossas percepções e recordações, não são denominações para designar a série efetiva de *fatos psíquicos*. O tempo é pensado antes das partes do tempo, as relações temporais fazem possíveis os acontecimentos no tempo. É preciso que o sujeito, então, não esteja ali situado, para que possa, em intenção, estar presente no passado assim como no porvir.

Assim, o tempo não é um *dado da consciência*, mais precisamente, a consciência é que se desdobra e constitui o tempo. O tempo da consciência não é mais tempo. Só poderá haver tempo se ele não estiver completamente desdobrado em tempo. Este é o tempo constituído na série de relações possíveis segundo um antes e um depois. Não é o próprio tempo, é seu registro final, é o resultado da sua passagem que o pensamento objetivo sempre pressupõe e nunca consegue apreender. É espaço e presente, um ambiente distinto de nós e imóvel, em que nada passa e nada se passa.

"Se devemos encontrar uma espécie de eternidade, será no coração de nossa experiência do tempo e não em um sujeito intemporal que estaria encarregado de pensá-lo e de pô-lo" (MERLEAU-PONTY, 1999, p. 557).

É, portanto, no próprio *campo de presença* que se toma contato com o tempo, que se aprende a conhecer o curso do tempo. Quando se evoca um passado distante, é possível reabrir o tempo e nos recolocarmos "em um momento em que ele ainda comportava um horizonte de porvir hoje fechado, um horizonte de passado próximo hoje distante" (MERLEAU-PONTY, 1999, p. 557). Tudo nos reenvia ao nosso campo de presença, ao nosso corpo, à experiência em que o tempo e suas dimensões aparecem *em pessoa*, sem distância interposta. É ali que se pode ver o porvir deslizar no presente e no passado. Não se representa uma jornada, ela pesa sobre nós, ela ainda está ali, e nós a temos "ainda em mãos" (MERLEAU-PONTY, 1999, p. 558).

A noção de tempo para o autor se liga às suas concepções sobre a intencionalidade. As intencionalidades, as intenções que partem como fios do corpo em direção às suas tarefas, não partem de um eu central, mas de um campo perceptivo "que arrasta atrás de si seu horizonte de retenções e por suas protensões morde o porvir" (MERLEAU-PONTY, 1999, p. 558). O autor continua a dizer que não se passa por uma série de agoras dos quais se conserva a imagem. O tempo não é uma linha, mas uma rede de intencionalidades. O momento que chega faz o precedente sofrer uma modificação: "... ainda o temos nas mãos, no entanto já soçobra" (idem). Para conservá-lo, é necessário que se estenda a mão, por meio de uma fina camada do tempo.

> O passado não é passado, nem o futuro é futuro. Eles só existem quando uma subjetividade vem romper a plenitude do ser em si, desenhar ali uma perspectiva, ali introduzir o não-ser. Um passado e um porvir brotam quando eu me estendo em direção a eles". (Ibidem, p. 564)

O espaço e o tempo não são, portanto, uma soma de pontos justapostos, nem uma cadeia de relações em que a consciência operaria uma síntese. O corpo tem seu mundo e compreende seu mundo sem precisar passar por *representações*, sem subordinar-se a uma *função simbólica* ou *objetivante*. O corpo é eminentemente o próprio movimento de expressão que projeta significações no exterior, fazendo com que as coisas comecem a existir. A motricidade, portanto, é que dá o sentido da vida e da interpretação de si mesmo.

É verdade que o conhecimento do outro ilumina o conhecimento de si mesmo. Mas não há sentido nos gestos de alguém se não se encontrar com o sentido interno do espectador. Existirá uma compreensão, uma comunicação dos gestos se houver uma reciprocidade entre as intenções e os gestos do outro, entre os gestos e as intenções legíveis na conduta da criança. Tudo se passa como se as intenções do outro habitassem o corpo da criança e as intenções dela habitassem o corpo do outro. O gesto está diante de mim como uma questão e indica certos pontos sensíveis do mundo, convidando-me a encontrá-los ali.

Segundo Merleau-Ponty (1999), o sistema natural do corpo próprio tem lugar na ordem do fenomenal, não passa pelo mundo objetivo; é apenas o espectador que atribui ao sujeito do movimento a sua representação objetiva do corpo vivo. Uma pessoa não precisa, por exemplo, procurar suas mãos e seus dedos ao se colocar diante de sua tesoura, agulhas e tarefas familiares. Suas mãos e dedos não são objetos a se encontrar no espaço objetivo. São potências já mobilizadas pela percepção da tesoura e das agulhas. O termo central dos *fios intencionais* que os ligam aos objetos dados. "Se um ser é consciência, é preciso que ele seja apenas um tecido de intenções" (MERLEAU-PONTY, 1999, p. 172). O corpo passa a ser um elemento no sistema do sujeito e de seu mundo, e a tarefa obtém dele os movimentos necessários por um tipo de atração à distância. Mesmo nos anosognósicos, há sempre uma antecipação ou apreensão do resultado assegurada pelo próprio corpo como potência motora, "um projeto motor", uma "intencionalidade motora", sem os quais "a ordem permanece letra morta" (MERLEAU- PONTY, 1999, p.159).

Quando fala de intencionalidade para explicar a relação corpo-espaço-tempo, Merleau-Ponty retoma a noção de intencionalidade da consciência tal qual Husserl havia formulado, mas foi mais além do que a consciência aberta ao mundo (LEITÃO, 1992). Merleau-Ponty fala de uma consciência perceptiva. A intencionalidade, para ele, além de ser um atributo da consciência, inscreve-se no corpo voltado para o mundo: a motricidade como intencionalidade original. A ideia de mundo não é compreendida pelo autor como um mundo que soma todas as coisas, nem um mundo dado que se procura conhecer pelo pensamento organizador. A noção de mundo do autor é o que se dá na interseção do natural-cultural, o mundo em que se vive, no duplo entre percepção e trabalho, e não o que pensamos. A consciência intencional é a consciência de si, do mundo, das coisas, uma presença. O corpo e o mundo não são criação da consciência; antes, sendo a consciência perceptiva, ela está ligada ao corpo num diálogo incessante com o mundo. Não é, portanto, uma consciência privada, mas sim, enraizada, atada às coisas. É devido à experiência (sensorialidade vivida) que a consciência ganha sua espessura temporal e seu engajamento corporal (LEITÃO, 1992). Dessa forma, é o corpo, e não a consciência, que percebe o mundo e o habita. É por intermédio do esquema do corpo próprio que a criança pode se ver e ser vista, participar de todos os outros corpos que vê.

Em *O Visível e o Invisível* (1969), Merleau-Ponty não fala mais da percepção como consciência, procurando retirar toda a visão que possa fazer da percepção uma operação intelectual. Passa a considerá- la na ordem do sensível, retirando qualquer interpretação que reduza a percepção a uma experiência do pessoal e marcha em direção à compreensão originária do corpo/mundo, tomados no sentido ontológico, introduzindo o conceito de *Carne* (LEITÃO, 1992). Assim, a comunicação se realiza quando minha conduta encontra, nesse caminho, o seu próprio caminho. Há confirmação do outro por mim e de mim pelo outro. O esquema corporal é um sistema de equivalências que não se funda no reconhecimento de alguma lei, mas na experiência da presença corporal (LEITÃO, 1992).

A criança engaja seu corpo entre as coisas, e as coisas coexistem com ela como sujeito encarnado. A criança se empresta a um espetáculo e o observador se junta a este, em um tipo de reconhecimento cego que precede a definição e a elaboração intelectual do sentido. É pelo corpo que a criança compreende o outro, assim como percebe as coisas.

Assim, a análise do tempo, em Merleau-Ponty, encontra uma relação mais íntima entre o tempo e a subjetividade. O sujeito é temporal por uma necessidade interior e não por constituição. Digamos, então, que, por uma questão de fios intencionais que partem do corpo, Merleau- Ponty convida-nos a fazer do tempo e do sujeito uma concepção tal que eles se comuniquem do interior. Nessa concepção, a existência não é atributo do exterior nem contingente. Os atributos do ser são suas dimensões pessoais e a análise de cada uma delas diz respeito à subjetividade.

Na síntese intelectual, o tempo tem um sentido temporal. Na síntese da apreensão, por meio do corpo, o tempo não é uma linha, nem uma sucessão de agoras, mas uma rede de intencionalidades. O passado e o futuro são apreendidos pelo presente e existem quando uma subjetividade vem romper a plenitude de ser em si, desenhando ali uma perspectiva. Se o tempo é alguém, é preciso compreender o tempo como sujeito e o sujeito como tempo (LEITÃO, 1992). A subjetividade não é uma identidade imóvel consigo; para ser subjetividade é essencial a ela, assim como ao tempo, abrir-se ao outro e sair de si. O tempo só tem sentido para nós porque o somos (LEITÃO, 1992).

7. DESENVOLVIMENTO PSICOMOTOR

A obra de Wallon é considerada por Le Camus (1986) como primeiro pilar teórico da Psicomotricidade. Os psicomotricistas extraíram dessa obra muitos ensinamentos relativos às crianças ditas perversas, ao papel do outro na consciência do eu, às etapas de sociabilidade da criança, à importância do desenvolvimento psicológico da criança e às etapas de sua personalidade, e ao espaço gráfico que ela utiliza. Acima de tudo, foi a contribuição do autor sobre o estudo da gênese do esquema corporal que chamou mais a atenção de educadores e terapeutas. Segundo Wallon, o esquema corporal não é "um dado inicial, nem uma entidade biológica ou psíquica", mas uma construção (WALLON, 1959, p. 263). Estudar a gênese do esquema corporal na criança é indagar-se como ela chega "à representação mais ou menos global, específica e diferenciada de seu corpo próprio" (idem, p. 252). "É um elemento básico indispensável à construção da personalidade. É o resultado e a condição de legitimar relações entre o indivíduo e seu meio" (Ibidem, p. 263). R. Zazzo prolongou os estudos inspirados por Wallon sobre a ontogênese das reações infantis diante da imagem da criança frente ao espelho. A equipe dirigida por J. de Ajuriaguerra no Hospital Henri Rouselle, em Paris, também se orientou pelo pensamento de Wallon ao definir os distúrbios psicomotores e elaborar técnicas de exame e terapia. A consciência gestual, a origem da consciência de si próprio fica, com Wallon e outros autores, situada na experiência motora do indivíduo. O estado tônico em Wallon, depois denominado como diálogo tônico, por Ajuriaguerra, sublinha o caráter da relação tônico-emocional entre mãe e filho que irá preludiar o diálogo verbal.

O segundo pilar teórico da Psicomotricidade, após a Segunda Guerra Mundial, é a obra inicial de Piaget. Apesar de publicada nos anos da década de 1930, só vem a ser conhecida pelos psicomotricistas franceses após a instalação de Ajuriaguerra, em Genebra. A grande preocupação de Piaget foi estudar a construção da inteligência ou a gênese das noções (de quantidade, movimento, espaço, tempo); embora seus áridos textos tenham desencorajado educadores e terapeutas psicomotricistas, Piaget é considerado um dos pais da Psicomotricidade mais influentes entre 1965 e 1975. Sem dúvida, porque, assim como Wallon, ele compreendeu que o movimento era, acima de tudo, a única manifestação e o único instrumento do psiquismo (portanto, a inteligência). O homem é um ser de movimento, um *cine-ser*. Foi na coordenação dos esquemas sensório-motores (sistemas de sensações e movimentos) que proporciona assimilação (incorporação) e acomodação (ajustamento ao mundo exterior) que Piaget situou as origens da inteligência.

Há um debate que opõe Wallon a Piaget em relação à continuidade ou à descontinuidade das formas da inteligência. Para Wallon, a inteligência discursiva, de origem social, não tem a mesma índole da inteligência das situações, de origem biológica. Para Piaget, a inteligência pré-verbal e não verbal (um pensamento sem linguagem) merece ser identificada como outro tipo de pensamento.

Recorrendo-se ao conceito de nível de complexidade das aquisições, consegue-se superar esse conflito, que se tornou a ideia dos psicomotricistas atuais: a de que a infraestrutura da inteligência operatória deve situar-se no próprio nível das reações circulares do primeiro ano de vida. Todo o arcabouço corre o risco de sofrer se houver perturbações de origem orgânica e social. Uma educação *suficientemente boa* (WINNICOTT, 1975), que permite o exercício dos primeiros esquemas, estimula seu aparecimento e anima sua evolução. Os práticos da reeducação e da terapia devem se dedicar a refazer as etapas que faltaram no desenvolvimento, o que foi mal vivido ou não pôde ser vivido.

A querela passa a ser irrisória entre letrados do passado, já que a continuidade do pré-simbólico constitui um acesso à representação, à capacidade de exercer a função semiótica, na linguagem, no desenho, no jogo, o acesso posterior às operações concretas e às operações da inteligência hipotético-dedutiva. A origem de nossa capacidade de resolver problemas e a origem das noções de objeto, espaço, tempo e causalidade estão no desenvolvimento da inteligência prática. Há muitos pontos de convergência entre as duas obras, por exemplo, a importância da imitação e os psicomotricistas reconciliaram os dois gigantes – *Piageon* e *Wallet*, mas o que lamentam é que estes não tenham se preocupado com o destino das *inteligências das situações* ou da *inteligência sensório-motora*, uma vez instalado o poder de representação que nos torna *falantes* (LE CAMUS, 1986, p. 41, 42).

A terceira fonte de inspiração da Psicomotricidade é a Psicanálise, que influenciou a compreensão da etiologia e patogênese dos distúrbios e, depois, a orientação da prática reeducativa e terapêutica. Freud, M. Klein, A. Freud e R. Spitz renovaram a abordagem tradicional da motricidade. Modificou-se o estatuto do corpo. Para Freud, o corpo não é apenas a sede das reações emocionais que unem a criança a seu grupo (ideia de Wallon), nem o instrumento graças ao qual a inteligência é construída (ideia de Piaget), ele passa a ser o lugar do prazer e a prevalência de uma zona erógena que pontua a evolução libidinal em determinadas fases: oral, anal, fálica e genital. Freud acentua também a complexidade do movimento, pois a realidade do movimento não se limita à sua manifestação mecânica e neurofisiológica. Ele acrescenta que os distúrbios orgânicos podem ser psicogênicos, sem ser preciso usar-se o modelo anátomo-clínico tradicional. Um distúrbio emocional pode causar disfunções situadas no sistema neuro- muscular voluntário ou no sistema sensório-perceptivo. Na histeria de conversão, os sintomas, como paralisia e parestesia, são descritos como expressão simbólica de um conteúdo psicológico que tem o objetivo de descarregar tensões.

Os distúrbios orgânicos psicogênicos descobertos levam Ajuriaguerra a lançar as bases da patologia psicomotora, e F. Alexander a editar os conceitos da medicina psicossomática (1975). Essas ideias transtornaram os quadros racionais da psiquiatria na metade do século XX. Spitz (1945) publica seu famoso relatório sobre hospitalismo e os efeitos catastróficos das carências afetivas precoces no desenvolvimento da personalidade e no desenvolvimento motor. A descoberta principal no campo da Psicomotricidade, devido à influência da Psicanálise, é a que se refere ao corpo pulsional como substrato e revestimento do corpo funcional (LE CAMUS, 1986, p. 42, 43).

7.1 A Psicogenética e a Psicomotricidade

A Psicogenética procura compreender a gênese do psiquismo humano pelo estudo do desenvolvimento infantil. O desenvolvimento psíquico é uma construção progressiva que depende de interação entre o indivíduo e o meio. A Psicogenética não só descreve as etapas como as explica, fazendo uso do conceito operacional de estágio que procura compreender a forma como se organiza a criança e os aspectos que assumem os diferentes comportamentos no decorrer da sua evolução. A noção de estágio se opõe à de escala, mais ligada à ordem cronológica. Seus representantes principais são Piaget e Wallon que divergem no que diz respeito à gênese das representações mentais da criança (ANDRADE, 1984). A Psicanálise também estuda a gênese do desenvolvimento emocional visto como uma sucessão de fases instintivas e tem sido considerada um dos enfoques da abordagem Psicogenética. Devido à sua especificidade de indagação e pesquisa e suas linhas terapêuticas, coloca-se como um capítulo à parte.

Nos trabalhos contemporâneos da Psicanálise, encontramos uma preocupação mais definida sobre a questão corporal. O corpo focalizado pela Psicanálise não é o corpo anátomo-fisiológico, mas sim a fantasia do *corpo próprio*. Trata-se do *fantasma do corpo*, em uma tríade inseparável: a psicanálise, o corpo, o fantasma.

Como já vimos, a partir de Wallon, a Psicanálise, por meio de Lacan, afirma que é o corpo do outro que fornece, como se fosse um espelho, a imagem do *corpo próprio*. A imagem do corpo nos leva à conceituação do imaginário, marcado pela prevalência da imagem do outro. A unidade corporal da criança é percebida pela imagem do corpo do outro. Só que a criança deve ultrapassar a aquisição desse conhecimento, ultrapassando a fase especular, mediante o acesso à ordem simbólica que surge com a aquisição da linguagem e com a intervenção do pai na vida psíquica. É preciso um terceiro para separar a díade e dar unidade corporal à criança, que se tornará um ser de desejo. O termo simbólico é concebido de forma diferente por Freud e Lacan. Freud evidencia a relação com aquilo que o símbolo representa; já Lacan concebe como essencial a estrutura do sistema simbólico, relacionado à linguagem e à estrutura do inconsciente, servindo para inserir o ser humano em uma ordem preestabelecida, de natureza simbólica.

Wallon, como já apontado, contesta Lacan e diz que para que o ser tenha um sentido de si mesmo, de sua própria unidade corporal, segundo a imagem especular do outro, seria necessário que tivesse uma preconcepção de uma unidade. Para ele, isso é impossível, pois a construção de si se dá etapa por etapa, enquanto se constrói o conhecimento geral. A construção de si e das coisas se dá a partir de si mesmo, na relação afetiva com o outro. Simbolizar, para Wallon, é alcançar a representação mental que começa pelos atos motores reflexos, organizados pela emoção e pela afetividade, na relação social. O pai não é considerado o terceiro que separa e dá existência à díade mãe e filho. O pai, para Wallon, é como a mãe, o outro que confirma a existência do primeiro, o filho.

Para Lacan não há uma supremacia do simbólico sobre o imaginário e o real (tudo que subsiste fora da simbolização) e que já existe uma ordem simbólica na constituição das organizações têmporo- espaciais e nas primeiras relações do sujeito com o objeto. Afirma ele que há uma relação entre a maturação sensório-motora e as funções do controle imaginário. Pela Psicanálise, pode-se ver como o imaginário, pelas vivências orgânicas, relaciona-se com o simbólico e como os *fatos imaginários* são inconsistentes, a não ser que sejam relacionados a uma cadeia simbólica que os ligue e os oriente. É por isso que a cura primordial analítica se fundamenta na palavra. A Psicanálise nos fala, portanto, do resultado das impressões da imagem especular sobre o sujeito.

A Psicogenética de Wallon vai nos dizer sobre a construção de si, etapa por etapa, e das consequências dessa construção que é considerada o momento da conquista simbólica do sujeito. Diz ainda como o retorno das impressões entre o sujeito e o objeto causa impacto um sobre o outro no processo dessa construção especular. À medida que o sujeito sofre impressões do objeto, o próprio sujeito impressiona o objeto que sofre modificações, passando a influenciar o sujeito que volta a impressionar o objeto, e assim em círculos progressivos. Trata-se, então, de um processo interativo biopsicossocial, numa relação emocional-afetiva. Se, para Wallon, motricidade, pensamento e linguagem fazem um todo, em bloco, que vai se especializando ao longo do tempo, formando uma unidade indissociável, não há prioridade no desenvolvimento de uma ou outra, nem há um momento preciso, brusco, para que uma ou outra possam emergir, criando a especialidade de pensar, de agir ou de falar. Essa questão talvez até reforce o conceito de Wallon a respeito do esquema corporal. Segundo ele, o esquema corporal é edificado pelo corpo cinestésico (da sensibilidade corporal) e pelo corpo visual. Um se vê na medida em que é visto, ao longo da vida. Por isso, a imagem de si não é única, sofre transformações ao longo da vida.

Wallon ainda nos mostra sua concepção a respeito da unidade corporal do sujeito, por volta dos dois anos de idade, no momento em que conquista a exterioridade de sua imagem, no espelho, deixando de se ver como duplo. Após determinado tempo em que a criança, paradoxalmente, se vê em duplo, com a percepção de si própria e a visão refletida da sua imagem no espelho, como sendo duas ao mesmo tempo, ela ultrapassa essa duplicidade e dá exterioridade à sua imagem refletida no espelho, tornando-a virtual, jogando-a no espaço. O autor toma como exemplo a criança que beija seu próprio retrato antes de dormir (percepção dupla de si mesma) e a menina que, ao passar por um espelho, para, volta-se para a imagem e põe a mão no chapéu (imagem virtual). Mais uma vez, o autor ressalta a experiência segundo uma imagem especular, mas não a imagem especular como quer Lacan, e sim a própria imagem refletida no espelho.

À falta de função simbólica, o bebê não apresenta pensamento nem afetividade ligados a representações que permitam evocar pessoas ou objetos na ausência deles. O desenvolvimento mental no decorrer dos dezoito primeiros meses é rápido e a criança elabora o conjunto das subestruturas cognitivas que serão o ponto de partida para suas construções perceptivas e intelectuais ulteriores, assim como suas reações afetivas elementares determinarão, em parte, a afetividade subsequente.

Existe uma inteligência antes da linguagem, sejam quais forem os critérios de inteligência adotados pelos autores da Psicologia do Desenvolvimento. Essencialmente prática, tendendo a resultados adaptativos favoráveis e não ao enunciado de verdades, é possível resolver um conjunto de problemas de ação (alcançar um objeto, por exemplo), construindo um sistema complexo de esquemas de assimilação e de organização do real de acordo com um conjunto de estruturas espaço-temporais e causais. À falta de linguagem e de função simbólica, tais construções se efetuam apoiadas em percepções e movimentos, mediante uma coordenação sensório-motora das ações, sem que intervenham a representação ou o pensamento.

Mas, se existe uma inteligência sensório-motora, é difícil precisar o momento em que ela aparece. O que de fato se dá é uma sucessão contínua de estágios que assinalam um novo progresso parcial até que as condutas alcançadas apresentem características que os psicólogos reconheçam como a "inteligência". O último desses estágios ocorre entre os 12 e os 18 meses. Dos movimentos espontâneos e dos reflexos aos hábitos adquiridos e destes à inteligência, há uma progressão contínua, e o verdadeiro problema consiste em atingir o mecanismo da própria progressão. Para muitos psicólogos, esse mecanismo parece ser o da associação.

Supôs-se, ao contrário, que esse mecanismo consistia numa assimilação: toda ligação nova se integra num esquema ou numa estrutura anterior. A atividade organizadora do sujeito deve ser considerada tão importante quanto as ligações inerentes aos estímulos exteriores. O sujeito só se torna sensível aos estímulos externos se conseguir assimilá-los ao que já construiu. Se os assimilar, poderá modificá-los e enriquecê-los. O associacionismo concebe o esquema estímulo-resposta de forma unilateral de E para R; o ponto de vista da assimilação supõe uma reciprocidade entre E e R ou entre E, Og (organismo) e R (PIAGET; INHLEDER, 1982, p. 11,12, 13).

Assim, ao se desenvolver, a criança não precisará mais exercer uma ação sensório-motora imediata sobre os objetos, sobre a realidade. Ao lançar um objeto no espaço, a criança imprime um movimento ao objeto e adquire conhecimento por meio do gesto, de seu próprio corpo e do espaço ambiente. Esse objeto, posteriormente, dará lugar ao conhecimento abstrato, simbólico, pela expressão de seu pensamento e de sua fala. Por um processo de internalização, vai ser possível conhecer os objetos presentes ou ausentes à percepção. Em seguida, a criança vai organizar suas pulsões em direção aos afetos e isso a fará reconhecer- se como pessoa, com uma imagem de seu próprio corpo. Na medida em que parte de uma indiferenciação para uma maior diferenciação, enquanto organiza seu esquema corporal, também organiza o espaço e o tempo que estão ligados intimamente à ação. Organizando o esquema corporal, junto com as noções de espaço e de tempo e os integrando, será mais capaz de um controle e uma coordenação global e fina. Poderá então estabelecer as praxias (ações coordenadas e eficazes em direção a um resultado: escrever, por exemplo), o que a tornará mais apta a se integrar no plano mais elevado das gnosias (conhecimento). *Cognoscere,* do latim, quer dizer: agarrar com as mãos. É preciso primeiro agarrar a bola com as mãos para se chegar à abstração, ao significado da palavra bola.

Wallon propõe que os aspectos tônicos, motores e afetivos são os responsáveis pela formação da noção de tempo e de espaço pela criança e pela organização do seu esquema corporal. Esses três aspectos estão juntos para constituir o desenvolvimento psíquico da criança, pois é por meio dos movimentos e da tonicidade que as crianças vão adquirindo a noção de espaço juntamente com as influências do meio, principalmente no que se refere às relações afetivas para, posteriormente, constituir a noção de tempo.

Para Wallon, todo ser é dotado de movimento, do qual a sensação não pode ser separada. É ele que estabelece o primeiro traço de união do ser com o mundo, a linguagem da emoção pura, que mais tarde dará origem à linguagem descritiva e conceitual.

Cada passo na progressão ontogenética se revela no progresso das sensações (interoceptivas, proprioceptivas e exteroceptivas) como um passo adiante da sensibilidade sensório-motora, capaz de separação entre sujeito e objeto. Essas relações encontram suas primeiras expressões nas reações tônico-emocionais, em uma relação objetal com o outro, estabelecendo o *diálogo tônico* como a primeira e principal linguagem da afetividade, decisivo na aquisição do esquema corporal, das habilidades cognitivas e na participação social.

Em 1925, Henri Wallon inaugura uma série de publicações relativas à concomitância de sintomas na esfera motora, intelectual e afetiva, mostrando a coocorrência entre motricidade e caráter (entendido como manifestações da atividade, afetividade, relações sociais, vontade e hábitos da criança). Wallon não continuou prisioneiro da noção de paralelismo entre corpo e psiquismo, predominante na Psiquiatria infantil da época, indo além da simples verificação das correlações psicomotoras. Sua afirmação de que *o movimento é, antes de tudo, a única expressão e o primeiro instrumento do psiquismo* (WALLON, 1975) substituiu o antigo determinismo mecanicista pelo determinismo dialético (proposição de uma estreita interferência entre as substâncias corpórea e psíquica).

Em relação aos estágios do desenvolvimento e às etapas da construção do eu, numa perspectiva geneticamente social, Wallon defende, portanto, as raízes orgânicas do desenvolvimento. O autor deixa claro o papel das emoções na construção da vida afetiva e social da criança, ao mesmo tempo em que as considera uma ponte entre o ato motor e o ato mental.

Certamente, Wallon supera a doutrina do paralelismo (corpo e psiquismo tomados no mesmo plano) da época, mas, ainda assim, a meu ver, prende-se a uma concepção determinista, apesar de dialética, entre o corpo e o psiquismo, ao dizer que, para a razão existir, é necessário que morra a emoção (DANTAS, 1992).

O autor subdivide os estágios da psicogênese da criança, numa perspectiva temporal, indicando-nos sua perspectiva evolucionista em direção à atividade simbólica. Embora descreva os estágios por meio de uma linha cronológica em relação ao desenvolvimento da criança, Wallon (1975) aponta que, mais do que a marca do tempo, o importante é observar como a criança procede em cada etapa alcançada. Aqui o autor abandona o determinismo mecanicista vigente à época pela ideia dialética com influência marxista em relação aos estágios do desenvolvimento, ao considerar as etapas caracterizadas pelas contradições, crises, angústias, desafios pelos quais a criança passa na relação com o meio.

7.2 Os Estágios do Desenvolvimento

Para Wallon (1979), os estágios de desenvolvimento emocional, pelos quais a criança passa, permitem modificar sua relação com o meio. São eles: Estágio Fetal, Estágio Impulsivo Puro, Estágio Emocional, Estágio Sensório-Motor e Projetivo, Estágio do Personalismo, Estágio Categorial, Estágio da Puberdade e Adolescência (da personalidade polivalente) e Estágio Adulto.

Antes de descrever a primeira fase do desenvolvimento, Wallon se refere ao Estágio Fetal. O autor considera que, desde antes do nascimento, existem relações iniciais na simbiose entre a mãe e a criança que são levadas por toda a vida. Para Wallon, todas essas experiências vividas pelo feto no seu processo de desenvolvimento e durante o parto, farão do recém-nascido um ser autônomo com experiências corporais acumuladas.

Segundo ele, após deixar a vida intrauterina, a criança, mediante movimentos reflexos e impulsivos, entra na primeira etapa do seu desenvolvimento, denominada impulsiva, que dura, aproximadamente, três meses. As observações de Wallon mostram a importância de se considerarem os movimentos esparsos e desordenados da criança, nesse período, cujas manifestações irão permitir seu primeiro vínculo social. No Estágio Impulsivo Puro, que caracteriza o recém-nascido, a resposta motora aos vários tipos de estímulos é reflexa, com momentos de grande descarga motora sem controle superior e com reflexos que se adaptam ao seu objeto pela preensão e sucção.

Até o final do primeiro ano, o diálogo tônico, psicoafetivo entre mãe e filho, na fase do sincretismo entre inteligência e afetividade, marca o período seguinte, o expressivo-emocional. O Estágio Emocional ocorre em bebês por volta dos seis meses e se caracteriza pela prevalência de aspectos orientados para o mundo humano, por uma impulsividade motora, que consiste em descargas de energia muscular, de reflexos ou de automatismos e nas primeiras emoções que surgem do tônus muscular. As situações são conhecidas pela agitação que produzem e não por si mesmas. Ocorrem também reações tônicas e clônicas, espasmos e um descontrole de gestos e expressão não coordenados, de ordem afetiva, em que a emoção representa a ação, a sensibilidade e o conhecimento. As primeiras relações com o meio, que dão um estilo particular ao comportamento da criança, são realizadas nesse estágio. Assim, o bebê tem, além de necessidades fisiológicas, necessidades afetivas e emocionais. Segundo Wallon (1979), a emoção tende a representar, pelas atitudes, certo nível de sensibilidade, de conhecimento, de ação que deve ter acontecido na história da espécie. Devido a esse fato, pode-se dar o nome a esse período do desenvolvimento psíquico de Estágio Emocional, por realizar relações com o meio que acrescentam ao comportamento da criança um estilo particular, específico.

O Estágio Sensório-Motor acontece aproximadamente entre o fim do primeiro ano e o início do terceiro ano de vida. A criança, já dominada pelas emoções, ou seja, por sua subjetividade afetiva, começa a realizar atividades que ligam o movimento às suas consequências sensíveis, o que possibilita uma percepção mais precisa das excitações provocadas por objetos externos. Esse estágio se caracteriza por uma coordenação mútua de variadas percepções como: formação da linguagem, do falar e também assinala a prevalência do ato motor no conhecimento dos objetos. Nessa fase, a criança começa a inventar condutas próprias ao descobrir novas experiências. A marcha e a palavra são duas atividades sensório-motoras que desempenham um papel importante nesse estágio, pois abrem à criança um espaço que transforma as suas possibilidades de investigação e o campo das atividades simbólicas.

Denominada Sensório-Motora e Projetiva, entre o segundo e o quarto anos, a forma de lidar com a realidade, por meio da atividade práxica, é notável nas manifestações exploratórias da criança, principalmente com a aquisição do movimento de pinça do polegar e da marcha. Logo depois, essa forma sensório-motora de lidar com a realidade é reduzida pela atividade cognitiva, simbólica. À medida que o gesto vai se especializando, economizando a motricidade, ao mesmo tempo as imagens, as ideias, os signos, propiciados pelo ambiente, adquirem prioridade em relação aos interesses da criança, tão logo se instale a atividade cognitiva. A atividade cognitiva, por sua vez, dará lugar à atividade de construção de si mesmo, levando-a à consciência de si mesmo. Assim, nesse momento, o conhecimento que, inicialmente, se deu de dentro para fora, pelas sensações e reações interoceptivas (advindas das vísceras), proprioceptivas (de origem articulatória e labiríntica) e exteroceptivas (advindas dos órgãos dos sentidos) responsáveis pela percepção de um mínimo de consciência corporal primitiva, será, agora, de fora para dentro, à medida que os estímulos do meio externo ganham preponderância.

No Estágio Projetivo, a criança consegue se exprimir por gestos e palavras, comunicando-se com o meio onde vive. A atividade de imitação está presente e é muito importante nesse estágio, pois consiste na repetição pela criança do próprio gesto que ela acaba de fazer. É nessa fase que surge a mobilidade intencional que se dirige para o objeto e também acontece de a própria atividade motora estimular a atividade mental.

Segundo Wallon (1979), a partir de dois anos de idade, a criança começa a dispor da fala e da marcha. Ao andar, o espaço passa a ser para ela, uma realidade independente dos objetos externos que o ocupam. A aquisição da linguagem é essencial para o desenvolvimento emocional de criança que sofre influência, principalmente, de fatores intelectuais. Assim, as dificuldades motoras de articulação verbal podem prejudicar as relações da criança com a sociedade, a confiança em si mesma e, consequentemente, interferir no desenvolvimento normal dela.

O Estágio Projetivo passou a ser chamado por Wallon, a partir de 1956, de Estágio do Personalismo. Acontece por volta dos três aos seis anos e se caracteriza pelo fato de a criança começar a ter "consciência de si", ou seja, a imagem e a representação de si mesma, desenvolvendo, também, uma excessiva sensibilidade em relação aos outros ao buscar ser reconhecida aos olhos destes, seja por oposição, seja por brincadeiras. Após esse período de oposição e de desenvolvimento do domínio motor, a criança pode ser admirada e amar as pessoas à sua volta. A oposição e a negação do outro, isto é, a expulsão do que é alheio a si mesmo, permite à criança entrar na quarta etapa do seu desenvolvimento. Há aí uma superação do sincretismo, surgindo, em seu lugar, a capacidade conceptual.

Wallon chama de Estágio Categorial a etapa na qual a criança, até mais ou menos 11 anos de idade, consegue representar as coisas e explicar o real. O aumento da capacidade de atenção, assim como o controle mental são pontos de destaque. A criança se concentra por mais tempo nas atividades que lhe despertam interesse. É a fase da escolarização, quando é possível retirar a criança dos jogos espontâneos e passá-la para jogos mais direcionados.

Com questionamentos e interrogações sucessivas, a criança coloca em evidência suas contradições, suas questões a respeito do meio ambiente em que vive, crenças e valores dos quais ainda não sabe se distinguir. Ou seja, ela começa a refletir a respeito das questões que a circundam. Nessa fase, a criança dá início, também, à comparação. É capaz de proceder dentro da representação das coisas com definições categoriais e compreender a explicação do real no nível da causalidade mecânica (sempre a um ato sobrevém um efeito, que, por sua vez, provoca e é causa de outro ato) (MELLO, 1986). Mais tarde, essa causalidade mecânica dará passagem à noção de lei e ordem, acessível à criança no estágio da Adolescência.

Em relação ao esquema corporal, a criança já possui uma representação bem detalhada do corpo humano, transmitindo características do sexo nas vestimentas, nos cabelos, nas expressões. Isso pelo fato de maior consciência visual e pela consciência do próprio corpo.

O Estágio da Personalidade polivalente começa a partir daí e se caracteriza por ser uma fase em que as relações estabelecidas pela criança deixam de ser apenas com a família. Com o início da escolaridade, ela passa a ter contatos com o ambiente social no qual está inserida. Esse estágio é também caracterizado por mudanças rápidas e pela incerteza, devido aos interesses e às situações. A criança começa a brincar em grupo, troca de papel e função, o que contribui para o aumento das suas experiências sociais.

A próxima crise construtiva aparece com a chegada da Puberdade e Adolescência quando a reconstrução do esquema corporal, custosamente edificado nos anos anteriores, terá sua prioridade. A criança-adolescente passa a se alimentar da cultura, necessitando, ainda, do outro, já diferenciado dela mesma, mas se socializará na solidão, na consciência de si mesma. E a isso é que Wallon se refere quando diz que a criança pensa na individualidade. A origem da consciência de si própria fica, de acordo com Wallon e os outros autores citados, situada na experiência motora do indivíduo, alimentada pelo outro e pela cultura.

O Estágio Adulto é o dos êxitos e dos fracassos da vida do indivíduo. Sem as mudanças físicas, a idade é surpreendida pelas manifestações resultantes da psicogênese passada, como as deteriorações senis da pessoa e da inteligência.

Ou o indivíduo se percebe como ele mesmo, ou julga sofrer um destino mais pessoal sob a influência das vontades e fantasias de alguém. A velocidade das transformações sociais interfere na inadaptação do adulto diante do papel que a sociedade lhe impõe. O ideal da autonomia não é atingido, e a ilusão da perfeição adulta se prende à imagem ideal do outro. Ilusão que alimenta a crise e as contradições dessa etapa que leva a pessoa a se apreciar, se avaliar, se pôr em questão para progredir.

Devido à psicogênese da espécie ter por veículo a ontogênese, os pontos de proximidade entre as etapas percorridas pelo indivíduo permanecem em contato com as etapas percorridas por sua raça. O desenvolvimento é pessoal e mais ou menos semelhante em todos, sem deixar de ser individual (MELLO, 1986).

No final da definição dos estágios do desenvolvimento, percebe-se que, na Psicologia Genética, Wallon mostra que a construção do Esquema Corporal compreende a construção da pessoa, a construção de si mesmo e do conhecimento, com base no desenvolvimento dos aspectos tônicos, motores e emocionais. É preciso haver uma concordância entre o que ela sente e o que vê, entre o corpo cinestésico e o corpo visual, diante do olhar do outro. Como destacado, embora estabeleça um arco, uma ponte entre o ato motor e a ato mental, representado pela emoção, indicando uma ligação entre as manifestações da motricidade, da tonicidade, da afetividade e da capacidade de representação mental, o autor também apresenta o desenvolvimento numa perspectiva teleológica.

Com o propósito de reflexão, penso ser interessante destacar uma das primeiras concepções que apresenta o desenvolvimento psicomotor na perspectiva da doutrina do paralelismo psicofísico, sob a influência das considerações pedagógicas e psiquiátricas sobre a Psicomotricidade. De acordo com a Psicomotricidade clássica, G. Rossel (1971) considera que, até os 10 anos de idade mental, corpo e psiquismo desenvolvem-se em interdependência, de forma paralela. Após os 10 anos de idade mental, continuam seu desenvolvimento ainda de forma paralela, mas sem a interdependência inicial. Para ela, podem ser discriminadas as seguintes fases: até os 3 anos – Período Motor; de 4 a 5 anos – Período Sensório-Motor e de 6 a 10 anos – Período Psicomotor (das aquisições de tempo e espaço).

Até os 6 anos, a criança descobre e experimenta seu próprio corpo, o espaço e o tempo, o que lhe possibilita um conhecimento concreto, sensorial a respeito dessas realidades (seu corpo e o mundo em que vive com seu corpo). De 6 a 10 anos (de idade mental e psicomotora), ela conquista as noções de tempo e espaço. O Período Psicomotor é o período da aprendizagem do controle mental da expressão motora (dos movimentos) com o objetivo de estabelecer uma organização às constantes necessidades dos deslocamentos do corpo (motor), do olhar (noções de espaço) e da audição (tempo). A criança irá desenvolver níveis crescentes de controle mental, de representação mental das transformações que ocorrem em seu próprio corpo e das leis que governam o mundo exterior, isto é, as leis do espaço e do tempo. Há uma transposição para o plano mental de todas as experiências já vividas no plano concreto, sensorial. A realidade é a mesma: mesmo corpo, mesmo espaço e mesmo tempo. Só que agora essa realidade será apreendida em nível de maior profundidade. A autora estabelece cinco níveis ou estágios e, em cada um deles, dois aspectos: o psicológico e o psicomotor.

Aspectos Psicológicos	Aspectos Psicomotores
A – Como a criança se vê (esquema corporal).	A' – Como a criança executa (coordenação motora).
B – Como a criança vê o mundo (consciência de seu corpo frente ao meio).	B' – Como a criança imita (reprodução de movimentos).
C – Como a criança pensa (desenvolvimento da inteligência, da representação mental da noção espaço tempo).	C' – Como a criança atua (representação mental dos movimentos).

Considerar os aspectos evolutivos ao longo dos estágios do desenvolvimento da criança, entre os autores citados e outros mais, requer do profissional mais do que uma escolha teórica. É preciso essencialmente que ele se isente de expectativas exageradas e não se impaciente se esta ou aquela criança está com esta ou aquela idade, vendo-a a partir de critérios comparativos de defasagens evolutivas.

Observar, esperar, escutar com paciência, procurando acompanhar o ritmo da cadeia tônica e afetiva da criança, na motricidade em relação, certamente o ajudará a ir além do que se espera do desenvolvimento dela, da forma como os teóricos o conceberam.

A seguir, a ilustração de outro atendimento realizado durante o estágio de Psicomotricidade na PUC-Minas, demonstra como considerar, em conjunto, a noção das etapas do desenvolvimento infantil e a habilidade do terapeuta em não se aprisionar a elas, muitas vezes pressionado pelas expectativas progressistas da família e da escola. Tal ilustração foi escrita em conjunto com a estagiária Andrea Borges que atendeu ao pequeno A e por ela foi apresentada em uma das Jornadas da Clínica de Psicologia.

7.3 O pequeno A – uma análise genética

No primeiro semestre de 1995, o pequeno A, com dez anos, retomou o atendimento em Psicomotricidade, iniciado no semestre anterior, após interrupção por motivo de férias acadêmicas. A criança foi encaminhada para o atendimento em Psicomotricidade pelo estágio de Psicopedagogia.

Em entrevista, realizada com a presença da mãe, o menino mostrou-se constrangido, alisando o corpo com as mãos, respondendo às perguntas com a cabeça baixa, num tom de voz igualmente baixo, gaguejando e suprimindo a letra "r" em sua fala. Quando a estagiária ficou a sós com ele, mudou o comportamento, mostrando-se mais à vontade chamando-a de "tia" (*sic*), interessando-se pelos objetos da sala, principalmente pelos que emitem sons, como o xilofone e o gravador.

A estagiária observou que suas ideias e suas frases não apresentavam a sequência segundo a organização temporal. Ele reconheceu um de seus desenhos colado na parede, que ele havia feito no semestre anterior.

Na sessão seguinte, permaneceu calado, tamborilando o ritmo da música trazida a seu pedido. Montou o quebra-cabeça do alfabeto, mostrando que conhecia as letras e o quebra-cabeça da figura humana, com concentração. Chamou a estagiária pelo nome e perguntou-lhe se tinha um filho. Pediu para desenhar, mas para não contar a história sobre o que desenhou. Observou-se que, no final de suas frases, ele sempre acrescentava uma espécie de som (*tchi*) analisado como uma descarga motora advinda de um hábito de linguagem, como um tique. Na sala de atendimento, ele quis escrever no quadro algumas letras e quando foi pontuado seu esforço, mostrou-se surpreso, dizendo que sua mãe não acreditava nele, não acreditava que ele sabia. Numa folha de papel, pintou algumas manchas e disse que não era uma história, era um segredo dele.

Em supervisão, foi sugerido que se tentasse, numa oportunidade, que ele espacializasse seu segredo, gráfica ou gestualmente, não para saber a respeito do segredo, mas para que ele pudesse expressá-lo sem o uso de linguagem verbal.

Até então, estávamos lidando com a queixa, tanto por parte da escola como por parte dos pais, de atraso, de falta de atenção e interesse, de dificuldades para ler e escrever. O pai da criança pediu à estagiária que o ajudasse pelo menos a escrever a letra A, inicial do nome do filho.

Nesse meio tempo, a mãe da criança pediu uma hora para falar uma coisa muito importante e comentou que sua vizinha estava surpresa por ela (mãe) não ter contado o fato, até aquele momento, para a psicóloga. Estávamos, então, entre dois segredos: o da mãe e o de A. A mãe, entretanto, não compareceu à hora marcada, e A também faltou a seu atendimento semanal.

Na sessão seguinte, a criança chegou sorridente para o atendimento, falando sobre a casa para a qual se mudaram e sobre a vontade de morar numa casa maior, com piscina e quadra. Desenhou dois caracóis, dizendo que um é a mãe e o outro é ele. Brincou com blocos de encaixe e fechou a abertura de um deles com fita adesiva, como uma caixa. Disse que tem algo dentro, mas não sabia o que era e pediu para deixar a caixa sobre o armário. Começou então a mostrar-se muito agitado e tenso, tirou o material do armário, chutou-o, jogou uma boneca com força na parede e pediu ajuda "me ajuda!" (*sic*) à boneca, bastante emocionado. A estagiária pegou numa das mãos da boneca, ficando próxima a ele, dizendo-lhe que estava ali, com ele. O pequeno A pegou, então, um novelo de lã e, enrolando-se nele, jogou-se ao chão, dizendo que estava preso. Pediu depois para ser solto com a ajuda da estagiária. No final da sessão, guardou o material espalhado pela sala, mostrando-se exausto e com sono.

De acordo com a perspectiva psicanalítica, analisamos essa sessão como um momento facilitador para a expressão dos fantasmas de A, uma vez que ele pôde espacializar gestualmente seu segredo.

Na sessão seguinte, mostrou-se assustado pelo fato de a estagiária estar gripada, com os olhos vermelhos e lacrimejantes. Jogou dominó e viu sua caixinha em cima do armário. Perguntou se podia fazer uma coisa com a caixa e, diante da confirmação, furou a fita adesiva com um estilete e disse: "Tinha alguém aqui e estava presa, agora está livre" (*sic*). Passou a considerar a caixinha um objeto entre outros, deixando-a de lado, enquanto jogava bola.

Na sessão seguinte, não compareceu por motivo de viagem dos pais e, na próxima, chegou mais tranquilo, conversando sobre os colegas, dizendo que havia ganhado um minigame do pai. Queria ter levado o jogo para a estagiária ver, mas como os pais haviam brigado, ele teve "vergonha" (*sic*) de lhes pedir isso. Enquanto jogava bola no jardim da Universidade, contou sobre a vizinha que havia se separado do marido porque este bebia muito. Perguntou se a estagiária era solteira e falou da mulher que bebe, dizendo que a mãe dele bebia e o pai também, e muito, nos fins de semana. Contou que sua mãe havia lhe dito que quando a mulher grávida bebe, ela prejudica o filho. E concluiu que beber só no final de semana não tem importância. Naquele momento, expressou verbalmente o segredo.

A análise psicomotora que fizemos foi a de que a novela familiar não podia ser revelada por motivo de constrangimento, vergonha. Havia um jogo, um minijogo, dentro de uma caixinha, que só pôde ser desvelado por meio do vínculo de confiança estabelecido com alguém que não se mostrou um adulto curioso e apressado em saber o segredo. Por alguém que não o interpelou verbalmente, permitindo- lhe, primeiro a expressão pelo vivido corporal, linguagem accessível à criança. Na companhia da terapeuta foi possível, em passos sucessivos, que o pequeno A se libertasse de uma imagem de menino fracassado e impotente, prejudicado pela bebida da mãe.

A análise teórica desse caso também poderá ser feita por meio de uma leitura psicanalítica em relação ao grafo do desejo e à identificação narcísica. O símbolo "*a*" remete ao pequeno outro enquanto semelhante ao sujeito, seu *alterego*, tal como aparece no processo de identificação primordial, como o outro especular no estádio do espelho. Esse outro evidencia o resultado imaginário dessa identificação sob a forma do eu (*moi*) enquanto polo da identificação narcísica. O símbolo "*A*", grande Outro, indica o lugar do código, o lugar da palavra, à qual o sujeito se refere em sua relação com o outro, o lugar da referência simbólica, inevitavelmente convocada no processo de comunicação. É em relação com esses signos que se produz a identificação com o ideal do eu (*moi*), no processo de identificação com os pais idealizados (DÖR, 1992).

Mas a intenção aqui não é fazer a análise estrutural do caso e sim, a análise genética. Na tentativa de mostrar a possibilidade de se intervir pela via não verbal, queremos ilustrar o manejo dos significantes mudos numa clínica que se propõe à medição corporal, como pretende a clínica de Psicomotricidade, cujo ponto de partida e ponto de chegada é o corpo.

Segundo Wallon (1975), a emoção joga um papel primordial entre os automatismos e a representação mental. Quanto mais organizadas as emoções (e aí ele passa a falar de afetividade), mais capacidade de representação mental será possível. Ao mesmo tempo, a emoção funciona como intermediária no antagonismo entre automatismos (reflexos condicionados e adaptados pela vida de relação) e a representação. As emoções são essencialmente uma função plástica, uma função de expressão de formação e origem postural, constituindo-se pelo tônus muscular. Sua diversidade está ligada à hiper ou hipotensão do tônus, à sua livre afluência em gestos ou em ações ou à sua acumulação sem saída e a sua utilização em espasmos.

Podemos compreender, pela análise genética, que o pequeno A achava-se sem saída para o livre desenrolar de seus gestos e ações e para conquistar o mundo simbólico a que tem direito. Ele não sabia, aos dez anos de idade, ler e escrever. Aprisionado tonicamente pelo clima contagioso e tenso do seu ambiente familiar e pela imagem que lhe refletiam de ser um menino prejudicado, não conseguia ver- se diferenciado do contexto, dos outros, das circunstâncias e das imagens possíveis que ia compondo. Essas imagens eram motivo de vergonha para ele. Foi necessário que vivesse um momento de intensa emoção, abolindo a ordem de percepções até então organizadas, na companhia de alguém que lhe serviu de elo com o mundo da realidade, para que pudesse extinguir essa emoção, introduzindo a representação simbólica. Não foi somente o fato de haver conduzido a situação a suas justas proporções o que livrou o pequeno A da emoção indiferenciada de ser um prejudicado, mas sim o fato de ter feito um esforço para representá-la.

Quando a emoção domina, as impressões orgânicas e subjetivas aumentam e dilui-se a delimitação entre o eu e o não eu, a sensibilidade se faz confusa, global e indivisível. Essa ausência de partes diferenciadas no conjunto é o estado que Wallon chamou de sincrético. A sensibilidade da emoção é essencialmente sincrética e aglutina, de forma indissociável, tudo aquilo que participa da emoção. Aglutina a motricidade, o pensamento e a linguagem.

Os desenhos, as atividades, os jogos realizados pelo pequeno A, na sala de Psicomotricidade, intervieram de forma não verbal em sua motricidade que, por sua vez, atualizou suas emoções, estimulando formas arcaicas e primitivas relacionadas à sua percepção do mundo e de si próprio. Sob o olhar da terapeuta, ele pôde representar mentalmente, pela conquista de novos símbolos, a realidade que vivia e a si próprio. A emoção expressada e organizada, na relação afetiva com a terapeuta, jogou um papel de transição entre o puro automatismo que permanecia subordinado às incitações sucessivas do meio e à vida intelectual que, ao proceder por representações e símbolos, pôde prover a ação de outros motivos e outros meios que as do momento presente e da realidade concreta.

Uma vez que o pequeno A mostrou um progressivo desempenho na escola e em casa, como relataram surpresos seus pais e professores, podemos nos perguntar sobre o aprisionamento sufocante que o meio impõe à criança, à medida que lhe exige e cria expectativas em relação à sua aprendizagem.

E aqui, gostaríamos de levantar algumas questões em relação ao processo educacional e ao aprisionamento do psicólogo quanto às exigências em torno do diagnóstico, quer seja ele psicológico, quer seja psicopedagógico ou psicomotor: Será que também nos encontramos indiferenciados e sincreticamente indissociados em relação ao contágio emocional do ambiente escolar? Será que estamos procedendo de forma puramente automatizada, quando nos enviam uma criança com um relatório de queixas, com indicações para uma escola especializada, perturbando o sistema, impossibilitando que um programa oficial de educação seja cumprido? É imprescindível ler, escrever e contar, aos sete anos de idade? Onde fica a história da pessoa, a concepção de mundo que tem a ver com a sua raça e com a cultura?

Acreditamos que, depois de ter organizado suas emoções, o pequeno A se mostrou preparado para ler, escrever e contar. Aos dez anos de idade, mas com mais condições e com um significado, a partir de seus significantes mudos, da sua própria visão de sujeito, de cidadão do mundo, reinventando sua história.

8. CLASSIFICAÇÃO DOS DISTÚRBIOS PSICOMOTORES

Apresentar as Síndromes Psicomotoras é importante para que o profissional possa conhecê-las e diferenciá-las, caso lance mão de um diagnóstico de caráter evolutivo. Mesmo que não pretenda lançar mão desses dados, em algum momento poderá precisar deles, principalmente em casos de enfermidades de ordem neurológica, ou dificuldades de aprendizagem, devendo, no entanto, procurar ir além da conotação de sintoma, que aprisiona o sujeito em um quadro clínico e impede as transformações que advêm da relação terapêutica. Dependendo do problema apresentado ou do lugar onde trabalha, por exemplo, em equipe multidisciplinar, seja na escola, seja na instituição médica, o profissional pode contribuir para o esclarecimento e a condução do tratamento.

As síndromes psicomotoras, como definidas por Ajuriaguerra e Soubiran, em 1960, não correspondem a uma lesão focal; estão vinculadas aos afetos, apresentam-se de forma lábil (ora aparecem, ora não) e dependem da vontade, de serem mais ou menos desejadas. Ajuriaguerra, médico psiquiatra, também considerou as influências da Psicanálise da época, notáveis na descrição das síndromes psicomotoras quando aponta que elas são mais ou menos desejadas. As definições dos sintomas histérico, psicossomático e psicomotor, a serem mencionadas, também podem se articular com sua descrição dos chamados *quadros psicomotores mais ou menos definidos,* classificados como se segue.

I. Grandes distúrbios psicomotores: tônico-emocionais e da vida de relação

a) Debilidade Psicomotora: caracterizada pela falta de jeito da pessoa, devido a dificuldades de dissociação dos movimentos (sincinesias) e a dificuldades de relaxamento voluntário dos músculos (paratonias) que causam hipertonia e rigidez tônico-emocional.

b) Inibição Psicomotora: caracterizada pela redução da atividade e do contato com capacidade de comunicação reduzida. O quadro é muito semelhante ao anterior: a mesma falta de jeito e de relaxamento estão presentes. O que os diferencia é o fator emocional, que aparece de forma mais marcante, em tensões e ansiedade durante o ato e na relação.

c) Instabilidade Psicomotora: caracterizada pela hiperatividade (falta de freio inibitório), pela labilidade de conduta (dispersão) e de interesses, sentimentos, pensamento e ocupações. A hiperatividade é considerada pelos franceses uma das características do quadro de instabilidade e não uma síndrome, como considerado pelos anglo-saxões.

Junto a esses três quadros, são encontrados: tiques (movimentos involuntários, bruscos e súbitos); hábitos e descargas motoras de evolução (balanceios repetitivos de cabeça e corpo, tricotilomania, ou arrancar os pelos do corpo, e onicofagia, ou roer as unhas); distúrbios tônico-emocionais precoces (hiperextensão muscular, estupor, extravagâncias motoras), todos consequentes de hospitalismo e permanência em creches.

II. Distúrbios da orientação de espaço e tempo: organização motora e práxica

a) atrasos motores globais e manuais;
b) problemas de dominância lateral;
c) distúrbios da adaptação espacial e temporal (dispraxias ou apraxias);
d) distúrbios da grafo-motricidade (disgrafias).

III. Distúrbios do Esquema Corporal: problemas do conhecimento corporal e consciência de si:

1. Transtornos motivados pela má-organização do conhecimento corporal:

a) Cegos de nascimento (importância da visão na organização do sistema corporal): alteração na composição da figura de conjunto, especialmente o rosto, e na representação espacial (sem profundidade), o que leva ao desinteresse pela forma. Quando adultos, conseguem designar diversas partes corporais, direita e esquerda e identificar os dedos como qualquer criança.

b) PCI (paralisia cerebral infantil): transtornos de estruturação espacial com asterognosia ou estereognosia (impossibilidade de reconhecimento das formas, sobretudo tátil).
c) Retardos: não distinção de direita e esquerda e dos dedos. Segundo alguns autores, os erros aritméticos estão associados com o conhecimento dos dedos; outros autores observam ligeira associação entre agnosia digital (não reconhecimento dos dedos) e não distinção de direita e esquerda.
d) Psicose infantil: a síndrome comporta também a dificuldade de representação corporal e a utilização de partes corporais.
e) Dispraxia infantil: não distinção entre direita e esquerda, desenho espelhado.
f) Casos de dislexia: com alterações somatognósicas.
g) Casos de discalculia: uso difícil do sistema simbólico, do cálculo e dificuldades afetivas.

Os transtornos mencionados foram descritos por Ajuriaguerra (1976, caps. XIII e XI), segundo as organizações cognoscitivas, a capacidade representativa e a má-organização espacial, por alteração da lateralidade, e segundo a falta de *presentificación*, isto é, a não situação do corpo como objeto no campo de relação junto da necessidade de demonstrar boa presença.

2. Alterações da consciência e vivências corporais (transtornos polimorfos reunidos, pelo fato de se referirem ao corpo e por responderem a graus diversos de sua desintegração):
a) Alucinação do corpo completo: sensação de membros fantasma, em crianças e adultos, nas aplasias congênitas (má-formação) e, mais frequentemente, nas aplasias de segmentos distais. As concepções neurologistas acreditam que a alucinação tem a ver com a parte inervada do membro, uma vez corticalizada.
b) Hemiasomotognosia: indiferença em relação ao membro paralisado (hemiplégicos), particularidade explicada pelos transtornos motores (não o olham, não chupam o dedo polegar). Mais comum em adulto e criança portadora de PCI, que empregam a mão paralisada como apoio.
c) Transformações corporais ilusórias: macrognosias e micrognosias que são sensações de inchaço, de redução do corpo, de

sentimento de ausência ou de mudança, do convencimento de possuir um membro fantasma e da sensação de levitação. Comuns em crianças e adolescentes, em forma paroxística da epilepsia, nas manifestações hipnagógicas infantis, na ansiedade e estados tóxico-infecciosos e nas experiências de relaxamento (adultos e crianças).

d) Negação de necessidades corporais: negação de estímulos corporais - fome, cansaço e emoções. Comuns em casos de anorexia mental e em psicoses infantis.

e) Heautoscopia: forma rara de alucinação, na qual a pessoa vê ao seu lado o seu próprio duplo (personagem reflexo). É natural, no entanto, a criança transferir, até por volta dos três anos, sentimentos, medos e temores a objetos ou animais e, ainda, a um companheiro ideal.

f) Fenômeno de despersonalização: não reconhecimento da própria pessoa em sua totalidade e em sua forma, consistência e limites. É sentida e expressada mediante partes corporais e começa depois de uma alteração emocional da pessoa e não somente de seu corpo. São alterações da identidade: mudanças de atitudes de masculinidade e feminilidade, ideias de mudança do tipo sexual, sentimento de desintegração ou deterioração corporal, perda de limites corporais e sentimento de despersonalização propriamente dito. Em crianças neuróticas, ou não, é comum o estado de perplexidade somato-psíquica, não levando-as, porém, a incoerências ou dissociações. Em psicose infantil, são mais frequentes sob forma de medo à mudança ou à desaparição de partes do corpo, de sentimentos de transformação e estranheza. Às vezes, essas vivências são dissociadas da imagem corporal e são levadas ao mundo exterior (transitivismo, despersonalização e desrealização). Os transtornos de integração corporal são relacionados com a perda objetal. As crianças autistas não reconhecem o funcionamento de seu corpo, que funciona autonomamente, como coisa mecânica feita de peças que se recolocam quando não estão bem. Segundo Winnicott, existe um estado primário não integrador, natural na infância, que pode levar à desintegração, considerada não natural. Lebovici acha que, frente à despersonalização, estabelece-se um sistema defensivo, angustioso, em que entram objetos exteriores inanimados ou palavras e ideias. Os transtornos de identidade são constantes em psicoses infantis, mas, raramente, são vividos como despersonalização delirante, antes da puberdade.

g) Dismorfestesia: o termo inicialmente denominado de dismorfofobia (1886) se refere ao medo de ser disforme ou converter-se nisso. Foi redefinido como *neurose disfórmica e delírio de dismorfia,* originando, depois, o termo dismorfestesia (AJURIAGUERRA, 1976), como o sentimento de deformidade. Encontrado na época da adolescência, como sentimento pejorativo referente ao peso, proporções do corpo e, particularmente, sobre o aspecto do rosto e dos caracteres sexuais. É dirigido ao corpo em suas partes e com relação à totalidade. Aparece a ansiedade ante o gênero da pessoa, que é aceito ou temido, o temor de não ser viril. Aponta-se a contribuição do receio familiar, quanto à não aceitação da puberdade e a morfologia infantil perdida e, ainda, a incerteza da virilidade futura, o que reforça ou cria angústia no adolescente. As comparações sociais também contribuem para o sentimento de inferioridade, produzindo falsas percepções sobre a autoimagem. A sintomatologia própria do adolescente, que se torna patológica, transtorna a expressão livre da personalidade, devendo ser considerada em sua evolução. Esse sentimento deve ser considerado como psicofisiológico de transição. Não é um quadro único nas organizações neuróticas ou psicóticas, não podendo ser chamado de dismorfofobia, por não tratar-se de fobia. Coexistem, nas tendências obsessivas de introversão, graves transtornos da personalidade de tipo sensitivo e inseguro, síndromes esquizofrênicas e depressivas. Janet distingue a obsessão de vergonha de si mesmo da vergonha física relativa ao descontento do corpo e suas funções (alimentícias e urinárias) que são chamadas fobias de função. Esses fenômenos devem ser considerados junto com as obsessões relativas ao corpo e, particularmente, ao rosto, formando a enfermidade chamada "delírio do escrúpulo". Alguns autores consideram esses fenômenos junto com o quadro esquizofrênico, outros os chamam de esquizofrenia ou de casos limítrofes neurose-psicose. Schachter distingue a neurose disfórmica das convicções delirantes de dismorfia do quadro clínico psicótico. É necessário encontrar um sentido por trás da má-formação corporal. Sobre o narcisismo primário erotizado desenvolve-se o narcisismo secundário, em sua totalidade fragmentada, que tomará valores simbólicos particulares. O valor das partes corporais depende da pressão familiar ou social, dissociando-se em ego corporal real e ideal. Certo número de forças pulsionais se manifesta por meio do corpo, e é assim que a pessoa projeta suas possibilidades de ser amada ou rejeitada. A valorização de certa deformidade pode ser compreendida também como a negação da erotização corporal, levando-a às ideias fixas e mal-estar, e a pessoa experimenta uma negação junto com o receio de que outras pessoas possam adivinhar ou desvendar seu pensamento interno. Tratando-se de uma consciência culpada, a dismorfia é só uma de suas manifestações.

8.1 Evolução dos distúrbios instrumentais

A partir de 1986, segundo D. Flagey, há uma evolução na concepção dos distúrbios instrumentais, assim denominados de acordo com a classificação de Ajuriaguerra, na medida em que se considera a configuração psíquica e o princípio da globalidade do ser. A autora apresenta outra versão para os distúrbios psicomotores, aproximando mais o polo motor e o psíquico. Para ela, eles podem ser considerados distúrbios instrumentais, distúrbios da função simbólica, distúrbios narcísicos e distúrbios da agressividade.

Na tradução de Cabral (s/d): "Para Flagey todo distúrbio psicomotor tem esses três níveis de comprometimento. Não são classificações em si. A questão da simbolização é que os sintomas psicomotores ficam no corpo e não se traduzem em representações como, por exemplo, na histeria".

O distúrbio instrumental é o distúrbio da função. Exemplos: disgrafia ou disgrafia de evolução (dificuldade na escrita, no desenho da letra); disortografia (dificuldade na ortografia, na troca de letras).

Assim, na ordem das praxias: os distúrbios são instrumentais, com organização perceptivo-sensório-motora e com organização perceptivo-espaço-temporal.

Na ordem das gnosias, são simbólicos (representação da linguagem e do grafismo), com organização perceptivo-cognitiva.

Na ordem das relações objetais, são narcísicos e da economia da agressividade, com organização perceptivo-afetivo-social, com organização perceptivo-objetal.

8.2 Síndromes, tipos e relações psicomotoras em Wallon

Em Mello (1986), ao traduzir Wallon, encontramos que a lógica genético-evolutiva que acompanha a teoria do desenvolvimento permitiu que Wallon retomasse alguns estudos anteriores de 1914 para conceituar o patológico de forma dinâmica, estreitando os laços da Psicopatologia com a Psicologia da criança e do adulto. O método genético aplicado à psicopatologia não pressupõe a explicação do normal pelo patológico. O estudo das síndromes mostra o papel que o meio desempenha na organização anátomo-psicológica e nas atividades próprias de cada idade. A organização funcional e os meios possíveis à espécie humana, assim como manifestações de imperícia e distúrbios da conduta, aparentemente anormais, fazem parte do contexto das experiências do indivíduo, diante de suas condições de vida.

As relações sempre novas entre indivíduo e meio, que se modificam continuamente, levaram Wallon a conceber o fenômeno patológico como fixado em certo nível, impossibilitando a realização do tipo adulto para o qual tende a espécie. Também a individualização dos fenômenos que dependem de determinações originais criadas por diferentes modos de interação, em diversas condições de existência e formas diferentes de relações entre funções aproximam, a meu ver, a abordagem de Wallon com a fenomenologia e o pensamento sistêmico- cibernético. É, portanto, o sentido do ato para o indivíduo e para o grupo que cria ou não o patológico (MELLO, 1986). Aqui, a comparação pode ser feita com as ideias de Maturana (1988) e as considerações do Construcionismo Social (GRANDESSO, 2001).

A perspectiva evolucionista da dialética entre o organismo e o meio é a forma de se abordarem as relações entre atividade motora, expressão afetiva e atividade psíquica (WALLON, 1925, 1932, *apud* MELLO, 1986). Dessa forma, Wallon conceitua as síndromes como grupos especiais de sinais mórbidos que desestabilizam as áreas motora, afetiva e intelectual, ao mesmo tempo. A simultaneidade desses sinais leva o autor a supor, nos indivíduos ditos normais, tipos psicomotores nos quais prevalecem características motoras, emocionais ou intelectuais (MELLO, 1986). As relações psicomotoras entre as síndromes e os tipos psicomotores são estudadas na perspectiva ontogenética, demonstrando-se a relação da motricidade proprioceptiva e exteroceptiva, o que coloca em jogo o papel do tonos na formação do caráter. Não existe, para Wallon, no sujeito, estado afetivo ou ato mental que não tenha sua repercussão no domínio postural. A instabilidade afetiva depende dos estímulos ambientais e parentais, o que deixa a criança em constante estado de expectativa. A instabilidade psíquica compromete o movimento, leva a reações de *prestance* (boa- presença), com atitudes de excitação da criança na presença de estranhos. A instabilidade psicomotora é abordada pelo autor em relação à falta de habilidades e imperícias, denominando-as como estilos psicomotores que prefiguram os estilos de caráter.

Mello (1986), citando Lapierre (1984), destaca que a pessoa deve "reencontrar a globalidade do ser, redescobrir-se e utilizar a dimensão psíquica do corpo e a dimensão corporal do psiquismo". E que, na busca de elos entre o movimento, imagem do corpo e espaço subjetivo, procuram-se explicar as várias síndromes descritas por Wallon em *A criança turbulenta* (MELLO, 1986). As seguintes síndromes de assinergia, de hipertonia reflexa, do automatismo emotivo-motor, da insuficiência frontal e de instabilidade postural-psíquica são citadas em Mello (1986).

8.3 Apraxias infantis

Wallon (1975) usa o termo *tipos psicomotores* para se referir a certas praxias, ao designar as discordâncias entre o espaço corporal e o espaço ambiente.

Como já definido, praxia é o conjunto de ações coordenadas em direção a um objetivo, a um resultado, por exemplo, pegar um copo d'água e beber, ou escrever um texto. Para Wallon, a criança conhece perfeitamente o que tem de fazer, não apresenta insuficiência motora quanto ao gesto a ser realizado, mas lhe é impossível realizá-lo.

Os transtornos práxicos pertencem a uma zona intermediária em que vão se combinar todos os gestos e atitudes que requerem o ato que se deseja realizar. O equívoco é prefigurar o ato em seu desenvolvimento espaço-temporal. A impossibilidade de ordenar o ato corretamente adota duas formas: ou o gesto está relacionado com um gesto externo e o transtorno consiste na incapacidade de adaptar a estrutura à falta dos objetos, ou a impotência é mais subjetiva e afeta a maneira de efetuar os movimentos em relação ao próprio corpo.

Wallon se refere às apraxias da seguinte forma:

1. Apraxia da realização motora: sem alteração do Esquema Corporal, aparece junto com déficit motor neurológico e retardo da organização motora: atos lentos e torpes que não estão em conformidade com um planejamento.
2. Apraxias construtivas: aparecem isoladas ou junto com uma lateralidade mal definida, com dificuldades para reconhecimento de dedos sem alteração dos gestos: visíveis em cópias geométricas, nas imagens do teste de Bender, em cópias gestuais.
3. Planotopocinesia e cinesia espaciais: alteração gestual junto com a falta de organização do Esquema Corporal - o gesto é perturbado no momento de sua execução num espaço ordenado e complexo. Podem aparecer dificuldades nas relações e o ato (fazer nós, abotoar-se ou vestir-se). São as chamadas apraxias utilitárias ligadas aos conceitos de alto e baixo, esquerda e direita. Visíveis em cópias geométricas e gestuais, nos gestos simbólicos e mímicos, no desenho de boneco. Estão associadas com alterações do Esquema Corporal e não obedecem a movimentos impostos com ordem verbal ou imitação e mímica.
4. Apraxias especializadas que afetam uma parte do corpo ou uma determinada função da atividade mental:

   a) apraxia facial: aparece no sorriso com mastigação da língua, sem transtorno nos movimentos dela; as pessoas não conseguem fazer o movimento seguindo uma ordem verbal, caracterizando-se por um *deficit* de motilidade voluntária diante de uma ordem. Outra apraxia é não conseguir, com a vista, acompanhar os dedos que se movem diante dos olhos, ou mostrar dificuldade para cerrar os olhos quando se pede (dispraxia palpebral).

b) apraxias posturais: são alterações do comportamento que não podem ser realizadas por confundirem-se sendo percebidas na prova do nariz e do dedo.

c) apraxia coletiva: caracterizada por dois fenômenos: apraxia do vestir e desordem na sucessão dos movimentos, diante de uma posição imposta.

d) apraxia verbal: dificuldade nas relações verbo-motoras não motivadas pela dificuldade de compreensão, e sim, pela falta de concordância entre o ato e a consigna do ato. A pessoa pode realizar a ação ao reforçar-se a consigna por repetições ou demonstrações por gestos.

Há um denominador comum nas apraxias: nem o espaço externo nem o interno coincidem. Há um estado de indiferenciação e a criança não distingue suas relações motoras das alheias que estão unidas às suas ou àquelas em que o ponto de apoio de seus gestos forma parte destes.

8.4 Praxias da escrita e do grafismo

A escrita, composta de grafismo e linguagem, está estreitamente relacionada com a evolução das possibilidades motoras (que permitem a aquisição de uma forma concreta) e com o conhecimento da língua (que lhe dá um sentido). A escrita é uma soma de praxia e linguagem e pode realizar-se a partir de certo grau de organização da motricidade, que supõe uma fina coordenação de movimentos e desenvolvimento espacial. Trata-se da gnosopraxia, tanto em relação à cópia, como em qualquer outro tipo de escrita. Sendo praticamente um grafismo em seus começos rudimentares, passa a ser uma formulação simbólica da linguagem interna, ao se chegar à escrita ditada ou espontânea. A escrita é ação e representação simbólica em relação ao simbolizado, significado que se adquire mediante o aprendizado. A expressão escrita, que constitui a linguagem escrita, realiza-se segundo um plano e uma direção arbitrária, variáveis segundo o idioma. A escrita é uma atividade convencional e codificada, resultante de aquisição progressiva, cujos objetivos são: ler não só o que dizem as letras, mas uni-las e organizá-las graficamente. Há que responder a uma exigência do mundo moderno, a rapidez, o que dificulta tal aquisição.

O estudo da escrita apresenta componentes motores: a força, a coordenação e a organização dos movimentos, a rapidez, o ritmo, a forma do movimento. A escrita se desenvolve num campo motor e, a atividade gráfica, num espaço definido. Traz implícita a imitação de um movimento com uma direção definida, a cópia de formas com uma orientação e o desenvolvimento do movimento num espaço representativo. Por meio das primeiras garatujas, para chegar às formas gráficas, a criança terá de reprimir a libertação de ação e frear seus impulsos. Terá de aceitar o dito controle para passar do grafismo lúdico (desenho) ao grafismo de expressão abstrata, com economia de gestos. Talvez encontre satisfação ao responder às suas necessidades pessoais. A evolução da escrita implica a organização motora, a organização da ação simbólica e gestual e o conhecimento do valor simbólico do ato gráfico. A estabilidade emotivo-afetiva permitirá precisar e controlar os movimentos, empreender a instrução para que a criança possa dispor de uma página do seu caderno.

Será disgráfica toda criança cuja escrita seja defeituosa e que não tenha nenhum *déficit* neurológico ou intelectual que a justifique. São crianças intelectualmente normais que escrevem devagar e de forma ilegível, o que as atrasa em seu desempenho escolar.

A incapacidade de aprender a ler, preservadas as capacidades intelectuais, é conhecida desde 1917. Foi proposto o nome de dislexia a esse tipo de transtorno que também é reconhecido como dislexia específica, dislexia de evolução ou de cegueira verbal congênita. Esses são denominados "transtornos da aprendizagem da língua escrita".

Certas dificuldades motoras de execução podem vir unidas a um *déficit* práxico. Dessas dificuldades, "mais ou menos benignas", temos de distinguir os transtornos de realização motora em relação a uma lesão do sistema nervoso. Assim, dentre os transtornos da articulação da linguagem infantil, encontram-se alguns que apresentam uma etiologia especialmente sensorial e motora que os une a uma dispraxia.

Os transtornos gráficos e léxicos são considerados transtornos relacionados à aprendizagem da linguagem escrita.

A disortografia pode ser resultante da dislexia, ainda que possa aparecer em crianças sem evidentes defeitos de leitura. Há diversos tipos de faltas: de leitura, de separação, de não distinção de elementos da frase, faltas sintáticas e de regras, faltas de uso. Desde muito cedo, a criança se vê obrigada a memorizar uma massa de ilogismos e anomalias que são incluídas em sua língua. Uma fala correta é importante para se aprender a leitura e a ortografia. Um idioma sintaticamente inseguro fatalmente afetará o aprendizado da escrita e da leitura das crianças.

8.5 Outra versão sobre os distúrbios psicomotores

Na investigação das questões sobre as relações que a criança estabelece com o meio, a monografia O deslize psicomotor: trançados de mapas da criança de casa para a escola, desenvolvida por Christofoletti (2006), sob a minha orientação, refere-se à tentativa de correlação entre as queixas oriundas de escolas, familiares, profissionais e diferentes instituições, que pesam sobre as crianças encaminhadas para atendimento no estágio de Psicomotricidade, da Clínica de Psicologia da PUC-Minas – Coração Eucarístico. Trata-se de uma análise estatística, em que se verificou a incidência maior de diferentes queixas apresentadas em crianças entre seis e oito anos de idade, idade em que saem de casa e vão para a escola. Diante desse achado revelado em 83 relatórios de atendimentos realizados e arquivados, de 2000 a 2005, perguntou-se, a partir daí, se há uma relação de equivalência entre a entrada da criança na escola e o aparecimento de um problema psicomotor.

Como se vincula a síndrome psicomotora com os afetos e os desejos? Nessa nova direção, buscou-se, em seguida, como intercessor para essa afirmação, o pensamento de Guilles Deleuze (1997), na tentativa de desenvolver o conceito de Ajuriaguerra sobre os distúrbios psicomotores, para iluminar o trajeto da criança, de casa para a escola. Acostumada à intimidade aconchegante de sua casa, às relações de afeto com seus familiares, ao se deparar com outras dimensões de espaço e tempo, perguntou-se: Até que ponto a criança, ao sair de casa, na tentativa de se adaptar ao novo meio escolar, tropeça, escorrega, recua? É possível considerar esse trajeto, afetado pelas configurações espaciais e temporais dos adultos, como o desenho de um mapa, para sua orientação, na produção de subjetividade infantil? Para responder a essas perguntas, a pesquisa apresenta a ideia de que a noção de distúrbio psicomotor pode ser considerada um *deslize psicomotor* da criança a caminho da escola, que trança fios e fluxos, na sua característica linguagem de corpo, diante do olhar desatento do adulto.

Buscaram-se, então, as considerações de Deleuze sobre afeto e produção de subjetividade, para a defesa do tema de que a criança, em seu trajeto para a escola, antes de ser avaliada como problema, deve ser vista pelo adulto como construtora de seu *devir*, na cartografia de seus desejos. Se pensarmos a Psicomotricidade como a ciência do corpo em relação, e a terapia psicomotora como a motricidade em relação, é importante buscar outras orientações teóricas para irmos além da perspectiva evolutiva do desenvolvimento que nos leva automaticamente à noção de distúrbios os quais, por sua vez, nos aprisionam diante das expectativas da família e da escola. A dimensão sistêmica é também uma das perspectivas de o terapeuta ou o investigador se posicionarem de forma diferente diante dos sintomas da criança na dimensão do contexto familiar e dos sistemas amplos que entrelaçam a vida das famílias.

9. ESTIMATIVA EM PSICOMOTRICIDADE

A ideia de que o desenvolvimento da criança percorre um caminho desde suas aquisições sensório-motoras até as de ordem mental, para que se possa acompanhá-la nesse trajeto, é necessária à aplicação do diagnóstico psicomotor que apontará as dificuldades pelas quais a criança passa ao longo das etapas evolutivas. Apresento, nesta parte, o procedimento considerado clássico para aqueles que estão começando o caminho na prática psicomotora, como primeiras orientações. Embora tenha sido descartado entre vários psicomotricistas, pelas influências e questionamentos da Psicanálise, ainda o considero como parte da formação do futuro profissional. Submeter-se ao exame psicomotor permite ao principiante conhecer sua própria história psicomotora. Seu caminho certamente se modificará ao longo do tempo.

Costuma-se usar a expressão estimativa psicomotora, em vez de diagnóstico, por se tratar de uma avaliação qualitativa, considerando-se o paciente coconstrutor de uma tarefa a ser desenvolvida desde seu início. O *bilan* (estimativa) psicomotor inclui, além do exame psicomotor, outras provas complementares. Em geral, inicia-se pela entrevista com os pais da criança para se colher a anamnese tradicional (casal, família, paciente). Em seguida, é importante aplicar-se o exame psicomotor que poderá ser o de Picq-Vayer (a partir de 9 anos, e até em adultos), ou o de Lezine, M. Stambach (de nove anos para baixo), ou o exame evolutivo de Lefrève.

Como provas complementares, poderão ser utilizados os testes de inteligência (Wisc, Provas Operatórias de Piaget), o teste de Bender, o Pontilhado, os Cubos de Kohs e o Desenho da Figura Humana. As provas complementares devem ser realizadas pelo psicomotricista ou solicitadas de outros setores afins.

Os exames neurológico e/ou psiquiátrico, oftalmológico, audiométrico e fonoaudiológico devem ser solicitados, caso necessário, assim como as informações da professora e da escola, de cuidadores e educadores. Na maioria das vezes, o paciente é encaminhado por um desses profissionais ou pela escola.

Para se saber como agrupar as crianças, caso o atendimento seja em grupo, a técnica da *lição-tipo* tradicional permitirá desvendar melhor as dificuldades, além das que aparecem no exame psicomotor, e de mostrar a reação da criança em relação ao grupo. É a primeira fase de um grupamento futuro. Na lição-tipo, devem entrar crianças que apresentam uma debilidade ligeira, instabilidade, inibições leves. Como exemplos de atividades propostas, podem ser citados:

1. Marcha rítmica: o terapeuta pede às crianças que andem de forma lenta, média e rápida acompanhadas de um piano ou metrônomo, com vários recomeços, para evidenciar a reação-inibição e ainda, como a criança é influenciada pelo ritmo. O débil bloqueia-se na marcha rápida, o inibido se desinibe. Devem-se associar senhas para avaliar a atenção ao ritmo e à coordenação motora. Em cada acorde ou batida do metrônomo, devem, na primeira parada, equilibrar- se sobre o pé direito; na segunda parada, dar um salto; na terceira, fazer meia-volta.
2. Relaxação deitada: dizer que fiquem deitados, em círculo, pés para o centro, olhos fechados; levantar os punhos e deixá-los cair; levantar os joelhos e escorregar o calcanhar no chão. Os membros inferiores são mais bloqueados e, os superiores, mais fáceis de distender. Aparecem reações que ajudam, ou se opõem aos controles. Às vezes, aparecem sob a forma de reações de *prestance* ou *presentificación* (precipitação diante do olhar do outro, em relação à necessidade de mostrar boa-presença), ou como reações de jogo ou naturais. Pede-se uma contração forte de todo o corpo. As crianças devem se observar umas às outras, quando o terapeuta as tocar, para tomarem consciência de quando aparece o bloqueio. Alguns exercícios de respiração e movimento ou imitação de atitudes podem levar à relaxação.
3. Jogo da orientação ("Viagens de Mme. Vyl"): trata-se de um jogo de orientação espacial e corporal, como vimos anteriormente. A observação do terapeuta é muito importante – diante do cansaço, desinteresse, enrubescimento das crianças, e ele deve criar pausas e clima calmo, para que elas possam expressar suas dificuldades sem pressões externas e sem considera-

rem a lição-tipo como uma avaliação da sua pessoa, mas sim de suas dificuldades.

Em seguida, a indicação para o atendimento individual ou grupal poderá ser feita, na modalidade da Educação, da Reeducação ou da Terapia Psicomotora. As técnicas utilizadas dependem do terapeuta.

Ao aplicar provas ou testes e verificar resultados, o terapeuta não deve focar o sintoma, e sim, o processo e a dinâmica da ação infantil, seu imaginário e suas representações.

Os métodos e as práticas baseados em Wallon e Merleau-Ponty, que tive a oportunidade de desenvolver ao longo de alguns anos, na tentativa de aproximar mais as questões do corpo e do pensamento, serão apresentados mais adiante.

9.1 Exame Psicomotor

O exame psicomotor desenvolvido por Picq-Vayer (1969) é qualitativo e procura pelos quadros psicomotores, classificados por Ajuriaguerra (1973) e considerados por ele como "mais ou menos definidos". O exame estabelece cinco áreas de investigação: dominância lateral, com provas para o olho, a mão e o pé; relaxamento e tonicidade, com provas para braços e pernas; controle motor estático e dinâmico; orientação espacial e orientação temporal com diferentes provas de ritmo.

É muito importante que o examinador conheça o exame, pela própria experiência pessoal, submetendo-se a ele para depois aplicá-lo com propriedade e domínio.

9.2 Exame Neurológico Evolutivo de Lefèvre (ENE)

O ENE de Lefèvre (1980) foi elaborado a partir de uma pesquisa realizada pelo autor, em 1916, com o objetivo de estabelecer um padrão de desenvolvimento motor, normal, de crianças pré-escolares, de 3 a 7 anos de idade, com provas que avaliam: a fala, o equilíbrio estático, o equilíbrio dinâmico, a coordenação apendicular, ou seja, a coordenação dos membros inferiores e superiores, a coordenação do tronco e dos membros, as sincinesias (movimentos parasitas involuntários), a persistência motora, o tônus muscular, a movimentação reflexa e a sensibilidade.

O ENE é constituído por 124 itens divididos entre as várias provas do exame. Devido ao número elevado de itens, a sua aplicação pode ocorrer em mais de um dia, em casos onde for visível o cansaço das crianças submetidas ao exame. A aplicação do ENE é realizada com a criança, individualmente.

Durante a descrição do Exame, pode-se constatar que algumas provas podem ser aplicadas em crianças hemiplégicas, outras não, dependendo de suas dificuldades. É importante que o exame seja feito com a participação do médico neurologista, ou da equipe de profissionais responsáveis pela criança.

A experiência como supervisora de estágio no Projeto Psicomotricidade, durante 24 anos, na PUC-Minas, permitiu-me a elaboração de metodologia própria adequada não só quanto à concepção de que o distúrbio psicomotor é relacional, como também ao ritmo do processo que a prática exige. A estimativa psicomotora é proposta em conjunto com a estimativa familiar, e o atendimento é feito em conjunto com a família. Durante o processo, caso necessário, recorre-se à proposta da estimativa tradicional. A adaptação do método da Avaliação Operativa, desenvolvida por um grupo de profissionais argentinos, a partir de 1967, para atendimento de famílias e casais, mostrou-se mais adequada e integra o conjunto da abordagem. Essa proposta foi desenvolvida com bases metodológicas fenomenológicas, em busca do corpo sistêmico e político. Mais adiante, apresento e esclareço a proposta.

10. INDICAÇÕES PARA AS TERAPÊUTICAS PSICOMOTORAS

Como foi dito, até os anos de 1970, a Psicomotricidade foi considerada instrumental, focalizando seus estudos e aplicações na reeducação de distúrbios organizados em quadros mais ou menos definidos. O objetivo das reeducações "clássicas" (e de pedagogias especializadas) baseou-se, principalmente, em propor à criança tarefas adaptadas às suas possibilidades nas áreas em que falhava. Assim é a chamada Reeducação Instrumental, que implica um conceito adaptativo, hoje muitas vezes criticado. Posteriormente, a partir dos anos de 1980, foi preciso, também, para que a reeducação se realizasse, compreender a relação e os afetos vividos pela criança diante das feridas narcísicas e insustentáveis causadas pela confrontação de uma realidade não dominada. Daí em diante, a denominação Terapia Psicomotora tornou- se mais apropriada, sustentando, ainda, o conceito reeducativo com direção psicoterapêutica.

A verbalização do terapeuta passou a ser considerada para ajudar a criança a reduzir a angústia entrelaçada pelo sintoma e abrir caminho para a expressão dos afetos que, frequentemente, está bloqueada. Acreditou-se que o polo analítico mostrava saídas para uma Psicomotricidade mais autônoma. Só o conhecimento global da organização psíquica, na qual o distúrbio da instrumentação, da funcionalidade, encontra-se incluído, permite uma escolha matizada de um tipo de tratamento, utilizando modos de expressão em diferentes níveis. Considerou-se deplorável a prática tão comum de se orientar clinicamente a criança para uma reeducação, apenas diante de um sintoma que diz respeito à linguagem oral e escrita ou à motricidade, sem um diagnóstico sintético do funcionamento psíquico.

A relação terapêutica, na chamada reeducação, procura criar condições que estimulem o desenvolvimento das funções do paciente, que sofreram obstáculo. Usam-se técnicas de expressão particulares que permitam um investimento narcísico, por meio da experiência de um prazer sensório-motor de funcionamento compartilhado. Em geral, uma parte das sessões é diretiva e a outra, não; uma parte é ocupada por uma sugestão de atividade do terapeuta, e a outra, por uma proposta da criança, com atividade espontânea. A impressão diante do outro, obtida pelo ato, ao longo do caminho sensório-motor, ganha via de expressão independente, diante do outro, pela representação e simbolização.

Propor uma tarefa particular para uma criança é tão difícil quanto apreciar o momento oportuno de uma interpretação, em uma psicoterapia analítica. Alguns terapeutas podem adotar atitudes extremas, dando diretivas sem parar ou nenhuma. Recomenda-se a intervenção verbal, por meio de pontuações interrogativas diante das reações do paciente, para reduzir o risco da interpretação precoce do ato, que podem levar o terapeuta à repetição de situações que a criança já vive em casa e na escola.

As terapêuticas psicomotoras podem ser definidas como modos de intervenção pela mediação corporal, visando a uma reeducação ou psicoterapia. Não se procura recuperar lesões motoras nem levar a aprendizagens, mas visa-se a uma ação global sobre o comportamento, por intermédio do corpo. O corpo é o mediador da relação terapêutica entre o reeducador e o paciente. As lesões motoras ficam a cargo da Fisioterapia, da Terapia Ocupacional, da Musicoterapia, que devem utilizar, com frequência, a Educação e a Reeducação Psicomotora, desde que o currículo universitário disponha da disciplina de Psicomotricidade, devendo o profissional estender seus estudos com a pós-graduação.

Com fins didáticos e para auxiliar na questão das indicações, na perspectiva evolutiva, pode-se utilizar a seguinte direção:

1. Para a Educação Motora, os portadores de deficiências sensoriais (deficientes auditivos e visuais) e intelectuais (paralisias cerebrais, retardos profundos, Síndrome de Down) estão indicados. O profissional deve fazer parte de uma equipe multiprofissional de atendimento. A EPM é também muito utilizada como prevenção e profilaxia com bebês, em escolas e em atividades esportivas.

2. Para a Reeducação Psicomotora, indicam-se os distúrbios caracterizados por Ajuriaguerra e Jolivet, que mostram a necessidade reeducativa em relação às etapas do desenvolvimento.

3. A Terapia Psicomotora inclui os casos citados, além de outros, devendo ser acompanhada pelo profissional com graduação em Psicologia.

As intervenções do terapeuta de Psicomotricidade, na perspectiva evolutiva, visam à mediação corporal, com o emprego de exercícios livres e dirigidos, e mediação verbal para pontuar o vivido corporal. As intervenções atuam no corpo e no psiquismo. As grandes massas musculares vão, pouco a pouco, diferenciando-se em atos neuro-perceptivo-motores que se adaptam aos estímulos do ambiente, tornando-se mais diferenciados (mais destreza, mais coordenação, mais freio inibitório, mais dissociação de movimentos). A pontuação verbal do vivido corporal vai modificar a imagem corporal, as dificuldades de fundo narcísico e agressivo e estimular a função simbólica. De início, muito intrincados, corpo e psiquismo vão, aos poucos, tornando-se mais interdependentes, articulando-se de outra forma, na possibilidade da reconstrução da imagem corporal. É preciso haver uma etapa psicomotora para depois se alcançar a psico-motora (do pensamento-ação para o pensamento-e-ação). Como apontou Aucouturier (1975), a passagem do nível pré-operatório para o nível operatório se dá por uma revisão da ação. Há que se refazer, por meio da representação, todo o vivido pela ação. A entrada no simbólico diz respeito à constituição do sujeito, à elaboração da sua própria estrutura psíquica e à construção do seu conhecimento. É preciso descentrar (descentração) o corpo para que se possa lidar com os objetos, com os outros. Uma pessoa sem noção espacial, muitas vezes, encontra-se encapsulada num envoltório narcísico com angústia de fragmentação.

Na perspectiva fenomenológica, a descrição do fenômeno, do que aí está e se manifesta, por meio dos movimentos da criança, permite ao terapeuta o olhar de um corpo que já é símbolo. Mais à frente, entrarei em detalhes sobre as diferentes propostas metodológicas e bases teóricas norteadoras.

Como vimos, as indicações para as terapêuticas psicomotoras não se restringem a crianças e adolescentes. Também se beneficiam delas os adultos e os idosos. A questão é que as propostas têm-se voltado mais para as crianças, deixando em aberto todo um campo de observações e pesquisas com adolescentes, adultos e idosos para aqueles que se interessam por essa abordagem terapêutica. Em relação a lugares, considero que a abordagem em Psicomotricidade deve se estender além da clínica, em parceria com equipes profissionais, escolas, hospitais, pois, como costumo dizer, quem tem corpo e cabeça está indicado para a Psicomotricidade.

O que caracteriza a especificidade da intervenção psicomotora, portanto, é a intervenção não verbal, o diálogo corporal entre terapeuta e paciente.

11. INTERVENÇÃO NÃO VERBAL

Antes de realçar a especificidade da intervenção não verbal em Psicomotricidade, é importante abrir a questão sobre a noção de fantasma, uma vez que algumas propostas da prática psicomotora se sustentam nessa noção.

Quando escrevi e apresentei, em 1996, em uma das Jornadas da Clínica de Psicologia, o texto sobre o uso de jogos dramáticos e a brincadeira, na referência de Aucouturier e Winnicott, posteriormente revisado para este livro, procurei pelas concepções sobre fantasias e fantasmas, em consulta a diversos autores, como Aricó, Calligaris, Quinet, Cabral e Buxant, já que lidamos em Psicomotricidade com a ideia de real, imaginário e simbólico, e buscamos a expressão consciente ou fantasmática ou fenomenológica ao longo do atendimento. Tal propósito facilita as possíveis articulações entre a noção dos distúrbios psicomotores e a forma de abordá-los na prática clínica e educacional.

Para Aricó (1992), a respeito do livro de Contardo Calligaris – *O fantasma na cura psicanalítica*, a ilusão é o lugar mítico da literatura psicanalítica e é considerada uma estrutura fantasmática. A ordem do fantasma difere do registro do imaginário, ainda que gravite no campo misterioso da ilusão. Imaginário diz respeito à imagem do semelhante, à imagem do outro, na qual se articula o desejo. Fantasma corresponde à cena imaginária, na qual o sujeito pode apresentar várias formas que configuram uma estrutura, contendo as marcas mais remotas da história do sujeito. Em termos freudianos, é a clássica novela familiar. Em nível do registro imaginário, é como se fosse uma cena, mas no registro simbólico, é uma articulação de significantes. Não se trata apenas de uma cena imaginária do "eu" (relação especular), e sim, também, do sujeito do inconsciente, ou seja, o sujeito do significante.

"Cada um de nós encontra-se entrelaçado no visível próprio da vertente dos sintomas e no poderoso inviável do fantasma" (ARICÓ, 1992).

Aricó (1992) acrescenta que, em Calligaris, a fantasia, no plano consciente, é o mesmo que devaneio; fantasia, no plano inconsciente, é o mesmo que fantasma. Os fantasmas são todos edipianos (sexuais) não tolerados pela consciência e, portanto, são recalcados e retornam do inconsciente, podendo ser transformados em pensamentos. A sexualidade que compõe os fantasmas é constituída de todas as sexualidades com fins eróticos e não só aquela (como dizem os cristãos) de ordem genital ou reprodutória. Freud chamou essa sexualidade de pré-genital.

Em Quinet (s/d), a Psicanálise é considerada pelos críticos como pansexualismo (reduzida à sexualidade), mas depende de que sexualidade se fala. Toda atividade psíquica tem um caráter erótico (no plano inconsciente). A religião, as artes, o trabalho apresentam-se, no plano consciente, dessexualizados, e o conteúdo inconsciente foi recalcado. A pessoa quer atuar socialmente, e acaba agindo de outra forma e não sabe de onde vem a ação. A pessoa quer trabalhar, e acontece uma crise nervosa. O fantasma inconsciente fica barrado (o incesto e o parricídio estão barrados), o erotismo (sexual) transforma-se em desejo realizado no fantasma e aparece como sintoma. Para Freud, é possível não ter sintomas; para alguns analistas tudo é sintoma. A Psicanálise serve para decifrar o fantasma.

Nas palavras de Cabral (2001), fantasmas são expressões da satisfação do desejo, do prazer pulsional. Em nosso mundo interno, os fantasmas se criam a partir de respostas recebidas do exterior na relação em que as pulsões se manifestaram. Há um elemento atual que nos remete a uma situação ou a alguém e que desperta o desejo do sujeito às lembranças infantis de satisfação. Não importa se o material que constitui o fantasma foi vivido ou se é uma construção de devaneios para a realização dos desejos. Fazem parte da memória do sujeito, constituem seu psiquismo e exprimem-se de acordo com o princípio do prazer.

Buxant (1985) aponta que, para a Psicanálise (freudiana), existem duas categorias diferentes de perturbações corporais. A primeira reagrupa os fenômenos relacionados com a conversão histérica. A segunda inclui os aspectos corporais das neuroses atuais (ansiedades, neurastenias, hipocondrias) e aqueles que chamamos hoje de distúrbios psicossomáticos (que devem se ligar às pesquisas biomédicas). No pensamento freudiano, a compreensão do distúrbio corporal passa essencialmente pela histeria e pela conversão. E para compreender a ação, a Psicanálise utiliza certos conceitos que ela mesma não havia elaborado (por exemplo, a imagem do corpo). Na verdade, certas atividades psicomotoras perturbadas parecem estar estruturalmente mais próximas das psicoses do que das neuroses. As práticas corporais são investidas pela Psicanálise a fim de suscitar um material fantasmático novo ou mais vasto. Os "fantasmas corporais", se bem tratados, devem se descorporalizar. Lacan, citado por Buxant (1985), ilustra a lógica desse processo: "Este é meu corpo... onde o sintoma histérico mostra a estrutura da linguagem e se revela como inscrição". No máximo, o processo corporal poderia vir a ser um equivalente conceitual do inconsciente, na medida em que são ambos estruturados como linguagem.

Segundo Buxant, ainda, o encontro Psicanálise-Psicomotricidade só pode ser concebido e analisado numa perspectiva psicossomática. Tal perspectiva coloca o problema na articulação psicossomática entre a organização da angústia e a elaboração dos limites físicos e fantasmáticos do corpo. Pode-se pensar que, além do simbolismo, é atingido o próprio prazer. Não há o corpo do prazer já que nada existe além do prazer do corpo. A Psicanálise sozinha não pode responder pela integração psicossomática, mas também não favorece uma indicação ou contraindicação quanto à Terapia Psicomotora. Se a Psicomotricidade "toma corpo" e se essa incorporação não se limita a um fantasma, ela intervém no nível mais elementar da organização psicossomática da angústia. Situando-se nas fronteiras do inexprimível, a Psicomotricidade contribui para que se alcance o prazer do corpo, que é também o prazer de viver (BUXANT, 1985).

E aqui é pertinente a pergunta: Existem diferenças entre o sintoma histérico, o psicossomático e o psicomotor? Para alguns, a resposta é sim.

Macdougall (1983) aponta que o sintoma histérico está aí para ser lido, tem um endereçamento ao outro, é para ser decifrado, pode entrar na cadeia de significantes.

O sintoma psicossomático é indecifrável, apresenta lesão orgânica, não tem endereçamento ao outro, está entrecruzado no desejo do outro. As representações do sentido estão camufladas, reprimidas ou deslocadas, e não se consegue exprimir a significação inconsciente da doença para o sujeito. Na primeira infância, parece que as perturbações psicossomáticas exprimem pelo corpo da criança os conflitos de sua mãe; não é a criança que tem um sentido camuflado diante dos problemas (MACDOUGALL, 1983).

Como afirma Ajuriaguerra (1973), os sintomas psicomotores não correspondem a uma lesão focal, estão vinculados aos afetos e mais ligados ao soma. A representação do sentido está ausente, não aparecem bruscamente na pessoa, e é questão de distância evolutiva; possuem caráter lábil e são mais ou menos desejados. As perturbações psicomotoras repercutem sobre a possibilidade de a criança ir desviando seu sistema de representação simbólica.

O psicomotricista deve estar atento à direção que tomará a intervenção, segundo sua escolha epistemológica e a base teórica. Não caberá, portanto, intervir entre fantasmas, caso se tenha como escolha a concepção psicogenética ou fenomenológica.

11.1 Jogar e brincar

Ao considerar a intervenção não verbal como parâmetro da especificidade da prática psicomotora, como apontado anteriormente, a atividade do jogo e da brincadeira como técnica e estratégia de tratamento torna-se prioritária, principalmente com crianças, uma vez que permite a expressão de sua própria linguagem, não verbal. Sem recursos abstratos de pensamento e linguagem, o jogo e a brincadeira constituem o linguajar da criança, de jovens e até de muitos adultos com dificuldades de expressão verbal, no indizível do sintoma. Para o manejo do psicomotricista, é importante o conhecimento das principais influências teóricas em relação ao jogar e ao brincar e das questões pertinentes à ética relacional, inerentes ao trabalho com o corpo.

A clínica psicomotora dedica-se à revisão do corpo próprio, marcado pela história, no tempo e no espaço, por meio das práticas de mediação corporal. Trata-se de um processo que cria a oportunidade para a pessoa reinventar o corpo próprio, utilizando sua capacidade impressiva do corpo, armazenando informações sobre si mesma e sua capacidade expressiva corporal, dando a ele liberdade de expressão. O sujeito é seu corpo, e o espaço e o tempo são configurados na medida em que o corpo lhes dá um significado. Como já se apontou, o psicomotricista trabalha com a vertente educativa e/ou clínica e utiliza diferentes práticas de intervenção, desde a Educação e a Reeducação Psicomotoras, assim como a Terapia Psicomotora, sustentando-se em premissas teóricas da Psicogenética, da Psicanálise, da Fenomenologia ou da Neurologia. Cada uma dessas bases teóricas implica um procedimento, uma metodologia para o uso do jogo ou da brincadeira. As considerações sobre o jogo e o brincar de Winnicott, no campo psicanalítico, e Wallon, no psicogenético, por exemplo, diferem em suas concepções e são fundamentais para a construção do processo terapêutico e pela direção que ele tomará.

11.2 Jogo dramático

Mas o que é jogar na terapia psicomotora? Quem joga e o que se joga?

Segundo Le Camus (1986), o jogo está em todos os momentos da cultura, podendo ser educativo, terapêutico, dramático, esportivo ou a dinheiro. Para conceituá-lo, é necessário dizer em que aspectos o jogo e a prática psicomotora se aproximam ou se afastam um do outro. Na primeira infância, as atividades livres ou dirigidas podem ser consideradas como jogos ou atividades psicomotoras. Tudo é jogo e tudo é psicomotor nessa idade. A partir do momento em que a criança é capaz de diferenciar o jogo do não jogo, ela é capaz de fazer desdobramentos pessoais em diferentes meios de expressão não verbal e verbal.

O psicomotricista deve utilizar o jogo em suas modalidades de jubilação e expressão. Desde atividades óculo-manuais elementares até jogos coletivos mais sofisticados, passando por formas de jogos de equilíbrio, de locomoção, habilidade manual ou oposição. Deve dar prioridade aos jogos de base corporal em vez de dá-la a jogos de azar (loto), estratégia (damas) ou listagem (charada). O jogo não é apenas exercício (preparação ou aplicação) ou regra (regulamentação), é também uma atividade de recreação, fantasia ou experiência de convívio. É importante observar como aplicá-lo, modulando-o segundo os locais de intervenção, tipos de distúrbios e fases da evolução e personalidade da criança, do jovem ou do adulto assistido.

A questão se complica quando definimos o lugar e a função do jogo simbólico em relação ao jogo de ficção como "significante diferenciado" à evocação atuada de um objeto ou acontecimento ausente ou à *mimicry*, isto é, às atividades de simulacro nas quais o sujeito faz o jogo de imaginar, de persuadir os demais de que é outro alguém. Se admitirmos que os significantes lúdicos (palavras e atos) podem remeter a acontecimentos mais ou menos esquecidos, recalcados de nossa história relacional, é preciso ficar muito atento.

Duas perguntas são propostas por Le Camus (1986):

Em que medida, o profissional se encontra em condições de compreender e interpretar aquilo que se "re-joga" aqui e agora por meio do comportamento da criança? Nesse caso, é preciso conhecer e assimilar o aparelho teórico freudiano e pós-freudiano que subentende a interpretação. Em segundo lugar: Que competência tem o profissional para sugerir situações e fazer viver cenas das quais espera um poder de purificação catártica, elucidação ou sublimação? Responder a essa questão implica estudar as leis do funcionamento do psiquismo e esclarecer nosso próprio inconsciente.

Le Camus adverte, ainda, que muitos psicomotricistas não têm formação para exercer a função de psicoterapeuta e há de se ter cuidado com o charlatanismo e a fraude parapsicanalítica.

Para Le Camus, existem duas categorias de práticas simbólicas em que o jogo dramático se torna possível: a silenciosa e a falada.

As práticas silenciosas são chamadas de "mímico-posturo- gestuais" e estão fundadas na linguagem pré-verbal, coverbal e não verbal, na existência dos comportamentos "mímico-posturo-gestuais" enraizados nos jogos da infância e explorados pelos especialistas das artes do movimento. São consideradas duas manifestações principais: a expressão corporal pura chamada *mimo* e a expressão corporal enriquecida por uma música, chamada *dança*. Nessa perspectiva, a Coreoterapia pode ser considerada uma prática "mímico-posturo-gestual".

As práticas faladas são chamadas de práticas voco-mímico- posturo-gestuais e utilizam o jogo dramático como mais um degrau para a simbolização. Permitem que se penetre no registro do simulado, do como se, do faz de conta, isto é, nas atividades que consistem em passar-se por outro e parecer outro, diferente do que se é na realidade. A dimensão cognitiva da representação duplica-se com a dimensão afetiva da imitação, ou da identificação e com a dimensão social dos estereótipos, dos diversos modos e modelos da interação social.

O jogo dramático é um prolongamento, um enriquecimento e consagração do jogo simulado. "Representar é ser capaz de iludir (*in ludo*) ou de ingressar na ilusão que o outro me propõe" (LE CAMUS, 1986, p. 124).

Do teatro do lazer ou profissional ao teatro terapêutico, há apenas um passo. Passo este que foi dado por J. L. Moreno, em 1923, durante uma sessão de teatro improvisada, onde se deu uma representação catártica de uma mulher, à qual Moreno atribuiu uma melhora da pessoa. Em 1936, ele cria um projeto para teatro terapêutico e, dois anos mais tarde, estabelece a versão clássica do Psicodrama.

Mas foi só em 1975, com a influência da Psicanálise e as publicações de A. Lapierre e B. Aucouturier, que os psicomotricistas passam a se interessar, no setor da readaptação, por essa prática do jogo, até então reservada aos psicoterapeutas e psicanalistas. De início, o jogo dramático teve uma finalidade educativa para enfrentar as atividades do modelo esportivo e do modelo psicomotor de cunho mais pedagógico, entre os anos 1970 a 1975. A representação dramática então mostrou uma espécie de transgressão para enfrentar e esquecer os rigores da disciplina, da técnica e das regras.

No âmbito da readaptação, o uso sistemático da atividade teatral foi utilizado com crianças consideradas inadaptadas para que suas dificuldades fossem "ditas", no limite da regressão e do fracasso tolerável, podendo ser aceitas pelos outros novamente.

11.3 Espaço transicional

No cenário da psicoterapia, o papel da regra estruturante do jogo permitiu que se instituísse a área de passagem entre a realidade psíquica e a realidade social, espaço que D. Winnicott (1975) qualificou de "transicional". A ideia ajudou a romper com a monotonia das atividades de RPM e EPM propostas para os que apresentavam deficiências intelectuais ou de comportamento, para que o sintoma sustentado pudesse ser deslocado. Assumir um papel desencadeia menos angústia do que falar sobre si mesmo, buscando-se em seu próprio corpo. Sendo o corpo o lugar das últimas defesas, ao se representar o outro que não a si mesmo, parodoxalmente pode gerar mais meios de ocultar-se, ao se revelar. O jogo pode dar início a um processo de simbolização, ao nascimento da palavra, a um olhar possível sobre si ou sobre o grupo. O papel do psicomotricista consiste em preservar a área de "ilusão criadora", este "espaço transicional" que é precisamente o do jogo, lugar de passagem, nem de fusão, nem de separação, que permite a experiência de criar.

Por volta de 1975, alguns psicanalistas situaram a voz "entre o corpo e a linguagem" (ROSOLATO, 1974, *apud* CAMUS, 1986), no "entremeio originário do saber e do lugar" (VASSE, 1974, *apud* CAMUS, 1986), isto é, na articulação do corpo e do discurso. A partir daí, a Terapia Psicomotora passou a utilizar o corpo como meio de uma representação complexa, com ou sem a palavra, onde o mimo e a gestualidade servem para evocar um objeto, um ser, uma ação, uma ideia, um afeto, à distância do outro.

11.4 Exorcizando fantasmas corporais

A proposta metodológica de Aucouturier nos ajuda a lidar com o jogo dramático durante as sessões psicomotoras. Para Aucouturier (1986), a trilogia (lacaniana) "real-imaginário-simbólico" só tem sentido num conjunto que se deve forçosamente adotar, o que nos torna prisioneiros de um sistema filosófico e metafísico e que a noção de real é objeto, há trinta e cinco séculos de análises muito discordantes. Assim, a noção de real que Aucouturier apresenta pretende ajustar-se unicamente à prática psicomotora e à sua análise. O questionamento é simples: Tal criança situa-se num "plano de realidade" ou "num plano fantasmático"? Ou, ainda: Quando abandona o registro simbólico? Como fazer para levá-la até ele?

O autor toma o "plano de realidade" no sentido discutido "mais ou menos" da mesma maneira que Freud o faz, ao falar do *princípio da realidade*, o de um ajustamento aos fatores ambientais, materiais e humanos. Como nível fantasmático, considera o "trans-porte" como testemunha de uma pessoa "portada" mais além dela mesma, da realidade. Como uma desconexão com o meio ambiente, aqui e agora, que se pode constatar pela postura, pela tonicidade, pelo olhar. A pessoa parece estar no mundo da lua, como se não estivesse aqui, tornando-se não mais sensível aos que a cercam, e que lhe sorriem, irritam-se ou inquietam-se. Diferente de uma concentração da criança mergulhada na tarefa de montar um quebra-cabeça ou de um cientista absorto por sua investigação, possuído por sua pesquisa, a desconexão nem sempre conduz a um plano fantasmático.

Segundo o autor, na área de jogo e de ilusão da sala de Psicomotricidade, as desconexões introduzem esse plano na quase totalidade dos casos (AUCOUTURIER, 1986, p. 190). O fantasma aparece primeiro no "plano da realidade" e, se essa emergência, mais ou menos sutil, é controlada, a desconexão não aparece. É conveniente identificá-la, pois isso permite compreender a demanda profunda que se perfila no jogo simbólico. É preciso saber quando e como provocar o retorno ao plano da realidade. O acento é colocado na tecnicidade da manipulação no plano fantasmático, mediada pelo reeducador, e nos meios de fazer retornar a criança valorizada a um plano de realidade. É necessário observar a intensidade e a frequência das desconexões no quadro da reeducação. Se uma intervenção é suficiente para reconduzir ao plano da realidade, isso significa que o investimento fantasmático não é inquietante. Mas se a criança encontra o verdadeiro prazer nesse plano e seu mundo rima com morosidade e desprazer, a situação passa a ser regressiva e não basta uma simples pontuação.

A área de ilusão na sala de Psicomotricidade permite a expressão dos desejos e dos fantasmas que censuramos na vida quotidiana. Mas existem crianças que escapam para um espaço onde não existe o outro. Essas desconexões frequentes são manifestações de problemas mais profundos que, se expressados, são vivenciados intensamente no plano fantasmático. É assim que Aucouturier utiliza a noção de *registro simbólico* como estratégia no quadro da prática terapêutica. Ele distingue dois grandes momentos: o tratamento das compulsões à repetição para conduzir a criança a se descobrir "viva", num pano de fundo de morte ou abandono, e ser capaz de experimentar realmente certo prazer; e a tradução do discurso fantasmático num plano espacial e gráfico, com verbalização, num registro simbólico.

Mas o que é simbolizar? Simbolizar, para o autor, é quando a "coisa" ganha um valor de "sinal". É o significante que preserva o sentido do significado. Aucouturier cita o exemplo da *Odisseia* quando o pai de Ulisses e Nausica parte uma pedra em dois pedaços e os dá a cada um para guardar a sua parte. A pedra não tinha nenhum interesse como pedra para eles, e sim o valor de sinal.

Para o autor, estamos no registro simbólico quando duas condições são preenchidas: a ligação convencional significante/ significado é mantida; o código é partilhado com um parceiro ou com um grupo de pessoas, o que supõe uma dimensão social e não se insere num plano de realidade. Conduzir a criança ao registro simbólico depende de uma tecnicidade que introduz essas duas condições. Assim, é preciso partir das produções fantasmáticas da criança, dar-lhes nomes, representando-as, espacializando-as de maneira clara e nítida, o que permite uma ligação. Ao mesmo tempo, devemos inscrevê-las em uma área de jogo, com um código e convenção.

O autor considera símbolos na categoria dos sinais e que essa tradição está bem estabelecida em Psicologia e Neuropsicologia. Lembra que, no quadro específico da Linguística, sinais e símbolos são redefinidos e cuidadosamente diferenciados.

O jogo permite à criança prestar atenção ao parceiro (terapeuta) e mantém o código. Assim, se há comunicação e manutenção do código, estamos no *registro simbólico*, num plano de realidade. Continua afirmando o autor que plano de realidade, plano fantasmático e registro simbólico não têm pretensão de serem conceitos psicológicos bem definidos e que ajudam como instrumentos de trabalho em situações psicomotoras precisas.

Em relação à utilização das noções de "símbolo e simbólico" no contexto da reeducação e/ou da terapia, conclui que o terapeuta deve: levar crianças que atuam a simbolizar; ser "parceiro simbólico" em oposição ao "parceiro de realidade"; estimular produções de caráter simbólico. Para o autor, existem crianças que não se ajustam ao código cultural. Por exemplo, uma criança pode lançar um objeto em seus colegas, sem nenhum sinal prenunciador. Ameaçar impede a passagem ao ato e é uma atividade simbólica que preenche as duas primeiras condições. É preciso desviar a criança das pulsões agressivas e conduzi-la ao prazer de se comunicar.

Quanto ao parceiro simbólico e de realidade, o autor discrimina dois momentos de mediação: se o terapeuta entrar na situação, como jogador, ele é o parceiro de realidade. Se ele se ajusta ao jogo da criança em função de um projeto reeducativo, não é o interesse pela atividade que o conduz, e ele ocupa o lugar de parceiro de jogo e sabe disso. Ele simboliza o parceiro de jogo que, na realidade, não é, isto é, ele não entra no jogo da criança, e sim joga com ela. Essa simbolização não se improvisa e requer técnica. Permite controlar e fazer evoluir as produções da criança e evitar cristalizações transferenciais na pessoa do praticante.

Diante da produção de caráter simbólico, é preciso compreender o discurso num sentido mais profundo que o literal. Uma hipótese provável nos guiará em relação a uma representação indireta e figurada de um conflito. O sentido é usado de forma mais ampla, visto que se admite que toda forma substitutiva possui valor simbólico que convém caracterizar.

> É preciso entender a realidade como uma maneira de ser no mundo que engendra um sistema perceptivo não investido por fantasmas. É uma outra

maneira de ver o outrem, o espaço e as coisas; dito de outra forma, um olhar ajustado ao mundo exterior. (AUCOUTURIER, 1986, p. 181)

Para traduzir as produções fantasmáticas da pessoa na sala de Psicomotricidade, o autor considera que as manifestações compulsivas expressas no nível psicomotor e no nível da linguagem são produções que permitem à criança exprimir e representar o domínio exercido por seus fantasmas. A angústia é uma das causas que reatualizam essas atividades repetitivas, sem nenhuma dinâmica evolutiva.

O psicomotricista deve conduzir a criança à metamorfose dessas manifestações originadas pela presença importunante dos fantasmas, que destroem a dimensão simbólica: o vínculo entre significante e significado está rompido. A estratégia consiste em recriar esse vínculo, e o praticante não intervém diretamente no sentido profundo das manifestações, mas sobre as próprias manifestações. Em face do fantasma invasor que se repete, é possível espacializá-lo e favorecer sua exteriorização. Essa espacialização pode ocorrer de dois modos: pela representação corporal, que requer um compromisso direto, físico com a criança, por parte do praticante - por sua posição, seus gestos, sua tonicidade, sua voz. Ela traduz (representa) a forma repetitiva do fantasma. O fantasma ganha corpo por intermédio da dramatização. Essa possibilidade oferece um brincar com a dimensão simbólica do fantasma para que a criança possa se distanciar dele. O praticante, para evitar o pânico diante do seu desaparecimento (no caso de ter sido morto), cria um clima de segurança com gracejos a fim de evitar confusão entre a realidade viva e o símbolo aniquilado. A sequência é uma jubilação ritual de risos, saltos e o aparecimento do prazer sensório-motor e o prazer de se comunicar. O outro modo pela espacialização com o material: trata-se agora de atribuir uma existência simbólica às verbalizações repetitivas. O praticante é levado a construir, por meio do material, o discurso da criança. Se a criança é incapaz de construir, o praticante o faz e amplia a força do símbolo com um gesto: uma rede de plástico, por exemplo, deve ser lançada da forma como é lançada pelo pescador. A criança pode ser convidada a construir a cena e, às vezes, é necessário sonorizar os objetos por meio do que a simbolizam, pois ela pode se mostrar muito perturbada entre o objeto e a representação dele mesmo, ou se prender a um detalhe do todo. A inversão de papéis e a identificação com um agressor devem ser traduzidas no nível de segurança com investimento da criança.

Aucouturier aconselha favorecer a ordenação temporal das produções imaginárias da criança. Assim, o praticante deve agir na construção de forma bem pausada e procurar construir de forma lógica e determinada o simbolizado: para que um astronauta flutue no ar, é preciso antes construir um foguete, vestir a roupa espacial e preparar a partida. Para que a realidade da sucessão temporal seja alcançada, é preciso vivê-la no plano emocional, com vivências das situações. A linguagem do psicomotricista deve ser clara, e os verbos e advérbios, encadeados.

> O prazer sensório-motor criado pela praticante é a chave que faz oscilar a criança para uma vivência positiva de si mesma, onde se sente valorizada e que a estimula para produções simbólicas gratificantes. (AUCOUTURIER, 1986, p.183)

11.5 Brincar

O tema da diversidade do brincar, incluindo a prática da brincadeira na clínica de crianças, adolescentes e adultos que brincam e que não brincam, deve ser concebido a partir do autor da Teoria do Brincar, D. Winnicott (1975). Brincar para ele é diferente de jogar. A respeito do papel do jogo na Psicanálise, Winnicott separou-se de Melanie Klein, com quem fez supervisão, diferindo da perspectiva dessa autora. Dizia Winnicott que o jogo é terapêutico por "si só" e que Melanie Klein não sabia jogar, pois remetia as crianças à "realidade psíquica", bombardeando-as com interpretações e utilizando o jogo como meio de expressão verbal (MANNONI, 1978).

O brincar é fazer (WINNICOTT, 1975, p. 63). O brincar tem um lugar e um tempo. Ao dar um lugar ao brincar, o autor postulou a existência de um "espaço potencial" que varia segundo as experiências de vida do bebê em relação à figura materna, entre o mundo subjetivo, a realidade interna da criança e o mundo objetivamente percebido, a realidade concreta ou externa. O autor aponta uma terceira realidade, a intermediária, afirmando que é o lugar em que vivemos a maior parte da nossa vida. Assim, entre a realidade interna e a externa, existe uma "área ou zona intermediária", onde as experiências podem ser compartilhadas e vão garantir a diferenciação entre o que é do eu e o que faz parte do não eu. Nenhum ser humano está livre das tensões de relacionar a realidade interna e a externa. O alívio dessa tensão é proporcionado pela área intermediária de experiência que não é de ninguém e jamais é contestada. Essa área está em contato direto com a área do brincar da criança pequena que se "perde" no brincar.

De início, o bebê e o objeto estão fundidos um no outro. Há um corpo para dois. O brincar pertence ao espaço potencial entre o bebê e a mãe e inclui objetos externos como pedaços de lã, ponta de cobertor ou uma fralda macia e malcheirosa que a criança encontra no ambiente e deles se apropria para dar início ao seu processo criativo de individuação. Assim, o espaço potencial, como o nome indica, está em potência, e se abrirá na terceira realidade, a zona intermediária onde se darão as trocas de experiências, caso isso seja permitido pela mãe.

É essencial uma continuidade no tempo para brincar na fase primitiva crítica da criança. A mãe *suficientemente boa* deve proporcionar um ambiente emocional externo para a escolha de objetos pela criança. Winnicott chamou a esses objetos de *objetos transicionais* – de transição entre duas realidades que permitem à criança lidar com seu mundo interno e externo. Da ilusão onipotente de que o seio foi criado pela criança, já que a mãe o coloca no exato momento em que ela dele precisa, será desiludida pouco a pouco, para entender que o seio não é parte dela mesma e que nem ela mesma, criança, é parte da mãe. Usando de objetos transicionais que serão substituídos progressivamente, a criança brinca para perceber que tudo o que não seja ela mesma corresponde à realidade externa. Sua independência e autonomia serão alcançadas, e ela transformará os objetos transicionais e a brincadeira, quando adulta, em trabalho, estudos, artes e religião, na chamada experiência cultural.

Há uma evolução dos fenômenos transicionais, de potencial onírico e fragmentos da realidade externa para brincar, do brincar para o mundo compartilhado, e deste para as experiências culturais.

O brincar é próprio da saúde, facilita o crescimento, conduz a relacionamentos e pode ser uma forma de comunicação na terapia. A brincadeira é, portanto, o interjogo excitante e precário entre a realidade interna pessoal e a experiência do controle de objetos reais. É a precariedade da magia onipotente que se origina no relacionamento descoberto como digno de confiança. O brincar, por si mesmo, é a terapia. O conteúdo não importa. Para Winnicott, "... a psicoterapia é efetuada na superposição de duas áreas lúdicas, a do paciente e a da terapeuta" (WINNICOTT, 1975, p. 80).

O brincar envolve o corpo devido à manipulação dos objetos e porque certos tipos de intenso interesse estão associados a certos aspectos de excitação corporal, não erotizada e sem ansiedade. É preciso que o observador adulto proporcione um tempo e um espaço de confiança e relaxamento para que a experiência do brincar possa fruir.

A vida, para Winnicott, é experimentada na área dos fenômenos transicionais, no excitante entrelaçamento da subjetividade e da observação objetiva, numa área intermediária entre a realidade interna do indivíduo e a realidade compartilhada do mundo externo. É aí que passamos a maior parte do nosso tempo.

Sem o jogo, a criança se veria exposta ao problema de adaptar-se às exigências da mãe, sem mediação, com temor, isto é, na complacência e na sedução, origem do "*false self* ". A oposição entre o verdadeiro e o falso *self* vem, pois, substituir o par frustração/satisfação que, durante muito tempo, ocupou lugar na Psicanálise anglo-saxônica (MANNONI, 1978). A palavra *self* funciona como um pronome e é traduzida em Psicologia e Psicanálise por "o si mesmo". Não é o mesmo que sujeito nem personalidade, nem o ego dos anglo-saxões. Trata-se de uma concepção que tem a ver com o eu (*moi*), na medida em que este pode instituir uma imagem mais ou menos verdadeira ou enganosa para si e os demais. Segundo Winnicott, a imagem enganosa funciona como uma defesa (MANNONI, 1978).

A concepção de *self* verdadeiro ou falso, em Winnicott, passa pela ideia do autor sobre criatividade que significa ser e, consequentemente, pela noção do brincar. O *self* verdadeiro é a pessoa criativa, capaz de brincar, sonhar. Ela vive. O falso *self* não consegue criar, sonhar, viver; sobrevive, no mundo, imerso às suas dissociações ou esquizoidias. O que não quer dizer que só os artistas são criativos. Uma criança, mesmo débil, é criativa pelo simples fato de respirar de forma relaxada enquanto brinca. Uma costureira é criativa quando tece seus bordados, em estado de concentração.

Na clínica psicomotora, é possível identificarmos as pessoas que conseguem ser e as que não o conseguem. Cabe ao psicomotricista abrir um tempo e um lugar, o espaço transicional, para que algumas delas possam restaurar passagens da vida em que ficaram impedidas de brincar, de sonhar e de viver.

11.6 Jogo dos traços: *Squiggle Game*

Para entrar em contato com as crianças, Winnicott inventou um método que chamou de *squiggle game*. Traduzir esta expressão por "garatuja" ou "rabisco" não é satisfatório, pois estes termos trazem consigo uma ideia de obscuridade, de confusão. Trata-se, portanto, de alguns traços lançados no papel pelo terapeuta e pela criança, cada um por sua vez, no esforço conjunto de dar aos traços um "sentido". Ao longo desse processo, é produzido um intercâmbio por onde se descobre o "espaço transicional" compartilhado pela criança e pelo terapeuta, dentro do qual se perfila, em forma de jogo, a comunicação necessária para o tratamento. Como descreve o próprio Winnicott, é

> [...] meio de entrar em contato com a criança (...). Efetivamente, partindo dos desenhos da criança e dos nossos desenhos em comum, podemos encontrar o meio de fazer nascer o caso para a vida. É quase como se mediante os desenhos, a criança caminhasse a meu lado e participasse, até certo ponto, na descrição do caso. (WINNICOTT, *apud* KHAN, 1972, *apud* PIGAUD, 1978)

O jogo do *squiggle* não é para marcar pontos, e nenhum dos jogadores se impõe a fim de terminá-lo. O jogo é para buscar, junto com a criança, o que ignoramos: eu começo, agora é sua vez; você joga, e agora eu (PONTALIS, 1978). O jogo dos traços mostra-se como um dos recursos de intervenção não verbal, muito apropriado na clínica psicomotora, principalmente durante o início do processo em que, muitas vezes, o vínculo da criança com o terapeuta ainda é frágil. O paciente ainda não confia no terapeuta e não se encontra, ainda, em condições de expressar suas dificuldades. Perguntar a ele alguma coisa, mesmo que seja: "Como está na escola?", torna-se um verdadeiro martírio. Muitas vezes, o terapeuta inexperiente e ansioso por respostas ou para identificar a problemática que entrelaça a vida e o corpo do paciente, dispara a enxurrada de perguntas inapropriadas e massacrantes sobre este. É a hora mais adequada para propor o jogo dos traços. A ilustração a seguir pode ajudar o leitor no uso e objetivos do jogo dos traços.

11.7 Gêmeo Solidário

Head-banging é considerado um hábito ou descarga motora, fruto de tensões relacionais familiares, abandono, excesso de permanência em hospitais e em creches, descrito por Ajuriaguerra (1976) como um distúrbio psicomotor.

Foi com essa manifestação que um menino de oito anos foi trazido para o atendimento do Projeto Psicomotricidade na Clínica de Psicologia da PUC-Minas. A queixa dos pais era a de que ele batia sua cabeça contra a parede de forma ininterrupta, durante algum tempo, o que caracterizava o distúrbio. Ao iniciar as sessões com a estagiária responsável pelo atendimento e durante as entrevistas junto com os pais, a criança, assim como seu irmão gêmeo, mostrou capacidade de lidar com diferentes tarefas psicomotoras. Os dois apresentavam ótimo rendimento escolar, além de cuidarem da própria casa na ausência dos pais. O menino em questão ficou bastante interessado pelo Jogo dos Traços, ao qual batizou como *bate-bate* (*sic*) e se entusiasmava ao fazê-lo em diversas sessões. Em uma delas, quis mostrar como fazia o movimento repetitivo da cabeça sobre a carteira na escola. Quando o fez sobre o colchonete, a estagiária se surpreendeu com sua atitude de mostrar voluntariamente seu problema e passamos, ela e eu, a pensar na possibilidade de que também o seu irmão gêmeo agisse dessa forma. A história do casal e da família nos apontou esse caminho. Segundo os pais, além do irmão, também um tio era portador desse hábito psicomotor. Surgiu, depois, outra dúvida hipotética quanto ao fato de que um dos irmãos estivesse copiando o outro, mais precisamente o paciente, já que ele voluntariamente mostrou para a estagiária como se dava o movimento. Os pais relataram também que trabalhavam durante o dia todo e que só estavam com as crianças e a filha adolescente à noite. Passamos a considerar que a criança copiava realmente seu irmão gêmeo e que, talvez como o irmão, usasse tal estratégia para se comunicar com os pais à noite, uma vez que batiam a cabeça sobre a parede contígua do quarto dos pais durante a madrugada. A estagiária expôs a possível situação para os pais para que pensassem se havia ou não sentido nessas atitudes dos filhos. Embora se dispusessem a estar mais com os filhos, liberando-os de algumas das tarefas da casa, inclusive a da própria alimentação, os pais reclamaram de terem sido chamados à atenção. O *bate-bate* e as atividades psicomotoras das sessões possibilitaram ao menino novas configurações criativas na sua relação com os pais e os irmãos. O jogo dos traços nos mostrou o que ignorávamos e permitiu que a criança descrevesse seu problema de solidão e solidariedade. Solidão e solidariedade tornaram-se o binômio paradoxal que pudemos perceber na relação dessa família.

11. 8 O silêncio como forma de expressão e a noção de empatia tônica

Nem só de atividades, jogos e brincadeiras constituem-se as intervenções durante as sessões de Psicomotricidade. Nem sempre é preciso estar fazendo alguma coisa. O silêncio, muitas vezes constrangedor no início de qualquer processo terapêutico, tanto do paciente quanto do terapeuta, deve ser atentamente considerado, assim como a observação das expressões tônico-motoras, dos movimentos, os lugares que ambos preferem ocupar na sala. Ao olhar atento do observador, a conversa não verbal começa por aí. Interrompê-la pode causar adiamento do vínculo que está prestes a se formar.

Outra estagiária do Projeto Psicomotricidade da PUC-Minas recebeu seu paciente surdo-mudo, cumprimentando-o na entrada da sala usando a linguagem dos sinais. Com os olhos bem abertos, o menino não lhe respondeu, mas prontamente entrou ali, sentindo-se acolhido. Seus pais queixavam-se de dificuldades para entendê-lo e se recusavam a aprender a linguagem dos sinais, achando-a muito difícil.

Outra criança, ao entrar na sala de atendimento, sentou-se no colchonete sobre o chão, de forma constrangida e encolhida em seu próprio corpo. A estagiária esperou um tempo, sentando-se próxima a ela, procurando tomar posição parecida com a da criança, perguntando- lhe: "Em que você está pensando?" A criança respondeu: "Não sei. Acho que estou com vergonha". Em seguida, a estagiária disse: "Eu também". A criança sorriu e daí em diante se mostrou mais à vontade, dispondo-se ao contato e à atividade.

O conceito de "escuta graças à empatia tônica", desenvolvido por Aucouturier (1986), a partir da noção de empatia de Carl Rogers, é fundamental para que o terapeuta compreenda a melodia tônico-emocional e lide com ela conforme descrita por Wallon e outros autores, durante o processo de mediação corporal. O conceito será destacado mais adiante, junto às considerações sobre a questão da relação em Psicomotricidade.

11.9 O jogo e os problemas de aprendizagem

O jogo, considerado em relação à cognição, é um dos recursos para a aprendizagem e a construção do conhecimento, e permite a expressão de afetos e a socialização da criança. As considerações de Wallon (1995) em torno do jogo remetem à sua ideia de que, quando joga, a criança passa a ter novos interesses e desenvolve suas pontencialidades na expressão de sua personalidade.

Para recompensar o caráter artificial da atividade escolar, é necessário o espaço para as atividades lúdicas. O jogo, na escola, desempenha um papel catártico e equilibra a rigidez postural exigida no ato de prestar atenção, devolvendo ao movimento o recurso de renovar e regularizar o tono da criança no diálogo afetivo com o educador.

O papel do adulto ao brincar e a observação do jogo como leitura dinâmica, do ponto de vista do desenvolvimento psicomotor, são fatores importantes para facilitar a aprendizagem da criança.

Henri Wallon, citado por Mello (1986), retoma a descrição de Charlotte Buhler (WALLON, 1995) na classificação dos brinquedos infantis.

Nos brinquedos funcionais (correr, pular, equilibrar-se, subir escadas, jogar-se no chão) predomina a atividade sensorial elementar. Os brinquedos de ficção permitem que a criança viva a sua relação simbólica com o mundo e as pessoas. Os brinquedos de aquisição (jogos de tabuleiro) dirigem a atenção da criança no esforço do jogo e ativam as funções intelectuais para perceber, compreender e dominar desafios. Os brinquedos de fabricação ou de construção permitem que se criem os próprios instrumentos de sua atividade, atribuindo funções originais a objetos. A matéria-prima destinada a determinado uso pela sociedade é modificada pela criança. Trata-se do uso do material de sucata, muito explorado no período pré-escolar, como campo de expressividade cultural da criança.

Em 1956, Wallon, citado por Mello (1986), lança um número especial da revista *Enfance* dedicado ao "contador de histórias" com o objetivo de dar às imagens objetivas, às figurações íntimas e fantásticas da criança os efeitos imediatos sobre sua sensibilidade e comportamento. Há necessidade de adaptar as histórias infantis à época social e às etapas genético-evolutivas da criança. Wallon vê um objeto social no conto. A voz do contador sob o fundo sonoro, musical ou visual é decisiva na adaptação da mensagem à realidade e fantasias da criança. A figuração gráfica dos seus sentimentos ou passagens que a impressionaram é um prelúdio à escrita e à imitação à leitura (MELLO, 1986). Na identificação com os personagens da história, o conto serve para dar à criança a dimensão do mundo social, na tomada da consciência de si, como ocorre nos jogos infantis. Os jogos, para Wallon, têm também a conotação do direito de sentir prazer em tarefas que envolvam o trabalho mental ou manual no processo de tomada de consciência e aquisição da autonomia infantil.

O uso da história como metáfora terapêutica com crianças e jovens, quando a atividade motora apresenta-se de forma demasiada e incessante, é uma proposta nova que introduzi na clínica psicomotora. O terapeuta pode construir uma história cujo personagem principal vive uma história semelhante à da criança, ou fazê-lo junto com a criança. A ideia é que ela possa espelhar-se no personagem, para alcançar outra dimensão cognitiva e afetiva ao identificar-se com ele. O recurso tem sido utilizado no estágio de Psicomotricidade do Curso de Psicologia da PUC-Minas, cuja ilustração pode esclarecer a prática vivenciada.

11.10 O Cristo Crucificado que virou um coelho levado

Considerado hiperativo, com dificuldades de aprendizagem na escola, um menino de dez anos tomou a forma corporal como o Cristo na cruz, usando alguns bastões de madeira para ajudar em sua composição, durante uma das sessões de Terapia Psicomotora. Sua mãe costumava referir-se a ele como a cruz da sua vida. A estagiária que o atendia surpreendeu-se com tal atitude, inusitada até então, já que havia tomado a forma diretiva de ajudá-lo a se concentrar em atividades durante as sessões, diante de sua impulsividade e dispersão. O fato a deixou muito tensa e, em conversa durante a supervisão, decidiu-se construir então a história de um coelho que foi convidado para a festa de aniversário de um colega, na floresta, mas tinha tantas coisas para fazer antes que, ao chegar à sua casa para se vestir para a festa, acabou dormindo, perdendo a oportunidade.

Numa das sessões seguintes, ao perguntar à criança se gostaria de escutar a história, ela o faz com atenção e ao final afirma: "Eu sou este coelho!" (*sic*). O momento nos indicou, além da capacidade de a criança se concentrar por um tempo maior ao escutar a história, a possibilidade da reinvenção do próprio corpo, a partir de nova imagem de coelho levado e não de Cristo na cruz, outra presença diante do olhar do outro.

12. SALA DE PSICOMOTRICIDADE

Para Winnicott (1975), vivemos em três realidades: na externa, na interna e na intermediária. No período inicial e fusional da vida, a criança não se distingue de sua mãe. Esse período permanece assim a não ser que, com a permissão da mãe *suficientemente boa*, a criança encontre, no meio em que vive, algum objeto para brincar, o *objeto transicional*. Abre-se no *espaço potencial*, entre mãe e filho, a área intermediária, distinguindo a realidade externa e a interna entre eles. Ao esfregar a ponta do cobertor em seu nariz, a criança cria uma forma de lidar com a separação de sua mãe, na busca da diferenciação de seu eu. Dá vazão, assim, ao processo criativo do ser humano que, mais tarde, transformará a cultura humana. Do estado em potência, se permitido pela mãe, o espaço potencial se transformará em um *espaço transicional*, a realidade intermediária que garante à criança o acesso à sua realidade interna, a construção do *self* que a distingue de tudo o que não é seu eu, ou seja, da realidade externa.

Para Winnicott (1975), nunca estaremos totalmente separados de nossa relação inicial com a mãe. A maior parte do tempo de nossas vidas vivemos na terceira realidade, brincando, trabalhando, rezando, criando, em busca de autonomia e independência, construindo cidadania e cultura.

Na direção dessas concepções, considero a sala de Psicomotricidade o espaço privilegiado do brincar, a terceira realidade onde vivemos, onde o paciente e o terapeuta podem experimentar, em conjunto, suas questões em torno da relação vivida entre mãe e filho. Pelo brincar com objetos concretos, em meio a tecidos, bichos de pelúcia, bolas, pedaços de qualquer coisa, se o terapeuta permitir, abre-se, entre ele e o paciente, a área intermediária, que não pertence a nenhum deles, lugar possível da experiência compartilhada, que não os ameaça, garantindo a autonomia do paciente, revelando a história das suas dificuldades em obtê-la.

Para atender o paciente, a sala de Psicomotricidade deve ser ampla, arejada, em piso não escorregadio, com livre acesso para os pacientes, e pode contar com uma área ao ar livre. O desenho a seguir traz uma sugestão.

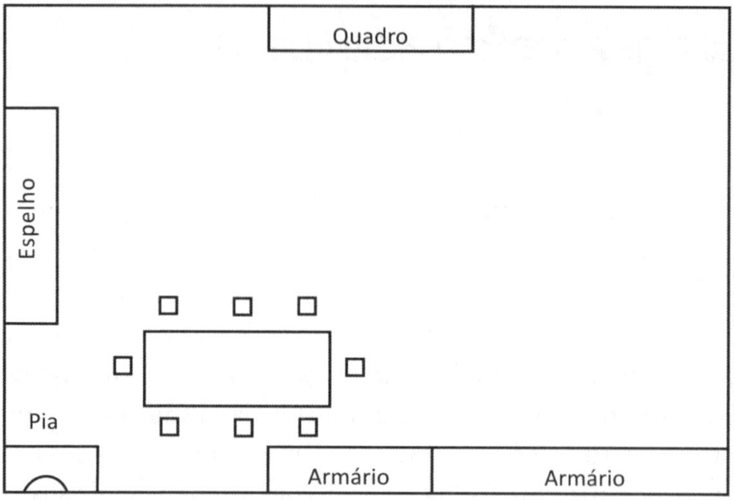

Durante as sessões, o terapeuta se preocupa com os limites da ação e suas intervenções são dirigidas para situações em que é imprevisível a expressão das emoções durante as atividades, revelando o mundo conflituoso de seus pacientes. Aucouturier (1986) ilustra várias delas, quando certas formas de repetições agressivas aparecem em atitudes compulsivas e repetitivas, recomendando a transformação do agir por meio da técnica da dramatização.

O material pode ser composto: pelo quadro na parede para desenhar e escrever, o espelho, mesa e cadeiras, colchões, armários, almofadas, bolas grandes, médias, pequenas, rolos de barbante, novelos de lã, contas coloridas, placas de eucatex ou papelão, caixas de papelão, corda de pular, escada de madeira, banco sueco, balões, arcos de madeira ou plástico, bastões de madeira, rolos de papel, lápis, giz de cera, canetinhas, pincéis, potes de tintas, folhas de diferentes tipos de papel, jogos de tabuleiro, quebra-cabeças, pedaços de pano.

É dessa forma que considero o que ocorre na sala de Psicomotricidade durante as sessões terapêuticas: o espaço transicional no tempo para brincar, mágico e intenso, onde se dará a experiência compartilhada, espontânea, cuja pontuação ou interpretação do terapeuta deverão ser adiadas, até que o paciente possa se surpreender a si mesmo. Como sugestão para o procedimento terapêutico, o psicomotricista deve propiciar oportunidades para a experiência corporal amorfa e os impulsos criativos, motores e sensórios, que constituem a "matéria-prima do brincar" (WINNICOTT, 1975).

A tarefa nem sempre é possível, e o psicomotricista deve estar atento ao fenômeno chamado por Winnicott (1978) como o "objeto precursor do objeto transicional". Trata-se da dificuldade entre mãe e filho para abrir essa passagem para a criatividade, diante da escolha da criança em investir, catexizar a libido em um objeto concreto, disponível no ambiente. A criança permanece presa em seu próprio corpo, na tentativa da descentração de seu corpo para o objeto, devido à ansiedade da mãe na relação com a criança a caminho da separação das realidades internas e externas de cada uma.

12.1 A Pequena Medusa

Em breve relato, cito o atendimento de uma criança de quatro anos, realizado por uma estagiária na Clínica de Psicologia da PUC- Minas, supervisionado por mim.

A menina manifestava sua dificuldade de escolher um objeto transicional, por meio da tricotilomania, distúrbio considerado por Ajuriaguerra (1976) como psicomotor. Corresponde à retirada dos pelos do corpo, no caso a retirada dos próprios fios de cabelo. Do lado direito da cabeça, a criança tinha cabelos compridos e, do lado esquerdo, os arrancava compulsivamente mostrando-se quase careca. Em entrevistas com seus pais, que tinham mais duas filhas, constatou- se que o casal não dormia junto há tempos. O pai dormia no sofá da sala e a mãe, na cama do casal com as três meninas. Durante as sessões com a criança, a estagiária procurou garantir a confiança e a fidedignidade na relação, ampliando, com desenhos e o *squiggle game* a troca de experiências. Ao mesmo tempo em que buscava a história do casal e o que este vivera com a chegada de cada filha, compartilhou com eles as próprias experiências como criança e adolescente. Como se tratava de duas pessoas muito implicadas no tratamento, curiosas em saber de suas vidas na investigação do que se passava, elaboraram, com facilidade e perspicácia, as ideias trocadas com a terapeuta estagiária, até mesmo as informações didáticas sobre o espaço transicional. Ao colocar em prática certas atitudes, o casal permitiu que se abrisse entre os pais e as crianças o brincar compartilhado. O pai, por sua vez, passou a exigir seu lugar de volta ao lado da mãe, construindo com ela nova relação, separando um dos cômodos da casa para o quarto das três crianças. A mãe passou a brincar com elas durante mais tempo e, aos poucos, os cabelos da menina foram crescendo bem espetados. A pequena Medusa não se aborreceu de comparecer à Clínica parecendo um pequeno porco espinho, interessada que estava em fuçar objetos com outras experiências.

13. RELAÇÃO TERAPÊUTICA EM PSICOMOTRICIDADE

Como se apontou, houve uma lenta imigração da Psicomotricidade do polo neurológico-pedagógico para o psiquiátrico-psicológico e essa ciência sempre encontrou dificuldades para se fazer reconhecer como disciplina de vulto. Apesar de tudo, pode-se falar de uma especificidade da Psicomotricidade. Na França, a Psicomotricidade é reconhecida por um concurso e tem formação equivalente à de vários outros profissionais no mundo paramédico. No Brasil, ela não é ainda reconhecida, embora existam cursos de graduação e pós-graduação na área, e a disciplina seja ofertada em diferentes currículos universitários e excluída em muitos.

O que poderia fazer o psicomotricista para alcançar um *status* de uma ação específica e como se diferenciar do psicoterapeuta que ameaça absorvê-lo?

Jolivet (1964) considera a Psicomotricidade a *motricidade em relação* e se põe a perguntar sobre a questão da relação.

De qual relação se trata? O termo relação, para o autor, deve ser tomado no seu sentido marcante, como inter-reação, na relação de objeto. Entre os dois objetos considerados existe, numa determinada relação, uma interação tal que um e outro são, ao mesmo tempo, constituídos e constituintes.

Deve-se limitar a relação às trocas com o objeto real? Certamente que não, ele responde. Essa relação dever ser estudada no seu desenvolvimento concreto e também no nível fantasmático.

O que se passa numa Reeducação Psicomotora? A resposta é difícil, diante da tradução de múltiplos fatores que aparecem e se ligam tanto ao sujeito quanto ao reeducador. Em geral, contenta-se com as mudanças a partir das quais se conclui a eficácia dos métodos empregados. Mas quais são os critérios que provocam as mudanças e a que sistema eles correspondem? Para Jolivet (1972), em tradução de Cabral (s/d), o comportamento dos reeducadores se define pelo próprio tipo de relação que eles têm com o "objeto criança" e não pela extensão de seus conhecimentos. Para alguns, o objeto real não será jamais a criança. Esta é apenas um pretexto defensivo para o reeducador. Nesses casos, aparecem as mais sutis técnicas mágicas que se tornam um meio seguro de manipulação a distância, facilitando as coisas, e qualquer ajuntamento de palavras traduz a dificuldade de definição, a ilusão do palavrismo.

Segundo o autor citado, coisificam-se os mecanismos, banalizam-se os efeitos, e se avança no real do outro, enquanto o terapeuta está em plena fantasmática pessoal. De outro lado, numa pedagogia diferente, alguns terapeutas só verão problemas relacionais e rejeitarão a maioria das técnicas, aventurando-se numa psicoterapia verbal. O terapeuta que não considera as questões sobre sua relação com o paciente passa a se ocupar de uma ginástica reeducativa interessando-se apenas pelo desempenho dos músculos em atividade. Se a intenção do reeducador se volta para uma má-adaptação no tempo e no espaço, ele ultrapassa os problemas instrumentais e penetra no coração mesmo do vivido do sujeito, no tanto que este se organizou em certa relação com o mundo (JOLIVET, 1972, trad. CABRAL, s/d). O sintoma está aí, é corporal e não pode ser interpretado pela linguagem verbal ao alcance do reeducador. Deverá, segundo o autor, intervir pela mesma via que a da expressão, via cega, na qual estará envolvido, engajado nela com seu próprio corpo, correndo o risco de interferir em seu próprio vivido corporal, com a sua história psicomotora. A palavra-chave é a transferência que pode ser usada em sentido amplo, aplicável a toda troca, mas não em sentido estrito, o da neurose de transferência, termo psicanalítico que só tem sentido no tratamento específico. A sugestão de Jolivet, na tradução de Cabral, é reduzir a divisão entre uma Reeducação Psicomotora (instrumental), que não afronta os problemas afetivos, e uma psicoterapia corporal, que aborde esses problemas, por meio da expressão corporal. A Reeducação Psicomotora merece autonomia e especificidade quando integrar todos eles em torno do nó central, a relação objetal, estudada em seu desenvolvimento concreto e fantasmático.

No plano epistemológico, a tradicional distinção entre terapia psicomotora (terapia pelo movimento) e psicoterapia (terapia pela linguagem) não mais se sustenta. O sujeito é o depositário e mestre da linguagem ou o resultado da linguagem? O psicanalista Sami-Ali (1977) propôs um esboço de uma teoria psicanalítica para a Psicomotricidade. Segundo ele, o corpo próprio não se reduz ao real posto que mediatiza todo um mundo imaginário que se vai destacando, pouco a pouco, sobre um fundo de transferência. A psicomotricista S. Candy (1970) mostrou o problema da transferência: em Psicomotricidade não se trabalha para que a criança seja reconduzida ao seu desejo inconsciente imaginário. Isso só poderá ser feito na situação definida pela Psicanálise: a não resposta no real. O que conta na especificidade da abordagem psicanalítica é que ela visa à transferência, não apenas por uma atitude de neutralidade, mas também pelo fato de que ela se desenvolve nesse vazio espacial. Não há, portanto, interação com o analista, como ocorre em Psicomotricidade, desde que a transferência seja isolada, ou isolável. De fato, o que diferencia radicalmente a Psicomotricidade da Psicanálise é o papel da linguagem. Quando o psicanalista fala é para dizer ao sujeito que a situação que ele está vivendo está ocorrendo no plano transferencial. A linguagem é, portanto, um modo de comunicação que permite desencadear ou parar um movimento transferencial. Para o psicomotricista, mesmo que ele use a linguagem, ela não é primordial. O essencial é sua atitude, que não é neutra e que situa sua ação no domínio do real, permitindo ao paciente, graças à abordagem do material ou à abordagem corporal, projetar-se e viver seus fantasmas no plano da realidade, no nível sensório-motor.

Bergés (1976) também aponta que o importante é que o terapeuta ou reeducador saiba que, em sua cabeça, surge alguma ideia sobre o que se passa na cabeça da criança. Se, num dado momento, o terapeuta toma o lugar do pai ideal, do pai imaginário, da mãe boa, da mãe má, ou da mãe ou do pai reais, do pai de quando tinha 5, ou 15 anos, esse não é o objetivo do trabalho reeducativo, nem mesmo de uma psicoterapia. Se, para Lacan (*apud* BERGÉS, 1976), "a transferência é um meio", ou seja, faz parte dos meios, em RPM, Bergés diz, de um modo relativamente caricaturesco, que há "bolas, tambores e transferência". Esse fundo decide imperceptivelmente a sorte de uma terapia, empreendida com demasiada frequência sem que antes se tenha esclarecido de que maneira essa perturbação motora se articula com a história inconsciente do sujeito. Na prática corrente da Psicomotricidade, os experimentadores, concentrados no conteúdo manifesto do sintoma (no diagnóstico, como na prática efetiva da cura), passam por alto esse segundo plano, vago e difícil de dominar. Em algum momento, vai aflorar algo como o retorno do recalcado, e o marco teórico inicial fixado, dentro do qual se supõe que se desenvolve a ação psicomotora, vê-se então invadido por fenômenos imprevistos e imprevisíveis.

Lapierre e Aucouturier, nas últimas páginas de *Bruno, psicomotricidade e terapia*, em 1977, consideram o trabalho com a Psicomotricidade como psicanalítico, o que implica uma formação psicanalítica. Muitos autores não concordam com isso, apontando que o que ocorre numa sessão psicanalítica é o oposto do que ocorre numa de terapia psicomotora, tanto para o profissional como para o paciente.

Em meio a essas questões, durante algum tempo, baseei a minha prática sustentando-me nos ensinamentos de Wallon sobre a consciência de si mesmo, recorrendo ao conceito de fenômeno transicional de Winnicott, para lidar com as dificuldades advindas da dualidade e das contradições da Psicomotricidade, embora ela professe o contrário, buscando conciliá-las. Mais tarde, fui buscar o conceito de empatia tônica de Aucouturier e, só depois, é que Merleau-Ponty me permitiu entender e praticar a Psicomotricidade num mesmo *campo de presença*, na *reflexividade* da comunicação, abandonando as polaridades entre sujeito/objeto, corpo/pensamento. Foi, portanto, na relação com os pacientes e com os alunos e estagiários de Psicomotricidade que aprendi a trabalhar como psicóloga-psicomotricista.

Minha aproximação com as ideias de Winnicott se deu com as supervisões com o psicanalista Luiz Carlos Ferreira Drummond, no Centro Psicoterapêutico, entre 1972 e 1975. Foi com ele que aprendi sobre Winnicott. O conceito de fenômeno e espaço transicional, na Psicanálise de Winnicott (1975), torna possível ao psicomotricista lidar com as questões que esbarram na transferência e no corpo real, com o qual o profissional deve mediar. O fato se deve ao próprio conceito de espaço transicional, definido como área intermediária do brincar, que não pertence ao paciente nem ao terapeuta, onde é possível compartilhar experiências na "reinvenção do corpo", segundo Drummond (1994), maltratado pelo sintoma.

A proposta de intervenção de Winnicott, o *squiggle game,* durante suas sessões, constitui um vasto campo de pesquisa para o profissional. Apliquei vários desses jogos em sessões com alguns pacientes e pude observar, na relação com eles, as sutis coocorrências da motricidade, da tonicidade e da afetividade, conforme apontadas por Wallon. Crianças e adolescentes, principalmente, chegam aos atendimentos, como *corcundinhas*, alusão que faço em relação ao que descreve W. Benjamin (1993), sobre o temor da criança diante de sua falta de jeito, em *Rua de mão única*. Penso que esse é o momento no qual a transferência encontra-se corpo a corpo com a ordem do imaginário, com a vida fantasmática, nas realizações das histórias psicomotoras do profissional e do cliente. Na ação de lançar uma bola, há todo um mundo imaginário e simbólico, implicando a relação entre eles.

Como disse Winnicott (1975), se a mãe permite, se ela for suficientemente boa, a criança escolherá um objeto, de preferência macio, que pode ser a ponta de um cobertor, longe o suficiente do corpo da mãe, para lidar com as tensões que sua ausência lhe causa. O espaço transicional é, de início, potencial, poderá concretizar-se ou não, dependendo da perspicácia intuitiva materna. A transição da forma fusionada inicial, se alcançada, permite à criança que se torne mais autônoma e independente, criativa, capaz de sonhar e não apenas sobreviver, um *self* saudável, passível de assumir sua realidade interna. Os fantasmas residuais dessa relação inicial serão remetidos aos seus devidos porões, na realização do ato de brincar. A área intermediária se transformará, futuramente, no espaço da cultura humana. O adulto passa a brincar, a criar por intermédio do seu trabalho, do estudo, das artes e religiões.

O conceito de empatia tônica, desenvolvido por Aucouturier (1986), na tentativa de propor outra forma de relação, fora do campo transferencial, a partir da Terapia Centrada de C. Rogers e o conceito de parceiro simbólico, é outra escolha que orienta o profissional em sua conduta de mediador corporal. Se o terapeuta estiver atento às contrações tônico-motoras da criança ou do adolescente, ou mesmo do adulto, ele poderá colocar-se – vicariamente – no lugar dela ou deles, para recebê-las, decodificá-las, pontuando, depois, as possíveis repetições que tanto lhes agradam, por darem a eles um sabor de sucesso. Muitas vezes, tal fato mostra a insistência de repetir determinado ato para mostrar aquilo de que dão conta, saboreando-o mais uma vez (BENJAMIN, 1993). O adulto que não é empático a essas manifestações apressadamente as considera como problemas, como falta de jeito, as chamadas reações de *prestance* (reações precipitadas no tempo e no espaço, em desacordo com o mundo interno, acompanhadas de vergonha ou constrangimento, diante do olhar do outro).

É possível se articularem as noções de Winnicott com as de Aucouturier, principalmente em situações de dramatização, técnica utilizada com frequência em sessões de terapia psicomotora, adaptada do psicodrama de Moreno. Posicionando-se como um parceiro simbólico, o terapeuta não se arriscará a entrar no jogo das histórias fantasmáticas que, entrelaçadas com a novela familiar, provavelmente, serão estimuladas em sua expressão.

Com a Formação em Psicoterapia de Família, dei-me conta de que esse corpo que se mediatiza no real, carregado de fantasmas e que se comunica num campo de presença e se remete ao outro, deve ser concebido de uma forma sistêmica. Passei a considerá- lo sistemicamente enredado no corpo maior, contextualizado em suas relações recursivas com o outro. A ideia de causalidade dos fenômenos psicomotores enfraqueceu diante dessa nova perspectiva. Nova dimensão se abriu para o trabalho com a Psicomotricidade e, hoje, não concebo o atendimento de crianças e adolescentes sem o atendimento conjunto de seus familiares, do contexto escolar e social, assim como sem a consideração de possíveis históricos clínicos, em parceria com outros profissionais, responsáveis pela configuração do sistema. Adultos podem arcar sozinhos com suas repetições que, aliás, não lhes causam sensação de sucesso, sendo necessárias, entretanto, diante do temor da morte. O que acaba por aprisionar a criança em sua novela familiar, subjugados, ela e sua família, ao campo político e social.

Sem querer estender em demasiado as questões sobre o pensamento sistêmico-cibernético, assunto também amplo e complexo, é importante destacar a noção contemporânea de sistema, como aquele que é configurado por um problema (GOOLISHIAN, 1993). Existindo um problema, denunciado por alguém, todos os que têm a ver com esse problema constituem um sistema. Assim, pais, professores, outros profissionais, o psicomotricista procurado para o atendimento e seu supervisor, a instituição onde ocorrerá o processo e os sistemas complexos, que entrelaçam a vida da família, como as instituições de um modo geral - a escola, conselhos tutelares, polícia, juizado de menores – são, todos eles, responsáveis pelo problema e devem ser implicados de alguma forma no atendimento.

Quanto às questões pertinentes à relação entre o profissional e o paciente em seu contexto, o conceito de autorreferência e as propriedades de ressonância e reunião, utilizados na psicoterapia de família, clareiam as intervenções sistêmicas que passei a adotar, nessa perspectiva. O conceito de autorreferência diz respeito a situações em que a história do paciente esbarra, podendo confundir-se com a história do terapeuta. Constituirá na ressonância, quando corresponder com a história pessoal e, na reunião, quando contiver dados da cultura, da etnia, da comunidade em que ambos vivem (ELKAIN, 1990). É importante que as histórias sejam diferenciadas, e é recomendável que certos aspectos da autorreferência sejam transformados em intervenção. Se tratarmos do corpo em comunicação, a noção de sistemas é essencial para se lidar com a questão da relação.

14. O CORPO DO PSICOMOTRICISTA

Como se preparar para receber o corpo do outro, suas atitudes e gestos, suas contrações tônicas, a imagem que tem de si mesmo? Como analisar o aspecto não verbal, analógico da comunicação? Como descrever e refletir sobre o fenômeno que aí está para ser decifrado? Como decodificar os conflitos fantasmáticos enroscados na novela familiar?

Em uma das Jornadas realizadas pela Clínica de Psicologia da PUC-Minas, apresentei o artigo "O Corpo na terapia: vivência e atendimento no estágio de Psicomotricidade", juntamente com dois alunos, Pedro Caldas Ramos e Érika Campos Gomes que, à época, cursavam o 11º período de Psicologia.

Segue a transcrição do texto apresentado pelos palestrantes.

O artigo discute o lugar do corpo no espaço da terapia enquanto forma de presentificação da experiência do sujeito. Apresenta, utilizando ilustrações do Estágio de Psicomotricidade da PUC-Minas, duas formas de experiência corporal: a do terapeuta e a do paciente, que traduzem a necessidade de revisão da perspectiva dualista corpo e psiquismo e da relação sujeito e objeto. A epistemologia de cunho representacional, presente na formação de psicólogos, reflete entraves nas práticas concretas das psicoterapias.

As teorias psicológicas e educacionais que sustentam as práticas de cuidado e orientação de crianças e jovens nem sempre dão conta da variedade de situações específicas da época contemporânea. A ênfase sobre a racionalidade, que marca a Psicologia do Desenvolvimento, na Modernidade, mistificou e suprimiu um aspecto importante da vida infantil: o caráter fluido, ambíguo, contraditório e caótico da criança (CASTRO, 1998). Aos olhos de Platão, é um escândalo o homem estar no mundo; aos de Descartes, que ele comece por ser criança.

Heidegger (1979) aponta os limites do pensamento representacional, pois, cada vez que um sistema teórico fundado na epistemologia da representação pensa o ser, o ser é entificado, transformado em uma coisa.

Usando as vias das disposições afetivas, Heidegger privilegia a experiência que não está representada na fala. O que está além das possibilidades da narrativa, do representado nas falas, está na experiência, o que nos deixa diante de nossa própria singularidade.

O homem é seu corpo, habita o espaço e o tempo e se confunde com seus trajetos e projetos. É um si por confusão, por narcisismo. É vidente e visível, tomado entre as coisas (MERLEAU-PONTY, 1999), possui uma face e um dorso, um passado e um futuro. O corpo é o eixo do mundo para o qual todos os objetos voltam sua face. Não é um objeto entre os outros, é ele que dá vida aos objetos. Não é um pedaço de espaço, um feixe de funções, mas um entrelaçado de visão e movimento. Já que ele se move e se vê, as coisas são mantidas à sua volta como anexos ou prolongamentos dele mesmo, incrustadas em sua carne (MERLEAU-PONTY, 1969). A animação do corpo não é a reunião de suas partes, nem a descida de um espírito vindo de algum lugar. Mas a sede onde se articulam todos os significados. Assim, para ele, o pensamento operatório da ciência torna-se um artificialismo ao tratar todo ser como objeto em geral. O filósofo advoga que o pensamento da ciência deve se colocar no lugar e no solo do mundo sensível, assim como são em nossa vida, para nosso corpo.

Merleau-Ponty (1999) também nos mostra que o psicólogo esqueceu de se ver no seu trabalho, tratando o objeto de investigação separado do seu próprio corpo.

É com essa visão ontológica que trabalhamos no estágio de Psicomotricidade da PUC-Minas. Os aspectos tidos como irracionais, ambíguos e caóticos, que fazem parte da linguagem do corpo da criança ou do jovem, são tão relevantes, para a nossa prática, quanto os aspectos racionais. Não utilizamos, portanto, uma visão dualista, ou dicotômica em relação a esses aspectos. Trabalhamos com os princípios da Psicomotricidade, ciência do corpo, com a unidade do ser humano. Aliás, esse é o grande mérito da Psicomotricidade: apresentar, no mesmo plano, os aspectos corporais e os aspectos psíquicos do sujeito.

Na tentativa de destacar essa perspectiva corporal, no nosso trabalho, o artigo apresenta a seguinte questão: O irrepresentável, o que escapa à linguagem, mas que é "visto" na linguagem evidente e imagética do corpo, em movimentos e gestos, pode ser considerado como a expressão singular da subjetividade da criança?

Para fins de ilustração, apresentamos a experiência corporal destacando as duas expressões: a do terapeuta e a do paciente. Distinguimos, para esse propósito, o conceito de *empatia tônica*, de Aucouturier (1986), na motricidade em relação. A nosso ver, esse conceito é importante para a discussão da dialética entre corpo-psiquismo e da relação sujeito- objeto, no espaço-tempo terapêutico.

14.1 O corpo do terapeuta no atendimento em Psicomotricidade [Pedro Caldas Ramos]

Estar como terapeuta na presença de um paciente é, antes de tudo, estar com um corpo que é sujeito e objeto na relação com outro corpo também sujeito e objeto desta. O terapeuta sujeito é aquele que, a partir de sua própria história, observa um paciente-objeto, que também é sujeito de sua própria história. Já o terapeuta-objeto é aquele que é visível e observado pelo paciente-sujeito. Há, nessa concepção, uma mudança na relação terapeuta-sujeito e paciente-objeto, para uma compreensão que tanto o terapeuta quanto o paciente são, ao mesmo tempo, observadores e observados, sujeitos e objetos na relação.

Dessa forma, o corpo do terapeuta ganha lugar de destaque no contato com o paciente, condição esta de pouca importância na maioria das psicoterapias. E que lugar é esse que o corpo do terapeuta assume de grande importância no atendimento em Psicomotricidade?

Lembremos que o foco do atendimento em Psicomotricidade é a mediação corporal entre terapeuta e paciente. O corpo deste revela aquilo que escapa à linguagem verbal; ele está sendo, nesse momento, visível por um olhar, que permite a ele falar de si com o seu corpo. Este corpo revela um tônus, uma postura, um movimento, uma tensão, um lugar, um nível de energia e a possibilidade de um contato, por meio da voz e do olhar. É por meio desses elementos disponíveis que o terapeuta mantém o contato corporal com seu paciente. Isso quer dizer que o terapeuta se ajusta tonicamente ao tono de seu paciente, para que aconteça um diálogo tônico (AJURIAGUERRA, 1976). Esse ajustamento depende da capacidade de o terapeuta se aproximar desse outro corpo, de se posicionar empaticamente frente a ele, dispondo seu próprio corpo na relação.

Aucouturier (1986) chamou de escuta, a capacidade que o terapeuta tem de se colocar empaticamente em nível tônico com seu paciente, o que só é possível quando ele também está atento a seu próprio corpo. Corpo que também possui uma história de sensações, emoções, bloqueios, posturas e outras formas de expressões de si mesmo, pelo viés corporal. A noção do corpo próprio é, portanto, um visível que se põe a ver (MERLEAU-PONTY, 1999). Aqui podemos observar, então, a importância do corpo do terapeuta na relação com o corpo do paciente como o foco do atendimento em Psicomotricidade.

Estar de posse dessa consciência corporal permite ao terapeuta uma preparação maior para dialogar e se relacionar com a corporalidade do paciente, oferecendo a este último a possibilidade de se conhecer e de se recolocar em sua dinâmica existencial, reinventando seu corpo no tempo e no espaço.

No estágio de Psicomotricidade, procuramos desenvolver a nossa capacidade empática por meio de exercícios. Pretendo ilustrar, por meio de uma vivência, como o terapeuta pode fazer uso do conceito de empatia tônica de Aucouturier, para estabelecer um diálogo corporal com seu paciente.

A supervisora pede aos supervisionandos, em certa vivência prática com o grupo de estagiários, que, sentados e com os braços para trás, comuniquem-se sem utilizar o recurso das palavras. Ficamos mais de um minuto sem saber o que fazer, fato este que aumentava o nível de tensão no grupo. Busquei um contato pelo olhar, mas só o consegui com uma estagiária, pois a outra não conseguia fazê-lo por mais de dois segundos. Voltando a atenção para elas, ou melhor, para como os seus corpos se encontravam, percebi que ambas demostravam certo desconforto que se manifestava em movimentos e olhares. O desconforto estava sendo vivido corporalmente diante da impossibilidade de nos comunicarmos verbalmente. Estávamos cada um diante de seu limite e de sua incompletude. Fui, aos poucos, me colocando corporalmente diante dessa expressão, observando suas posturas, movimentos, olhares e mímicas. E por esses elementos busquei um diálogo corporal, a partir da imitação dos movimentos de balanço que ambas executavam. Conseguimos, portanto, comunicarmo-nos com o que está além das palavras, abrindo uma porta para a criação de novas figuras e de novas formas de relação.

A comunicação surge da capacidade de se colocar corporalmente em uma relação, por meio de uma postura empática, gerando um diálogo tônico na medida em que o terapeuta pode captar o que o paciente diz pelo seu corpo.

Procurei ilustrar, nessa vivência, como se pode fazer o uso do conceito de empatia tônica em atendimentos em Psicomotricidade como um recurso enriquecedor na relação corporal terapeuta e paciente. No momento em que o foco do atendimento sai do paciente e passa para a interação entre este e o terapeuta, o paciente deixa de ser um objeto apenas visível por um terapeuta-sujeito, e eles passam a ser ambos sujeitos e objetos em relação. Isso quer dizer que, no momento em que busco me colocar empaticamente em nível corporal (e é bom lembrar que a postura empática não só acontece em nível corporal) e disponho meu corpo na relação, possibilito um provável diálogo tônico. E todo diálogo parte da relação dialética entre duas partes envolvidas, em que ambas influenciam e são influenciadas no processo terapêutico. Diálogo que remete o sujeito à sua incompletude, revelando o irrepresentável da fala por meio dos corpos, inaugurando uma nova possibilidade de contato.

14.2 De mãos dadas [Érika Campos Gomes]

A fim de ilustrar a relação de mediação corporal entre terapeuta e paciente como importante elemento para pensar a questão da expressão corpo-psiquismo, relato um caso atendido no estágio de Psicomotricidade da PUC-MG.

Uma criança de dois anos foi trazida ao atendimento em Psicomotricidade pela mãe, encaminhada por uma professora do Instituto de Psicologia, com a queixa de falta de firmeza nas pernas decorrente de um problema de falta de oxigenação ocorrida no momento do parto.

Logo na primeira entrevista, realizada com os pais e a criança, de acordo com o procedimento do estágio, a fim de observar a linguagem corporal da família, a criança voltou-se para o ventilador da sala, pedindo que eu o ligasse. Ficou observando o movimento deste e depois me pediu novamente para ligá-lo. A mãe disse que, com isso, ela queria que se desligasse o ventilador uma vez que já estava funcionando.

No decorrer dos atendimentos, a criança, entre atividades como olhar-se no espelho, mostrando as partes do seu corpo, ou brincar de bateria, batendo as baquetas do tambor na mesa, continuou seus pedidos com relação ao ventilador, expressando-se de duas formas: ora puxava-me com uma grande força e firmeza para que eu o ligasse, ora com um corpo mole, pedia meu colo para que ela mesma ligasse o ventilador. Ao desejar algo de mim, ou que queria que eu o fizesse, agia com firmeza, agarrando meus braços e mãos com extrema força. Quando ocorria uma tentativa sua em conseguir fazer alguma coisa de que não dava conta, segurava-me com falta de firmeza, com mão e corpo moles.

A caminho da Clínica, outro fato me chamou a atenção: ela segurou a mão de sua mãe e a minha, ficando entre nós, unindo-nos e segurando-nos com as suas. Segundo a mãe, é o que sempre ela fazia quando estava entre o casal.

Por essa mediação corporal, pôde-se perceber, pela empatia tônica, isto é, colocando-me no lugar da criança, duas formas de expressão: uma bem firme, que era almejada pela mãe, e uma menos firme, da qual a mãe se queixava.

Em entrevista com os pais da criança, estes relatam que vivem em função da filha e sempre fizeram e farão tudo por ela. Não conseguiram falar da história de vida deles como casal, retomando, por diversas vezes, a doença da criança, de como é bom ser pai e mãe e de como eles se unem em prol do bem-estar da menina.

Uma análise da linguagem corporal do contexto familiar pôde ser feita por meio da imagem entre o ligar e o desligar o ventilador, entre a visão de uma criança sem firmeza, que necessita dos cuidados dos seus pais, e uma criança firme, capaz de mantê-los ligados.

Pôde-se perceber que, apesar de seu problema neurológico, essa criança assumiu uma postura hipotônica, sem firmeza para que, com firmeza, pudesse unir o casal. Seria esse seu ganho secundário?

Vemos, portanto que o estabelecimento de uma relação corporal em que terapeuta e paciente se tornam ao mesmo tempo sujeito e objeto de observação (videntes e visíveis na relação, no diálogo-tônico), a postura corporal torna-se elemento indicador de como a criança se insere no mundo que a cerca. A empatia tônica é a mola propulsora de todo esse processo de onde se pode vislumbrar como corpo e psiquismo andam juntos, de mãos dadas, ligados na sua expressão. Dispondo meu corpo na relação, pude captar, portanto, uma forma de comunicação com os recursos da linguagem corporal da criança.

Estamos, agora, mais em condições de responder à nossa pergunta inicial: A criança apresenta uma **narrativa corporal** (RENNÓ, 2001), indicadora de sua subjetividade?

Se for possível à criança se comunicar corporalmente e se acreditamos na unidade do ser vivo, ela diz de sua disposição psíquica. O que pode ser observado quando o terapeuta também se dispõe a conhecer a sua própria corporalidade.

No trabalho de mediação corporal, é fundamental, portanto, que o terapeuta possa estar aberto para a sua própria expressão corporal. O corpo torna-se uma via de expressão e impressão de singularidades, na medida em que se abre para novas impressões e expressões de si mesmo e do outro.

Pensar o corpo na terapia pode indicar outras relações do adulto com a criança. A originalidade da narrativa corporal da criança permite ao terapeuta outros discursos. Permite que não antecipe expectativas em relação ao processo progressivo e simbólico da criança, como etapas a serem alcançadas em seu desenvolvimento. O corpo é já um símbolo, e a linguagem corporal presentifica a criança no tempo e no espaço.

O trabalho apresentado permite esclarecer que, além do conhecimento teórico-prático obtido na graduação em Psicologia, ou em outros cursos que incluam a disciplina de Psicomotricidade, o psicomotricista deve ter formação específica, seja na modalidade de pós-graduação, seja em aperfeiçoamento, além de desenvolver a vivência pessoal na prática psicomotora. O psicomotricista mais qualificado é o que conhece, pratica e vivencia a Psicomotricidade.

15. PRÁTICAS PSICOMOTORAS E PRÁTICAS CORPORAIS

As Práticas Psicomotoras são consideradas, por vários profissionais, como aquelas relacionadas somente à Educação, à Reeducação e à Terapia Psicomotora. Camus (1986) as classifica de forma mais ampla e as diferencia de outras práticas corporais. Segundo o autor, as práticas psicomotoras estão entre as outras práticas corporais e permitem combinações possíveis. Para ele, existem duas categorias de práticas psicomotoras: as extraprofissionais e as profissionais. Camus (1986) expõe cada uma delas, com críticas e sugestões.

1. As práticas extraprofissionais

O autor considera o jogo, o esporte e a dança atividades psicomotoras com as quais o psicomotricista pode contar. Acrescento que, se consideramos o jogo, o esporte e a dança em seus objetivos específicos e profissionais - formar o atleta, ou o bailarino - ou o estudante em escolas e instituições diversas, e se o professor de Educação Física, do ensino particular ou público, ou o professor de dança conhecerem e praticarem suas respectivas tarefas pedagógicas sustentadas pela Psicomotricidade, certamente, os resultados de cada um deles serão diferentes.

1.1 O Jogo. Existem vários tipos de jogos, tais como: jogos educativos, terapêuticos, dramáticos, esportivos e jogos por dinheiro. Na primeira infância há uma aproximação muito grande entre jogos e práticas psicomotoras. As atividades livres ou semidirigidas do início da escola podem ser consideradas jogos ou atividades psicomotoras. O autor aponta o jogo espontâneo, que exerce uma função reveladora, e o jogo provocado que, por sua vez, exerce uma função terapêutica. O jogo não é apenas "exercício" (preparação a..., aplicação de...) e regra; ele deve ser considerado como recreação, fantasia, experiência de convívio. A dramatização é também chamada de jogo dramático.

1.2 O Esporte. O esporte pode ter finalidade educativa, reeducativa e terapêutica. Essa atividade é uma das várias técnicas que o psicomotrista pode utilizar.

1.3 A Dança. A dança é a forma de expressão gestual mais antiga, mais difundida pelo mundo e a mais diversificada. Como o jogo e o esporte, a dança também tem finalidades: educativa, reeducativa e terapêutica, além de outras. Nessa técnica, o psicomotrista dará mais ênfase ao aspecto de criação do que ao aspecto de aprendizagem da técnica de gestos codificados, mais às capacidades de improvisação do que às de reprodução.

2. As práticas profissionais

Camus (1986) descreve como profissionais as práticas paramédicas oficiais: a Cinesioterapia ou Fisioterapia, a Ergoterapia ou Terapia Ocupacional e a Musicoterapia.

2.1 Cinesioterapia ou Fisioterapia. Trata-se da reeducação funcional (corpo enérgico, termodinâmico, aquele que produz). C. Hamonet e J. N. Henlen (1978), citados por Camus (1986), em seu compêndio de *Reeducação Funcional e Readaptação*, falam de uma cinesioterapia passiva e uma cinesioterapia ativa. O campo de intervenção prioritário do cinesioterapeuta é a deficiência física. Sua função é reeducar as funções deficientes (motora, respiratória, cardíaca, esfincteriana) para reduzir as consequências da doença. Deve, portanto, tratar de um doente e não de uma doença, pois, todos os que trabalham com o corpo, trabalham com a motricidade em relação. Os cinesioterapeutas ou fisioterapeutas são terapeutas do movimento pelo movimento.

2.2 Ergoterapia ou Terapia Ocupacional. Também conhecida como terapêuticas pelo trabalho, são técnicas muito antigas. Definem- se como método de tratamento de certas afecções físicas ou mentais, prescrito pelo médico e aplicado por especialistas qualificados, utilizando o trabalho ou qualquer outra ocupação, visando corrigir os distúrbios funcionais que as caracterizam. Existem duas modalidades: a ergoterapia específica e a ergoterapia não específica, cujas regras básicas são: a prescrição reservada ao médico que fez o diagnóstico, o exame do deficiente pelo ergoterapeuta incumbido de avaliar as capacidades relacionais; o conhecimento dos efeitos das atividades sobre o funcionamento neuropsicológico. Além disso, o ajustamento do trabalho de reeducação ao deficiente e das atividades às preferências dele e à simplicidade das tarefas propostas.

2.3 Musicoterapia. É uma forma de terapia não verbal. Pode ser usada para fins de educação, de reeducação e de atendimento, com indicações terapêuticas. O autismo infantil é, atualmente, a afecção que melhor reage a essa terapêutica. Pela musicoterapia, tem-se conseguido que a criança psicótica estabeleça um vínculo de comunicação, fazendo com que ela saia de seu isolamento. A musicoterapia é usada também com deficientes (mentais, motores, sensoriais) e com indivíduos acometidos de neuroses mais ou menos estruturadas. Está baseada, acima de tudo, no princípio ISO (contração de identidade sonora – identidade sonora de cada um de nós). Essa identidade começa a ser estabelecida desde a vida intrauterina. O paciente e o terapeuta trabalham ativamente para o estabelecimento de canais de comunicação de nível regressivo, por meio da identidade sonora do paciente, para abrir novos canais, visando à sua integração futura num grupo ou para outras terapias.

3. As práticas do psicomotricista

Camus (1986) considera a Reeducação e a Terapia Psicomotora práticas do psicomotricista que têm como objetivo a impressão e a expressão corporal, segundo a lógica informacional da comunicação. Distinguemse, entre elas, as que se seguem.

3.1 Práticas Corporais de Impressão

3.1.1 Práticas de dominância proprioceptiva. A informação de todo o corpo e dos diferentes segmentos é obtida por meio de atividades que envolvam tarefas de manipulação, concentração e relaxamento.

a) Práticas que envolvem o corpo identificado. O corpo identificado corresponde ao corpo percebido, vivido. Essas práticas restauram a capacidade de identificar o corpo próprio como componente da imagem de si.

a) Treinamento autógeno, chamado de técnica-mãe ou de base: o terapeuta faz sugestões ao paciente com exercícios fisiológicos e racionais previamente determinados, a fim de induzir uma desconexão geral do organismo e o relaxamento terapêutico.

b) Eutonia, de G. Alexander: técnica corporal, que pode ser definida como uma busca do equilíbrio das tensões. Sua finalidade é adquirir uma gestualidade eutônica, isto é, econômica, harmoniosa, fluida, sem perda da consciência do corpo.

c) Relaxamento de sentido analítico de M. Sapir: é uma técnica em que os participantes são convidados a falar sobre o que sentiram durante a instrução verbal.

b) Práticas que envolvem o corpo situado. Pode-se definir corpo situado como aquele que localizamos no espaço. Esse corpo é o que está em jogo nas atividades motoras dinâmicas. São atividades clássicas tais como coordenação dinâmica geral, estática (ou equilíbrio), óculo-mental (ou dinâmica das mãos) e organização do tempo e do espaço. Entre elas situam-se:

a) O domínio do corpo: atividades motoras de posicionamento, chamadas de posicionamento antigravitário e posicionamento direcional. Atividades de transporte que fazem intervir níveis de regulação motora de natureza diversa.

b) O controle dos objetos: contém atividades dirigidas para os próprios objetos como preensão, manipulação, projeção. A coordenação óculo-manual é colocada em jogo primeiramente na preensão, ou seja, no ato de agarrar, pinçar, recolher, apanhar, apertar, arrebatar. Coordenação viso-tátil-motora que se manifesta também na manipulação e em dois contextos: na ação sem instrumento, cuja ferramenta se confunde com o próprio corpo, já que a mão age como intermediária e, na ação instrumental, quando a ferramenta é separada do corpo, a mão age sobre a matéria como um intermediário, passando a ser um instrumento dos instrumentos.

3.1.2. Práticas de dominância exteroceptiva: o estímulo ocupa prioritariamente um canal exteroceptivo, de acordo com os órgãos dos sentidos, como o olfato, o tato, a visão e a audição.

a) Práticas com ponto de partida olfativo: desempenham um papel importante no estabelecimento dos laços privilegiados que caracterizam o fenômeno do apego. As crianças com deficiências neurológicas graves são capazes de reconhecer o cheiro da mãe.

b) Práticas com ponto de partida cutâneo: destacam a importância dos estímulos cutâneos na infância, e que constituem a necessidade fundamental do recém-nascido, para seu equilíbrio que varia de intensidade de acordo com cada criança. Citam-se a descoberta da hidroterapia (importância da hidro para essa prática) e das práticas de contato corporal.

c) Práticas com ponto de partida auditivo: são as que dão importância aos estímulos sonoros durante a gestação e no decorrer da primeira infância. A criança reconhece a voz e os batimentos cardíacos da mãe, o que tem sobre ela um poder sedativo, podendo acalmá-la.

3.2 Práticas Corporais de Expressão

As práticas corporais de expressão buscam desenvolver a expressão emocional, a comunicação e a criação por meio das expressões verbais e das manifestações do corpo real, imaginário e simbólico.

3.2.1 Práticas de Expressão Simbólica

a) Práticas Mímico-posturo-gestuais: trata-se de uma expressão pelo corpo, que se manifesta na expressão corporal pura, chamada mimo (arte do silêncio que evoca, torna presente um ausente, por meio de atitudes e gestos) e da expressão corporal enriquecida por uma música de incitação, ou pela dança (também considerada a arte do silêncio, sendo mais rápida, mais aérea, mais dinâmica).

b) Práticas Voco-mímico-posturo-gestuais: chamadas de jogos dramáticos que aparecem como prolongamento, enriquecimento e consagração dos jogos simulados. O jogo dramático ou psicodrama torna possível a representação da vida no palco, a dramatização das dificuldades reais ou imaginárias, utilizando-se a ação e não apenas o discurso e pode permitir, sob certas condições de execução, que se ajude a pessoa a expressar seu mal-estar, a elaborar e superar seus conflitos.

3.2.2 Práticas de Expressão Proxêmicas

Estas práticas de expressão exigem a proximidade de outrem e utilizam a sensorialidade do contato. Originaram-se dos chamados Grupos de Encontro.

a) Psicomotricidade Relacional (Lapierre), **Relaxamento Relacional, e Prática Psicomotora** (Aucouturier): consistem em alternar faixas de comunicação não verbal (contato pele a pele, embalo, carícias, exploração tátil) com faixas de verbalização. Aucouturier utiliza a dramatização em demandas fantasmáticas e a análise semiótica dos sinais da criança, no tempo e no espaço.

b) Expressão Corporal de Sentido Analítico: é um trabalho de expressão corporal integrado no contexto psicanalítico. É feita em grupo, utilizando-se a livre associação, o que permite aos participantes reencontrar sua história esquecida ou recalcada pela retomada consciente do próprio corpo.

3.2.3 Práticas de Expressão Emocional

Consideradas por Camus (1986) como práticas que dispensam o contato corporal. São vividas pelo sujeito na modalidade de abalo emocional intenso.

a) Práticas Primitivas: constituem-se de curas realizadas pela crise de possessão. São práticas consideradas terapêuticas (ritos, mitos, dança), utilizadas pelos povos primitivos, com o intuito de promover a cura pela crise de possessão.

b) Práticas Neo-Reichianas: a Bionergia consiste em exercícios corporais com o intuito de liberar todas as tensões musculares crônicas, que restringem a sensibilidade e o movimento. A Terapia pelo Grito (terapia primal) é a busca da cura mediante o grito chamado de primal. Não se trata do grito pelo grito, nem é um meio de aliviar as tensões, pois não é o grito, em si, que é curativo, mas sim o sofrimento que o acompanha. O sofrimento é o agente curativo porque ele significa que o indivíduo recomeça a sentir.

Em que bases epistemológicas e teóricas podem se apoiar as diferentes práticas do psicomotricista, especialmente as que se denominam como EPM, RPM e TPM? É o que passo a considerar e apresentar nos próximos capítulos.

16. BASES EPISTEMOLÓGICAS DA PSICOMOTRICIDADE

Considero as concepções Neurológica, Psicológica, Psicanalítica e Fenomenológica sobre o EC como as quatro concepções que orientam a prática psicomotora, possibilitando escolhas segundo a preferência teórica do profissional. Essas concepções, por sua vez, constituem, a meu ver, as bases epistemológicas que sustentam as duas vertentes de aplicação da Psicomotricidade: a clínica e a reeducativa, que também permitem a diferenciação da teoria e da metodologia a ser utilizada.

Naturalmente que outras teorias podem ser buscadas como fundamento e marco teórico com fins de pesquisa e tratamento, como a Psicogenética de Piaget ou o Pensamento Sistêmico Cibernético.

É preciso fazer uma escolha teórica, mesmo que seja ilusória, ou que não nos sirva mais depois de um tempo. Segundo Jung (1916-1961), citado por Keeney (1987), o mundo se divide em *Pleroma* (o tudo e o nada) e *Criatura* (distinção). À Criatura coube a capacidade de fazer distinções. O cientista, como criatura, é, portanto, capaz de distintividade. É da nossa ignorância que surgem várias epistemologias.

Não é pretensão da minha parte discorrer sobre os métodos orientados pela concepção neurológica e psicanalítica. Minhas escolhas e preferências, a experiência e a prática profissional com a Psicomotricidade me permitem apontar construções baseadas na Psicogenética de Wallon e na Fenomenologia de Merleau-Ponty.

Para responder à última das questões propostas por este livro, Psicomotricidade, como*?*, é necessário voltarmos a algumas concepções de Wallon e Merleau-Ponty.

16.1 Considerações sobre o Método Psicogenético e Fenomenológico em Psicomotricidade

Pensar no método em Psicomotricidade nos leva a três dimensões possíveis dessa ciência: sua história, as bases epistemológicas que a sustentam e a questão da relação no processo psicomotor na terapia. Como apontado anteriormente, a Psicomotricidade configurou-se a partir da interlocução de outras ciências como a Neurologia, a Psicologia, a Psicanálise, a Fenomenologia. Por não possuir um corpo teórico específico (ciência do corpo sem corpo), e sim a confluência de diferentes perspectivas teóricas, a Psicomotricidade, ao mesmo tempo em que dificulta ao especialista a escolha epistemológica e metodológica, possibilita-lhe abertura para o conhecimento em diferentes campos.

Nas palavras do professor Gregório Baremblit, toda teoria é considerada e se constitui como o objeto formal abstrato do conhecimento. As concepções sobre o inconsciente, as relações objetais, a consciência, a inteligência, o comportamento ou o fenômeno são considerados os objetos formais abstratos, respectivamente, da Teoria Psicanalítica de Freud e da Escola Francesa de Psicanálise; da Teoria das Relações Objetais da Escola Inglesa de Psicanálise; da Psicogenética de Wallon e Piaget; da Teoria Comportamental e da Fenomenologia.

O método que corresponde à teoria nos indica como lidar com o objeto formal abstrato específico a cada uma delas. "O método não toca o objeto formal abstrato. A técnica, ou a prática, sim", e é ela que nos ensina que se pode tocar o objeto formal abstrato.

Diante das quatro bases epistemológicas apontadas como norteadoras da clínica e da investigação em Psicomotricidade, por questão de escolha, preferência e experiência clínica, no exercício da clínica psicomotora, a partir de 1973, optei pelo caminho teórico que inicialmente Wallon me apontou, assim como pelas concepções de Winnicott. Posteriormente, o pensamento de Merleau-Ponty foi se tornando mais pertinente e apropriado para desenvolver, tanto na prática como na pesquisa, o princípio fundamental que a Psicomotricidade nos propõe, ao considerar o ser em sua globalidade. Embora os ensinamentos de Wallon ainda se fundem em tônica evolucionista, o método genético e o método psicopatológico que ele nos apresenta tornam possíveis considerar a perspectiva determinista- dialética, ontogenética e histórico-social conveniente aos propósitos da Psicomotricidade. A meu ver, Merleau-Ponty vai mais além. Ele nos ajuda a pensar e a pôr em prática a clínica psicomotora, de acordo com o que a Psicomotricidade buscou em cada etapa de sua história: a aproximação entre a motricidade e o pensamento. Assim, é preciso rever a aplicação das teorias psicológicas que, de forma cartesiana, não dão conta de aproximar a motricidade do pensamento, ao considerarem a ação da criança como passagem para o psiquismo, o que gera até mesmo desigualdades educacionais e sociais. Nessa direção, de acordo com Castro (2003), e no que tange ao propósito desta parte do livro, é fundamental que se diferencie o conceito de corpo na Psicogenética e na Fenomenologia.

Considero o corpo na Psicogenética, conforme descrito em Castro (2003), em relação às teorias psicológicas, *corpo objeto*. Segundo a autora, corpo objeto é o reflexo submetido ao pensamento causal e a modelos mecânicos, como visto na tradição empirista e racionalista da Psicologia. Trata-se do corpo do comportamento do sujeito. Na Fenomenologia, o corpo é denominado como *corpo vivido* ou *corpo próprio.*

Trata-se do corpo do ser da situação e manifestação da subjetividade, na maneira de estar no mundo como forma de linguagem. Cada um desses conceitos sugere, consequentemente, o método e a técnica de forma específica. Ou seja, como a Teoria Psicogenética e a Fenomenologia lidam com o corpo objeto e o corpo vivido e tocam-nos, respectivamente?

16.2 O Método Psicogenético em Psicomotricidade

Ao dizer que a criança conhece o mundo, as coisas, enquanto conhece seu corpo, no tempo e no espaço, ao longo de seu desenvolvimento, tomando consciência de si, do mundo e do outro, Wallon funda as bases epistemológicas da Psicologia Genética e da Psicomotricidade. A direção metodológica e ética da prática psicomotora pode ser pensada. Apesar de ele não ter especificado diretamente uma metodologia para a prática psicomotora, podemos problematizá-la a partir de suas considerações em relação a suas concepções e ao método genético conforme proposto por ele.

Henri Wallon nasceu em Paris em 15 de junho de 1879, e faleceu em 1962. Conclui, em 1902, a formação em Psicologia vinculada à de Filosofia, conforme a estrutura universitária francesa da época, formando-se depois em Medicina, em 1908. Wallon não conseguiu dissociar o político do social em sua ação cotidiana como professor, filósofo, médico e psicólogo. Mas foi só após sua viagem a Moscou, em 1930, que, juntamente com outros companheiros, interessou-se por um estudo mais acurado do materialismo dialético. Para Wallon, o marxismo não se superpõe à ciência, nem a dirige. Ao contrário, ele está, no fazer ciência, como opção para orientar uma atitude de observação e pesquisa. Wallon inicia suas pesquisas dentro do domínio da psicopatologia. Suas primeiras grandes obras baseiam-se em observações de crianças e feridos de guerra. Põe-se, com vigor, contra os métodos tradicionais da Psicologia e procura definir condições para um estudo objetivo da consciência. Eliminando a interferência da intuição íntima e baseando-se nas circunstâncias externas que acompanham o fenômeno psicológico, torna seu método o universo do método introspectivo. Decalca o objeto da Psicologia como a procura da apreensão do homem concreto, naquilo que forma sua unidade, no contexto histórico-social em que está inserido. Significa perceber o ser humano em seus conflitos e contradições, com analogias entre a gênese do ser vivo, da espécie e do indivíduo, procurando a percepção dos fenômenos mediante as suas condições de existência, do decalque do real onde os fenômenos ocorrem. Equivale a considerar não apenas as semelhanças, os condicionamentos a que são submetidos os seres humanos, mas também as dessemelhanças, os conflitos e as contradições que permeiam o contexto do drama humano que cobre, de forma original, cada ser. A originalidade do indivíduo está não no que ele faz igual, mas naquilo que faz diferente. São as negações, as contradições, os conflitos que vão explicar o real, o sentido da vida, singular para cada um.

Para Wallon, o homem agita-se, então, entre dois polos: a hereditariedade orgânica e a hereditariedade histórico-social, fazendo- se um produto resultante dessas relações, mas delas se destacando pelo sentido que imprime à própria vida. Dessa forma, por meio da unidade biológica e social, Wallon adota a atitude dialética que permitirá explicar as diversas etapas da transformação do fisiológico para o psíquico, não desligando a realidade psíquica do contexto cultural onde se desenvolve. Essa transformação de forma qualitativa será responsável pelas primeiras etapas da tomada da consciência do corpo e do próprio indivíduo, a inscrição no corpo do esquema corporal e a diferenciação com o outro. É com o outro, e por meio do outro, que se forma a consciência de si mesmo. A alienação do outro no processo de desenvolvimento do indivíduo permitirá diversos quadros patológicos, pela impossibilidade de apreensão do eu interior por si mesmo.

Wallon privilegia especialmente a dinâmica das relações familiares em sua qualidade, para a formação da identidade do ser. A observação da criança em seus meios naturais (família, escola, grupos de brinquedo) é valorizada pela identificação das atividades espontâneas do sujeito e das suas fases de desenvolvimento.

Assim, a criança nasce em estado de indiferenciação, sem delimitação do "eu" e do "não eu", das condutas e dos fenômenos psíquicos que Wallon denomina como estado "sincrético". A passagem do primeiro para o segundo ano de vida é importante, pelo início da diferenciação do sincretismo afetivo. As emoções, a princípio um fato fisiológico, começam a representar formas de expressão e opção entre os diversos estímulos ambientais.

A emoção é a base da vida psíquica, origem da afetividade e do caráter. Wallon estuda os três primeiros anos de vida da criança e a gradual consciência dessa fase. Analisa as reações da criança diante do espelho e descreve como a imagem especular progressivamente corresponde à percepção do próprio corpo. Estuda as condições de reciprocidade entre o ser e o meio e as relações entre os diversos estágios de desenvolvimento, especialmente as relações de filiação e oposição entre emoção e representação.

É essa percepção entre a união do ser vivo no comando da organização das condutas, no estabelecimento da personalidade do sujeito, que constitui o método da análise dos conjuntos, permitindo o estudo da criança em um enfoque evolutivo.

Mas o método genético não se limita, para Wallon, ao estudo da Psicologia da criança. Wallon percebe a Psicologia Genética em três níveis: a escala do ser vivo, a escala da espécie humana e a escala do indivíduo. Pelo método genético aplicado à espécie humana, procura descobrir e definir as origens biológicas do psiquismo. Comparando o animal ao ser humano, Wallon define uma das funções da Psicologia: mostrar o homem no animal e que o homem já não é o animal. Este momento, do homem já "não animal", ocorrerá quando, ao mundo perceptivo, se sobrepõe o das representações (das ideias), com a intervenção da linguagem e da sociedade. O autor adota, então, o método verbal: é escutando a criança que se pode perceber as suas dificuldades, analisando a sensibilidade e a magia da linguagem infantil, procurando identificar suas dificuldades e os progressos do pensamento.

A Psicologia Genética estuda a transformação da criança em adulto, considerando as condições orgânicas e as relativas ao meio. São essas duas condições que formam a dialética da psicogênese.

Por meio de estudos longitudinais e transversais, nos quais a criança é observada e comparada a si mesma e em relação a outras, em diferentes fases de desenvolvimento, por sua vez comparadas ao animal, ao primitivo, ao adulto e ao patológico, é que se faz a "metodologia concreta multidimensional" do fenômeno psíquico (MELLO, 1986). Essa metodologia permitiu a Wallon precisar seu conceito de estágio evolutivo. Cada estágio corresponde a um sistema organizado segundo as características de uma função dominante: um momento de evolução mental e de um tipo de comportamento, no qual interagem a maturação orgânica e os estímulos do meio. Os estágios se diferenciam das fases por corresponderem a sistemas de comportamento característicos de uma idade (etapa). As condições e formas pelas quais um estágio dá acesso ao outro permitem um estudo diacrônico da organização da atividade do ser humano e a compreensão de que um estágio determinado é o momento da evolução de uma estrutura. A partir dessa integração organismo-meio faz-se a condição humana, na qual o meio interfere nas mudanças do indivíduo e o indivíduo propicia as mudanças do meio.

A dialética da personalidade é formada de contradições superadas e criadas em etapas sucessivas, entre a linguagem e a percepção das coisas, o real e a representação, intuição e abstração, pensamento discursivo e pensamento sensório-motor. O materialismo dialético, em Wallon (MELLO, 1986), aparece como a união necessária entre a pesquisa psicológica e a reflexão filosófica, a integração necessária entre a ordem genética e a ordem social.

Se voltarmos ao caso do Pequeno A, pode-se perceber que as dificuldades pelas quais a criança passava aos 10 anos de idade estavam diretamente ligadas a sua organização tônica, motora e afetiva em reciprocidade com o meio. Sem condições de organizar suas emoções socialmente, por saber que havia sido gerada de uma mãe alcoólatra, construiu a imagem corporal de si mesma como criança prejudicada, o que lhe impediu a passagem dos atos motores funcionais aos atos mentais, na representação simbólica do ato. Com a passagem bloqueada pela desordem de suas emoções, manifestou-se sua dificuldade em aprender a ler e escrever.

Ao explicitar a ação recíproca do ser vivo com o seu meio, pelo conceito de *alternância funcional*, Wallon afasta-se definitivamente tanto do organicismo como do sociologismo, afirmando que não é possível contemplar a vida psíquica, a não ser na forma de suas relações recíprocas.

O método genético utilizado por Wallon, aplicado às patologias, ao facilitar a pesquisa de filiações entre os estágios, possibilita também o estudo da organização e do equilíbrio funcional que regem esses estágios.

Não há, para o autor, correspondência entre as idades da criança e as da infância. A infância tende para a idade adulta e realiza o equilíbrio funcional entre o biológico e o social. A criança vive as etapas da infância, segundo a variabilidade do meio e suas condições orgânicas. O desenvolvimento para Wallon, portanto, é regido segundo três planos: *o da organização anátomo-psicológica, o da organização das funções e o da organização das atividades*, sendo que cada plano depende do outro que o antecede, tem autonomia e se integra aos outros (MELLO, 1986). O plano dos sistemas funcionais se estrutura segundo os fenômenos de *alternância funcional, sucessão ou dominância funcional* e *diferenciação e integração funcional.* Sob a denominação de uma função nova, os fenômenos funcionais pressupõem uma hierarquia de funções e integração das funções anteriores.

A alternância funcional, em cada estágio, contempla uma mudança na orientação das atividades, ora centrípeta (voltada para a constituição do próprio sujeito), ora centrífuga (voltada para as relações do sujeito com o mundo exterior). Dessa forma, o subjetivo e o objetivo se alternam, sem se anularem, e a inteligência e a afetividade assumem, alternadamente, o domínio de uma sobre a outra, ao longo do desenvolvimento. As alternâncias provocam o crescimento próprio e a extensão ao mundo exterior dos seus meios e objetivos (fins), desde as funções fisiológicas mais elementares até as de grande multiplicidade. Na perspectiva desse conceito, a criança comprometida, no Estágio Categorial, por exemplo, poderá equilibrar suas funções adquiridas, a partir de novos estímulos que o meio pode lhe oferecer. Terá condições de revisar a sua própria noção corporal, redimensionando as noções de espaço e tempo.

O plano da organização anátomo-psicológica torna possível a sucessão dos sistemas funcionais, seja por conexões das estruturas nervosas (em um mesmo estágio), seja por dependências funcionais (em estágios subsequentes), na transposição das mais primitivas às mais poderosas. Dessa forma, pode-se dizer que os estágios Projetivo, Personalista e Categorial encontram suas conexões nervosas e funcionais diante do aparecimento da doença da criança, na busca do equilíbrio funcional. A integração funcional preside a organização das funções, em relação à estrutura anátomo-psicológica, e também refere- se às mudanças de nível das operações intelectuais, quanto à expressão orgânica.

O plano da organização das atividades tem como base a organização das funções, como meio que possibilita sua expressão, de acordo com o estágio. Mas a atividade possui, em relação à função, certa autonomia que se garante pelo entrelaçamento da dupla história da hereditariedade biológica e da hereditariedade social. Em toda criança essas duas histórias se confundem, tornando-se impossível a sua divisão.

Assim, tanto as fases do desenvolvimento quanto as síndromes constituem equilíbrios funcionais, caracterizados pela relação de troca ideal entre o orgânico e o social. Os meios que a criança (em cada estágio) adota e os fins ou os objetivos, característicos de sua idade, revelam "certas diferenças" na relação de troca biossocial.

Se considerarmos a prática psicomotora como a possibilidade de uma "seleção de estímulos sociais", comandada pelo plano da organização das atividades, pode-se estimular a organização funcional da criança, conduzindo-a a outros modos de utilização dos recursos do meio, segundo os objetivos pertinentes à sua idade que, por sua vez, estão subordinados às suas condições de vida.

Meios e objetivos correspondem a uma ação reguladora, inibidora ou estimuladora, que implica relações sempre novas entre o ser e o meio. A ação integradora aparece como uma combinação das atividades já possíveis, com a aquisição de uma nova função e a influência de novas condições de vida, originando novos objetivos.

16.3 Método Fenomenológico

Até agora, vimos, na perspectiva fenomenológica de Merleau- Ponty, que o sujeito racional é um sujeito sem corpo que corresponde ao eu abstrato, desencarnado, de consciência vazia de corpo.

O sujeito de Descartes é um sujeito encerrado em si mesmo, separado do mundo, impossibilitado da percepção do outro. Descartes separou o sujeito da coisa percebida, pois, só de posse da razão, o homem poderia dominar o mundo, com suas ideias. Ideias estas que a Psicologia e a Psicanálise também herdaram.

Merleau-Ponty (1999) apresenta outra leitura do *Cogito*, apontando para uma noção de consciência engajada. A consciência, para o autor, não é privada, antes, é encarnada, enraizada, dentro da existência, atada por dentro ao mundo, às coisas, nos limites da experiência e do sensível. Somos um interior e um exterior, numa transitividade sem pouso.

Merleau-Ponty nasceu em Rochefort-sur-Mer, na França, em 14 de março de 1908, e faleceu em 1961. Na França, a Fenomenologia da época apresentava uma preocupação sociopolítica marcadamente de esquerda, com a atenção voltada para o pensamento marxista, diferente do que ocorria com os fenomenólogos alemães. A Fenomenologia foi o ponto de partida teórico de Merleau-Ponty e a sua participação na Resistência, o ponto de chegada à política, possibilitando ao autor criar um vínculo entre a luta política e a filosofia da existência. Entrar para a Resistência, em 1941, significava para ele pôr em xeque a visão dissociada entre vida interior e vida exterior. Isso lhe propiciou boa assimilação dos acontecimentos externos, permitindo-lhe descobrir que a existência da História e a singularidade da sua vida eram feitas do mesmo tecido, fazendo-o conhecer o sentido e o problema da coexistência.

O filósofo combatia duas concepções de História: a de que a História teria uma lógica única e perfeita, com uma sequência orientada de acontecimentos predeterminados e a de que a História seria regida pelo acaso. É porque somos sociais e históricos que a História não pode ter uma lógica predeterminada, nem reduzir-se a uma série de fatos casuais, sem sentido. A compreensão de que a História não é a ausência de sentido, pois, assim, não seria humana, faz o filósofo pensar que ela se torna uma coexistência ou uma comunicação efetiva com o outro. Para o autor, se soubéssemos aonde a História vai, os acontecimentos não teriam mais importância, nem sentido.

Segundo Merleau-Ponty, é no duplo do corpo, da sua condição de reflexividade e visibilidade que se pode trabalhar a noção de consciência. Assim, o binômio corpo-subjetividade passa a inserir a dialética da corporalidade na subjetividade e vice-versa. É por meio da experiência de uma sensorialidade vivida que a consciência ganha espessura e engajamento corporal. A consciência está enraizada no corpo e o corpo, no mundo. O corpo expresso na sua dupla condição de visibilidade e de reflexividade, visível e vidente, enraizado no mundo, leva-nos a pensar, portanto, o corpo da criança no interior da sua subjetividade. Assim, é o corpo da criança, e não sua consciência, que percebe o mundo e o habita. A criança não toca as coisas com ideias: primeiramente é o corpo dela que toca o mundo. Há um contato mudo da criança com as coisas, enquanto ainda não são ditas.

Quando passa a trilhar o caminho de uma nova "Filosofia da Carne", Merleau-Ponty (1969) encontra uma forma de acabar com a soberania da consciência, no nível das representações e do pensamento, articulando-a ao corpo. O fundante não é a consciência em face do mundo, mas o que ele denomina *Carne* (*chair*).

> A carne não é matéria, não é espírito, não é substância. Seria preciso, para designá-la, recorrer ao velho termo "elemento" no sentido em que era empregado para se falar da água, do ar, da terra e do fogo, isto é, no sentido de uma coisa geral, meio caminho entre o indivíduo espaço-temporal e a idéia. (MERLEAU-PONTY *apud* JÚNIOR-CARMO, 1991, p.103)

A carne pertence, portanto, aos órgãos perceptivos e ao mundo. Assim, a carne passa a ser o fundamento da relação sujeito-mundo e não mais a consciência.

> Antes da consciência do corpo – que implica a relação com outrem – a experiência de minha carne como canga de minha percepção ensina-me que a percepção não nasce em qualquer lugar, mas emerge no recesso de um corpo. (MERLEAU-PONTY *apud* LEITÃO, 1992, p. 49)

Carne é um conceito que diz respeito a uma *membrura* que recobre o mundo e as coisas, o corpo e o mundo, não como fatos separados, mas como uma generalidade do sensível, num anonimato, "num narcisismo fundamental". Não há limites, portanto, entre o corpo e o mundo, já que mundo é carne. Há um enovelamento, um entrelaçamento do ser do corpo com o ser-no-mundo, numa reversibilidade. É a Filosofia da Carne que se abre para a compreensão do ser criança, como um "campo bruto" a ser explorado, como experiência da experiência.

O anonimato e a nutrição entre a criança e o mundo, no conceito de "corpo carne" de Merleau-Ponty, tão bem reelaborado por Leitão (1992), nos aproxima mais da articulação que fazemos sobre a história que a criança conta com seu corpo, no diálogo intercarnal com o outro, com o mundo.

Ao descrever o fenômeno da fala, Merleau-Ponty (1999) ultrapassa, em definitivo, a dicotomia clássica entre sujeito e objeto. Para ele, na perspectiva do intelectualismo ou do empirismo, a palavra não tem significação, é desprovida de sentido, é um invólucro vazio e inerte, apenas um fenômeno articular, sonoro ou a consciência dele.

Segundo o autor, pela explicação automatizada, a linguagem é apenas um acompanhamento exterior do pensamento. Se falar fosse unir-se ao objeto por uma intenção de conhecimento ou por uma representação, ninguém falaria, e se há um sujeito, ele é apenas um sujeito pensante e não um sujeito falante. Longe de ser o simples signo dos objetos e das significações, a palavra habita as coisas e veicula as significações. A fala não traduz o pensamento já feito, mas o consuma. Aquele que escuta, recebe o pensamento da própria fala; é ele quem dá sentido às palavras, às frases. A combinação de palavras e frases não pode ser compreendida se não encontrar naquele que escuta o poder de realizá-la, espontaneamente.

Compreendemos para além daquilo que espontaneamente pensamos, e a consciência não pode saber tudo antecipadamente. Portanto, o pensamento do outro é retomado pela fala, uma reflexão no outro. Um poder de pensar segundo o outro é que enriquece nossos próprios pensamentos. O sentido das palavras é induzido por elas, e sua significação conceitual se forma por antecipação, a partir de uma significação gestual imanente à fala. No sujeito falante, o pensamento não é uma representação que põe objetos e relações. As palavras ocupam nosso espírito e sentimos a necessidade do discurso, mas não podemos prevê-lo ao sermos possuídos por ele. Se não é preciso representar o espaço exterior e o corpo próprio para mover um no outro, bastando um campo de ação disposto em torno de nós, também não é preciso representar a palavra para sabê-la ou pronunciá-la. Basta que se possua sua essência articular e sonora como uma das modulações, ou um dos usos possíveis do corpo. Só há um meio de representar a palavra: é pronunciá-la. Assim: *[...] a imagem verbal é uma das modalidades de minha gesticulação fonética, dada com muitas outras na consciência global do meu corpo* (MERLEAU-PONTY, 1999, p. 246).

Compreende-se o papel do corpo na memória, no próprio esforço para reabrir o tempo a partir do presente, numa atitude intencional de comunicação. Não como consciência constituinte do passado. A fala e o pensamento estão envolvidos um no outro. É preciso que *a palavra e a fala deixem de ser uma maneira de designar o objeto e o pensamento para se tornarem a presença desse pensamento no mundo sensível e não sua vestimenta, mas seu emblema ou seu corpo.* (idem, p. 247)

A significação da fala é, portanto, uma significação existencial. A fala é um gesto e contém seu sentido. É isso que faz possível a comunicação. Naturalmente, é preciso que o vocabulário e sua sintaxe sejam conhecidos por nós para que se possa comunicar como um sujeito falante, com certo estilo de ser e com o mundo em que se vive. O que já está dado entre os atos de expressão pela cultura estabelece um mundo comum entre os sujeitos falantes. Mas o sentido da fala só torna possível a compreensão e a atualização da comunicação quando o corpo se ajusta ao gesto de alguém e o recobre. Se a fala está instituída no mundo em que vivemos, é por isso que vamos perdendo, aos poucos, nossa capacidade de expressão e comunicação, seja junto à criança que aprende a falar, ou ao escritor que conta algo pela primeira vez, ou seja, a todos que transformam certo silêncio em fala.

Segundo o autor, se não remontamos a essa origem, nossa visão sobre o homem continuará superficial enquanto não reencontrarmos, sob o ruído das falas, o silêncio, enquanto não descrevermos o gesto que rompe esse silêncio. É pelo corpo que compreendo o outro e que percebo coisas; e o sentido do gesto se confunde com a estrutura do mundo que o próprio gesto desenha na sua intencionalidade e que, por minha conta, eu retomo. A origem da linguagem está na compreensão do gesto linguístico que desenha, como todos os gestos, o seu próprio sentido, mesmo que psicólogos e linguistas recusem essa afirmação, em nome do saber positivo. Há, portanto, uma *gesticulação verbal* que tem a função de comunicar. *Eu o apreendo em um ato indiviso, tão breve quanto um grito.* (Ibidem, p. 253)

Devem ser procurados, de acordo com o autor, os primeiros esboços da linguagem na gesticulação emocional para que o homem sobreponha ao mundo dado o mundo segundo o homem.

A fala é a única, entre todas as operações expressivas, capaz de sedimentar-se e de constituir um saber intersubjetivo. Mas, para compreendermos o privilégio da razão, é preciso recolocar o pensamento entre os demais fenômenos da expressão. A atividade categorial, antes de ser um pensamento ou um conhecimento, como pensam os intelectualistas, é uma maneira de se relacionar ao mundo, um estilo, ou a configuração de uma experiência. Contrariando as invariantes da *função simbólica*, para Merleau-Ponty (1999), o ato categorial não é um fato último, ele se constitui em certa *atitude* e é em nossa atitude que a fala está fundada. Nenhum deles, o ato e a fala, poderia ser causa ou efeito.

A linguagem tem um interior, que não é um pensamento fechado sobre si e consciente de si. Se a linguagem não exprime o pensamento, ela é a tomada de posição do sujeito no mundo de suas significações. O sujeito pensante, portanto, deve ser fundado no sujeito encarnado. O sentido da palavra não está contido no som, assim como o sentido do gesto não está contido num movimento físico. Os núcleos significativos que emanam deles são atos transcendentes da comunicação pela potência que o corpo abre a uma conduta nova para ser compreendido.

Para que o milagre da comunicação se produza, é preciso que a gesticulação fonética utilize um alfabeto de significações adquiridas no mundo percebido e comum a todos. Mas isso não basta; a fala autêntica faz nascer um sentido novo, assim como o gesto dá, pela primeira vez, um sentido humano a um objeto. Há uma potência aberta e indefinida de significar, de aprender e comunicar um sentido, como fato último pelo qual o homem se transcende em direção a um comportamento novo, ou em direção ao outro, ou ao seu próprio pensamento, por meio do corpo e de sua fala.

A fala é, portanto, na visão de Merleau-Ponty, integralmente motricidade e integralmente inteligência. A fala é o excesso de nossa existência, e a análise da sua expressão nos faz reconhecer a natureza enigmática do corpo próprio. O corpo torna-se, assim, o pensamento ou a intenção que nos significa. É a linguagem que faz com que as essências existam. Mas buscar a essência do mundo não é buscar aquilo que ele é em ideia, e sim o que de fato ele é para nós, antes de qualquer tematização. O mundo é o que percebemos e o que nos torna certos da nossa existência. Nós temos a experiência de nós mesmos, dessa consciência que somos, e é a partir dessa experiência que se medem todas as significações da linguagem. É a experiência que faz com que a linguagem queira dizer algo para nós.

A dialética e o paradoxo do Ego e do Alter só são possíveis se a Filosofia não fizer uma redução ao Eu, um retorno ao Eu. É preciso que o Eu descubra a percepção de si mesmo no momento em que experimenta a sua existência e descobre uma fraqueza interna que o impede de ser absolutamente indivíduo e o expõe ao olhar dos outros. Como um homem entre os homens. O *Cogito* desvaloriza a percepção de um outro e ensina que o Eu só é acessível a si mesmo, já que nos define pelo pensamento que temos de nós mesmos.

> Para que o outro não seja uma palavra vã, é preciso que minha existência nunca se reduza à consciência que tenho de existir, que ela envolva também a consciência que dele se possa ter e, portanto, minha encarnação em uma natureza e pelo menos a possibilidade de uma situação histórica. (MERLEAU-PONTY, 1999, p. 9)

De acordo com Capalbo (2003), Merleau-Ponty dá à noção de comportamento um *status* filosófico, abandonando o pensamento causal ou mecânico da ciência. O corpo humano, em seu comportamento, é criador de significação. É o corpo vivido, ou corpo próprio que se sente sentir, se experimenta experimentar, se vê agir, agindo em um comportamento significativo. Jamais totalizado ou acabado, o corpo próprio é sexualidade e liberdade, enraizado na natureza no momento que se transforma pela cultura. O corpo próprio é o ser de situação, ser no mundo, expressão e manifestação de subjetividade, maneira de o sujeito estar presente no mundo, com os outros e com as coisas, forma de linguagem. O corpo próprio, entendido como fenômeno de ser no mundo, não é enfocado pela Fenomenologia conforme o faz a ciência clássica, ou seja, não é reflexo, coisa submetida ao pensamento causal e a modelos mecânicos, como é visto na tradição empirista, pavloviana ou behaviorista. É o corpo como visto na Psicologia atual, o esquema corporal dinâmico, corpo próprio no comportamento de um sujeito. Fonte e berço das significações silenciosas e mudas é do corpo próprio que se desprende um mundo, um espaço, um tempo, uma expressão no movimento intencional. É, pois, ponto de origem de todos os pontos de vida, o projeto de um mundo objetivo e intersubjetivo. O corpo próprio se mostra na vida cotidiana como lugar onde se sente e se organiza a percepção, na relação figura e fundo, no nexo do sentir e do sensível, do ver e do visível, afetado pelo objeto que reenvia o ser ao corpo próprio.

Segundo Capalbo (2003), o corpo próprio entrelaçado a uma historicidade pessoal e a uma generalidade é, ao mesmo tempo, movimento espaço-temporal, centrípeto e centrífugo em direção ao mundo.

A análise do corpo próprio, em Merleau-Ponty, requer um novo estatuto do saber. Há um tipo de saber dos órgãos do corpo que é dado pela ciência. É preciso reconsiderar a interação entre o corpo fenomenal e a visão científica do corpo. O mundo pré-objetivo, segundo Merleau- Ponty, citado por Capalbo (2003), é acessível à análise existencial, como que aguardando que da linguagem silenciosa se faça a linguagem falada. Esse nível pré-reflexivo, vivido, foi caracterizado por Merleau-Ponty como pré-pessoal, anônimo, em terceira pessoa, sustentando a vida pessoal. A existência pessoal é a retomada da tradição pré-pessoal, na condição da herança genética, histórico-social, econômica, educacional, da sexualidade, da linguagem (CAPALBO, 2003). Trata-se de uma pré- história que marcará o lugar do corpo no mundo. Essa experiência originária da experiência natural e espontânea não visa à singularidade existencial, e sim aclara a experiência pela qual a existência se manifesta.

O esforço de Merleau-Ponty consiste em refletir sobre a experiência existencial nas dimensões da subjetividade entrecruzada ao anonimato, sem uma ultrapassar a outra. A presença imediata da coisa nela mesma é a experiência do vivido. Pelo mover-se corporal, o eu recebe das funções sensoriais, motoras e nervosas do corpo o sentido pré-dado da vida cotidiana, pré-assinalado pela vida, impossível de ser recuperado pela reflexão, já que antecede à reflexão. O objetivo de Merleau-Ponty é pôr em evidência a função primordial pela qual nós fazemos existir para nós. Nós assumimos o espaço, o objeto ou o instrumento e descrevemos o corpo como o lugar dessa apropriação.

A questão reside em conhecer como o homem se institui a si mesmo por seus projetos e como o mundo do qual faz parte toma sentido para ele. Ele não é o resultado de influências físicas e sociais que o determinam do interior para o exterior, fazendo dele uma coisa entre as coisas. A vida irrefletida funda a existência como significante primeiro do nosso ser-no-mundo, como situação de saber (CAPALBO, 2003). Importa mais esforçar-se para formular um conhecimento sobre a experiência no mundo, um contato com o mundo que precede todo o pensamento do mundo. Não como uma relação sujeito/objeto, e sim como uma relação ao ser que é sujeito de seu corpo, seu mundo (CAPALBO, 2003).

A reflexão sobre o irrefletido da Filosofia existencial se faz, para Merleau-Ponty, citado por Capalbo (2003), em dois níveis. O primeiro é de natureza descritiva, descrição direta do campo fenomenal. O segundo é de natureza da situação do ser no mundo, no *logos* da palavra. Segundo Capalbo (2003), antes de morrer, Merleau-Ponty apresenta em seus cursos (1956-1957), no Collège de France, o *elemento carne*, no sentido que os gregos o empregaram para falar de água, ar, terra e fogo. Algo a meio caminho do indivíduo espaço-temporal, elemento do ser bruto, do ser selvagem, carne do visível. A partir daí, passa a estudar entre o "Logos mundo da Natureza" e o "Logos expresso da Linguagem". O Logos do Ser significa recolher e ler o que preexiste do mundo em nós. "O mundo se mostra silenciosamente a nós apelando a nossa ação de recolhimento de sentido e ato de enunciá-lo, dar a ele uma expressão" (CAPALBO, 2003, p. 22). O mundo se manifesta no ser, e o homem que o vê, vê o visível do ser (Natureza) e o seu invisível do mundo (Logos).

A Filosofia, para Merleau-Ponty, segundo Capalbo (2003), é a reconversão do silêncio e da fala um no outro. No entrelaçamento intercorporal com os outros, neste nexo carnal, abre-se a questão da sexualidade, da carícia, do desejo erótico, da sublimação, da criação artística, na expressão da linguagem em segunda potência (CAPALBO, 2003).

Interrogo-me: O exercício reflexivo que parte das experiências irrefletidas do corpo vivido em suas expressões de linguagem, nos gestos e nos atos pode apontar um caminho que supere a cisão clássica entre o terapeuta e o sujeito, na relação, no exercício da clínica psicomotora?

Ao perguntar sobre o significado do corpo, por exemplo, para a menina de rua, Castro (2003) indica que a atitude é ir ao fenômeno, que só pode mostrar-se quando interrogado e, ao se mostrar, possibilita que algo seja visto a seu respeito.

A autora, citando Expósito (1992), esclarece que a palavra fenomenologia vem de duas expressões gregas *phainomenon* e *logos*. *Phainomenon* (fenômeno) significa aquilo que se mostra por si mesmo, o manifesto; *Logos* é o discurso esclarecedor. *Pha* é semelhante ao grego *phos*, que significa luz ou brilho, que pode tornar-se visível. *Phenomenon* é o conjunto daquilo que se revela à luz do dia. *Logos* é o que é transmitido na fala, deixando que algo apareça, podendo ser usado como concepção do discurso.

Para a Fenomenologia, não conhecemos as coisas como são, mas como se nos apresentam por meio dos sentidos. O estar aberto ao mundo (MERLEAU-PONTY, 1999) nos possibilita a comunicação com ele. Diferente de outras posições filosóficas, para as quais a palavra fenômeno é ilusão ou aparência, a Fenomenologia tem sua identidade assegurada pelo sentido dado ao fenômeno. O significado do fenômeno, que está aí, precisa ser desocultado, pois não está evidente ao nosso olhar habitual.

A Fenomenologia propõe como ponto de partida voltar- se para a ação humana e buscar seus significados no mundo-vida. Elucidar a essência pela experiência do sujeito na atividade intencional da consciência. O pesquisador deve renunciar à atitude de apenas constatar ou comprovar dados e buscar entendê-los na totalidade da vida da pessoa, no compromisso da situação real vivida.

Caminhar ao redor do fenômeno, movido pela interrogação, fazendo surgir gradativamente a compreensão; estar atento para excluir aspectos que não aparecem na experiência concreta, que são conceitos fixados previamente; tomar causa dos próprios preconceitos, sem negá-los; excluir teorias sobre o sujeito; despojar-se de um referencial teórico paradigmático para interrogar o fenômeno, são as principais recomendações de Castro (2003) ao pesquisador e, acrescento, ao psicomotricista.

16.4 O Método Fenomenológico em Psicomotricidade

É possível, por meio do retorno à experiência vivida por aqueles que estão gestando seu ser no mundo, produzir um conhecimento para as intervenções do psicomotricista?

Os passos percorridos por Castro (2003), em sua pesquisa qualitativa com meninas de rua, ao buscar o fenômeno da corporeidade na adolescência, a partir do método fenomenológico, ajudam a pensar na metodologia para a clínica psicomotora com crianças, adolescentes e adultos. Para a apreensão e explanação intuitiva e original dos fenômenos, sem intermediários, num face a face, a autora sugere que sejam excluídas as teorias sobre a infância e a adolescência, não por não terem validade, e sim para o despojar-se de referências teóricas e pragmáticas. O pesquisador não exclui o seu pensar e, ao interrogar o fenômeno, dirige-se a ele a partir de uma compreensão pré-reflexiva do que ali poderá encontrar. Propõe ainda, como caminho para o acesso aos fenômenos humanos, o discurso que contém a situação do mundo dos sujeitos.

A) Descrição fenomenológica: é feita pelo sujeito como prova de sua existência, colocando sua experiência em seu acontecer, em sua vida, tal como se dá. Trata-se do discurso ingênuo da criança ou do adolescente. A descrição fenomenológica proíbe a inclusão de elementos explicativos ou dedução rápida que ligue aspectos do fenômeno em termos causais.

B) Redução fenomenológica: em Merleau-Ponty, citado por Castro (2003), a redução significa o desvelamento e o surgimento do mundo enquanto tal, na colocação do mundo entre parênteses (MERLEAU-PONTY, 1999). Sem preconceito, diante da realidade, volta-se à coisa mesma, superando a aparência para buscar a essência. Ao isolar o objeto da consciência (coisas, pessoas, emoções) que constituem a experiência, o pesquisador reflete sobre partes da experiência que possuem significados cognitivos, afetivos e conativos. Por meio de comparações, é possível chegar-se às partes essenciais, aos significados.

C) Interpretação fenomenológica: após especificar o significado essencial na redução, as expressões contidas nas descrições do sujeito são transformadas em outra linguagem. O discurso ingênuo é transformado em discurso formalizado pelo processo da reflexão. Partir da interpretação, no ato de ir ao discurso várias vezes, pode-se perceber o que há nesse discurso para melhor compreensão.

D) Análise ideográfica: os momentos anteriores constituem a análise ideográfica feita sobre o individual que busca a articulação nos discursos de cada sujeito, sua unidade, as inter-relações dos significados em relação à interrogação feita. A imersão empática no mundo da descrição é feita nesse momento de intersubjetividade (compreensão dos significados individuais atribuídos por outros indivíduos para a mesma coisa), segundo Martins (1992), citado por Castro (2003). Ao deixar de lado suas crenças, o pesquisador preocupa-se não com a verdade, ou não, do discurso, e sim com a compreensão de suas relações e estruturas. Tem-se o desocultar do sujeito em seu discurso.

E) Análise nomotética: da análise do particular (ideossincrática) vai-se para a análise geral (nomotética) que desvela a estrutura geral do fenômeno como resultante das convergências mostradas nos discursos individuais. As divergências nos discursos manifestam os aspectos estruturais ou peculiares de cada sujeito. Trata-se de ir e vir ao discurso num movimento dialético, sem síntese, pois novos desvelamentos surgem, sem generalizações do fenômeno, que se abre a novas compreensões.

16.5 Pipiu

A ilustração de Pipiu, uma criança de três anos, por nós assim chamada, indica o desvelamento do fenômeno da situação em que vivia no mundo e a interpretação dos significados essenciais de sua experiência. Pipiu foi trazido à Clínica de Psicologia por sua mãe, com a queixa de estar esfregando seu pênis nas meias e sapatos das pessoas. A mãe é enfermeira, casada e tem mais um filho adolescente. O trabalho da mãe demandava a necessidade de a criança ser cuidada por outras pessoas, ora por seu pai, ou irmão, ora por uma adolescente ou uma vizinha. O menino só aceitou ficar na sala de psicomotricidade com a estagiária se a mãe também permanecesse lá. Durante várias sessões, sob a observação da estagiária, além de brincar com elas, brincava sozinho, passando a utilizar as partes soltas de um antigo cubo de madeira. Tentava colar os pedaços do cubo no limite entre o marco e a porta fechada da sala, com pequenas porções de massa de modelagem até sua altura de criança. Mesmo que os pedaços caíssem no chão, a criança continuava a empreender sua tarefa. Repetiu os mesmos gestos, em várias sessões, na descrição do fenômeno, até que, em uma delas, jogou uma boneca de pano no chão, deitou-se e roçou seu pênis sobre ela. À época, a estagiária em supervisão mostrou sua preocupação diante do fato, e ficamos ela e eu com dificuldades para entender o que se passava. O que o menino queria nos dizer? Passamos várias supervisões a refletir sobre o fato e pensamos na possibilidade de uma tentativa não verbal do menino em desocultar seus conflitos. Parecia nos indicar que, enquanto estabelecia com a estagiária a relação de confiança, na presença da mãe, trancava a porta para garantir o espaço de sigilo entre eles, revelando seu segredo. Em sessão posterior à interpretação do fato, de maneira sistêmica, na presença da mãe e da criança, a estagiária perguntou, questionando a nossa própria percepção, caso estivéssemos erradas, se fazia sentido para eles (mãe e filho) pensar que este pudesse ter sido molestado. A mãe, ao abaixar a cabeça, enrubescendo, disse que esperava que estivéssemos erradas e que ia observar mais. O menino, sentado ao lado da estagiária, com sua pequena mão apertou a nuca da moça. A partir de então, a criança passou a ficar sozinha na sala, sendo reiterado o convite para que seu pai também participasse do processo, além dos envolvidos com os cuidados da criança.

Os diferentes momentos da pesquisa de Castro (2003) servem como recurso metodológico na direção do conhecimento do processo fenomenológico psicomotor e outros mais.

Santos (2003) diz que, embora o pensamento existencial e o método fenomenológico tenham aberto a perspectiva para a Psiquiatria e para a Psicologia, nenhuma das abordagens construídas a partir daí traz uma sistematização sobre o que seja o corpo e como lidar terapeuticamente com ele. A autora cita Heidegger (1927) para quem o psíquico não existe e que se não há o psíquico, a Psicossomática não existe, pois não há nenhum contraponto a fazer com o somático. O termo psicossomático carrega a responsabilidade de unir duas instâncias: o psicológico e o fisiológico. E também que Heidegger encerra o problema do paralelismo psicofísico, pois, em Heidegger, todo existir é corporal. O *corporar*, para Santos, é a condição de comunicação entre o homem e o mundo. Ao se movimentar, admite os significados presentes, sem a necessidade de conceituar. A fala não necessariamente verbal inscreve- se no corpóreo. Para Santos, "o problema está epistemologicamente na maneira como se pergunta o que é o soma, pelo que é psique, como ambos se relacionam, como se diferenciam, ou mesmo se há relação e diferenciação entre ambos". E que o beco sem saída, onde nos metemos, mostra o quão essencial é a questão do método (SANTOS, 2003, p. 262). Afinal, o próprio Heidegger (1927), citado por Santos (2003), afirma que o problema do corpo é, em primeiro lugar, um problema de método. A tarefa, para Santos, é usar o método fenomenológico como método científico na elaboração de teorias e técnicas próprias, sem transformá-lo em algo coisificado.

Concordo com a autora e lamento que não tenha citado nem considerado os esforços realizados por psicomotricistas. A metodologia desenvolvida durante estes anos com a prática psicomotora me permitiu desenvolver o método de Wallon e o método fenomenológico na clínica psicomotora de crianças, adolescentes e adultos mais fragilizados, articulando-os com o método sistêmico como forma de abordar o corpo dentro do Corpo Maior. Considero que as crises vividas em cada etapa do desenvolvimento, em reciprocidade com as condições histórico-sociais, são fenômenos corporais passíveis de descrição na clínica e na prática social.

17. INFÂNCIA ENCARNADA

Apresentei o conceito de narrativa corporal ou encarnada, na dissertação de mestrado *Por uma infância encarnada*: as impressões do corpo no tempo (UFRJ, 2001), ao perguntar se a criança tem capacidade para contar sua história com o corpo, na pesquisa realizada em uma das escolas de Belo Horizonte.

Compreende-se por narrativa encarnada a capacidade de a criança, sujeito com os outros, aberto ao mundo e no mundo, contar sua história pelo corpo. Encarnar-se é perceber, em estado nascente, a singularidade da visão e dos sentidos (MERLEAU-PONTY, 1999).

Compreende-se por impressões do corpo a capacidade de a criança informar-se (capacidade de captar, estocar e armazenar informações sobre si) e informar (capacidade de emitir informações sobre si pela mediação do corpo).

Alguns trechos que se seguem foram de lá extraídos para se pensar a prática psicomotora, a partir das concepções fenomenológicas de Merleau-Ponty.

Quando a criança conta sua história com seu corpo?

A criança conta sua história quando for vista na espacialidade de sua situação vivida e não na espacialidade de sua posição de criança que necessita representar mentalmente suas experiências. Assim, quando um bebê observa os movimentos de suas mãos, ele deve ser visto como um ser que está no mundo e não como um ser que necessita integrar esse movimento, com outras partes corporais, fazendo deste movimento adquirido corporalmente uma síntese abstrata de si mesmo para poder estar no mundo.

A criança conta sua história quando mostra, competente e espontaneamente ao adulto que, para ser sujeito no mundo, com os outros, não é necessário ser um sujeito kantiano, ou cartesiano, que põe um mundo para poder afirmar uma verdade. O sujeito efetivo precisa primeiramente ter um mundo ou ser no mundo, isto é, manter, em torno de si, um sistema de significações cujas correspondências, relações e participações não precisem ser explicitadas categorialmente para serem utilizadas, vividas.

Quando a criança faz e pensa algo, ela o faz por meio de uma síntese atemporal, isto é, fora da perspectiva sucessiva de tempo, não sendo necessárias as noções de passado, presente e futuro, noções estas marcadamente de cunho abstrato e objetivo, desnecessárias para fundar seu pensamento. É agora, no presente vivo, que a criança efetua a síntese, com os recursos corporais que tiver. O pensamento temporal tende a amarrar-se a si mesmo e força uma síntese da ordem das representações, numa sucessão de agoras.

A criança narra sua história quando, também, permite ao adulto restaurar e redimir sua própria visão da infância naquilo que rompe o processo de sua história. No breve instante da sua experiência corporal, ela narra sua história. É o instante de sua encarnação e o instante da redenção do adulto, no tempo denso, num tempo que não se constitui de uma sequência linear de minutos, mas que diz respeito ao "tempo do agora" (BENJAMIN, 1986, 1993), capaz de chocar o observador. O tempo do agora permite interromper a visão cronológica dos fatos para recuperar, na História, a singularidade dos eventos.

Como a criança narra sua história pelo corpo?

A criança narra sua história pelo corpo se considerarmos suas manifestações não como incompetências, mas pelas expressões fortemente associadas, numa série de imagens dominadas familiarmente em torno dela, com distâncias e direções em suas mãos e suas pernas.

Embora a criança seja vista por meio de suas supostas incompetências, como um ser 'a ser ultrapassado', um miniadulto a quem deve ser dado um acabamento, é meu pensamento que não é necessário que ela evoque impressões precedentes para que possa dar um sentido abstrato a elas. Seu saber contraído não é uma massa inerte no fundo de sua consciência. Uma multidão de fios intencionais parte de seu corpo em direção ao seu corpo-próprio-no-mundo. O adquirido corporal, disponível em suas experiências, exprime, a cada momento, a energia do presente. Não é necessária uma distinção entre o uso empírico e o uso transcendental de suas experiências.

O ato de se informar (captar e armazenar informações sobre si mesmo) e informar (emitir informações sobre si mesmo), pela mediação do corpo (CAMUS, 1986), é a tarefa que a criança tem para fazer sua história. As impressões que ela recebe do ambiente e de seu próprio corpo, pelos movimentos, pelo exercício da sensório-motricidade, nas situações em que vive, no tempo e no espaço, proporcionam-lhe informações sobre si e lhe permitem condições de expressividade e informação para comunicar-se com o ambiente que ela mesma provoca com seus movimentos. Ela mesma cria situações pelos seus atos, recebendo deles informações e fornecendo informações sobre si.

O que a criança conta com o seu corpo?

Na prática da Coreoterapia, tenho ficado impressionada com muitas crianças. Em exercícios corporais livres ou propostos, na busca da sensorialidade, da ritmicidade e da expressividade do corpo, como rolar a bola, batê-la sobre o chão e girá-la para depois fazer o mesmo com o corpo, é possível observar momentos em que a criança se vê aprisionada em suas habilidades, diante das expectativas do adulto. Inicialmente, ela procura mostrar, de forma repetitiva, o que sabe, ora numa atividade gráfica, desenhando letras e números, se a queixa que lhe é endereçada é a de "problemas de aprendizagem". Ora num ritmo frenético, para mostrar que dá conta de fazer várias coisas com seu corpo, quando a queixa é a de ser uma criança "lenta" ou "dispersa". Após exaustivas tentativas, acaba deixando "escapulir" um "não dar conta", "uma carência", uma ambiguidade, um caos nas suas atitudes que são interpretadas por ela e pelo adulto como a expressão de sua insuficiência. Uma impotência é revelada. E a expressão de fracasso na curvatura de seu corpo e de desapontamento nos olhos do adulto é visível. Este a interpela, exige e a rotula de anormal, não apta. O psicólogo confirma o diagnóstico iniciado pela família e/ou pela escola, na expectativa de que a criança dê um salto evolutivo, por meio de um tratamento. O ciclo racionalista, dessa história, recomeça onde se priorizam o desempenho e a razão.

Ninguém percebeu sua narrativa corporal?

Ninguém ficou impressionado com a capacidade de ela estar impressionada consigo mesma, de estar com seu corpo no mundo, envolvida na tarefa de existir durante seu tempo. Ninguém viu que a criança nos dava indícios de que uma mutação de olhar era necessária para significá-la em sua encarnação infantil.

Buscar a narrativa corporal, por meio da técnica da Coreoterapia, é buscar a desarticulação entre as "funções motoras inferiores e as superiores funções mentais", conforme alguns autores, dicotomizadas pelo olhar e a noção de tempo e espaço abstratos do observador. Para que se possa promover uma nova articulação subjetiva, é importante que nos impressionemos com a capacidade de visibilidade e reflexividade da criança, expressadas em seu corpo próprio, em seu corpo carne.

A Coreoterapia lida com o conceito de *corpo psicoplástico* (mais recentemente identificado) como "ser e estar em si em relação a si e ao outro" (RENNÓ, 1979). Esquematicamente, o corpo é representado por duas articulações: horizontal (cabeça e corpo) e vertical (noções de lateralidade e diferentes perspectivas de orientação no tempo e no espaço) que permitem a visão da indivisibilidade do corpo e do psiquismo, nas suas relações com o outro, no tempo e no espaço. Para melhor compreensão, exemplifico essas articulações a seguir.

Em uma das sessões de Coreoterapia, denominada Maré ou Amarelinha, com um grupo de adultos, a partir da visão de uma senhora, em relação ao pouco espaço que ocupava na vida, propus ao grupo que caminhasse de diferentes maneiras, devagar, depressa e com os olhos fechados, sobre arcos de vime dispostos no chão. O objetivo da proposta era a desarticulação vertical dos lados direito e esquerdo do corpo, segundo o eixo da figura do jogo da maré. Em seguida, com os arcos dispostos ao longo do chão, propus que andassem entre eles e, quando escutassem uma palma, deveriam ocupar imediatamente um deles. Caso coincidisse que duas pessoas ocupassem o mesmo espaço, teriam de decidir entre elas. A senhora se escondeu atrás da cortina da sala. Quando retomamos a situação, ela expressa suas dificuldades, lembrando-se de sua mãe ao exigir que ela ficasse sentada antes do tempo. Em outra sessão, ela traz o sonho em que tentava escalar uma montanha, tendo aos ombros uma pelerine, mostrando que era possível, a partir de noções de direita e esquerda, rearticular sua presença no mundo.

Assim, o observador pode rever a criança em seu tema pessoal, desarticulando e rearticulando essas noções, mediante uma atividade corpórea, na brincadeira, entre objetos e o próprio observador. Dessa forma, ela poderá reorganizar o estado de si em relação a si e ao outro para que possa expressar-se, enquanto sujeito corporal no mundo, contando sua própria história.

O conceito de corpo psicoplástico, ao considerar a possibilidade da articulação dos aspectos corporais e psíquicos, permite que se veja a criança em seu corpo próprio, corpo carne, nem aquém, nem além de um determinado estágio evolutivo, atrasada ou em descompasso com outras crianças. Trata-se de observá-la em sua própria suplência, lidando com suas próprias ações, no intuito de ela própria se ver, de ser sujeito corporalmente no mundo, engajado no mundo, aberto ao mundo, com os outros. Trata-se, portanto, de vê-la fazendo a introdução e a tradução de seu corpo no espaço e no tempo.

O olhar modificado do adulto é que vai permitir outra visão do fazer caótico da criança, na suspensão do tempo, no "tempo de agora" (BENJAMIN, 1986).

Ela se encarna criança sem necessitar de um tempo posterior para representar-se de forma abstrata, para "ganhar" subjetividade, ao mesmo tempo em que permite ao adulto rever-se criança também. Se encarnar-se é perceber, em estado nascente, a singularidade da visão e dos sentidos (MERLEAU-PONTY, 1999), diferentemente, "representar-se é situar-se por um momento em uma situação imaginária, é divertir-se em mudar de 'meio'" (MERLEAU-PONTY, 1999, p. 189).

Para ilustrar a possibilidade de articulação das funções corporais e mentais numa sessão de Coreoterapia, citamos o momento em que uma criança de seis anos, depois de interromper impacientemente uma pintura que fazia, bateu o pincel por várias vezes sobre o papel, dizendo: *Pinta! Pinta!* (*sic*), como se alguém tivesse lhe dado uma ordem verbal, embora ela mesma tivesse escolhido a atividade. Descobriu, então, que o pequeno móvel sobre o qual desenhava era, ao mesmo tempo, um armário com duas portas que se transformava numa escrivaninha, uma vez deslocada a parte de cima. Aproveitando as duas portas do armário e a parte de cima onde havia feito a pintura, a criança me pediu que fechasse com almofadas o pequeno recanto que acabara de criar, deixando uma "janela", uma abertura, de modo que eu pudesse observá-la lá dentro. Passou a tirar alguns objetos das prateleiras: entre eles, latas de balas vazias, pequenos tocos de madeira, pedaços de barbante, lápis, caixas de jogos, velas quebradas, construindo uma história, uma brincadeira. Mostrava, em suas expressões, um momento de concentração na tarefa que realizava. O tempo parecia não contar para ela nem para mim. Depois, levanta-se, vai até a janela da sala, pega o puxador da persiana, emenda-o com um pedaço de barbante, faz a ligação com seu pequeno "labirinto" e diz que é um "cabo de tensão". Essa criança repetiu várias vezes, a mesma brincadeira, em várias sessões, mostrando certo triunfo durante suas ações.

A queixa que seus pais e a escola traziam era a de uma criança lenta que não acompanhava os colegas, estava sempre atrasada nas atividades da casa e da escola, ficando depois das aulas para copiar o exercício de dever de casa. Na primeira entrevista com seus pais, procurei deixá-la à vontade, sentada no chão, com uma bola, enquanto conversávamos, percebendo que seus pais procuravam colocar, sobre seus ombros, todo o peso da dificuldade que todos eles viviam.

Se tivesse escolhido a direção de uma "melhora", em relação à rapidez de suas atividades, segundo a expectativa deles, pais e escola, ou que pudesse atingir um grau mais elevado, em seu desenvolvimento cronológico, talvez não tivesse tido a oportunidade de observar o que a criança me contava em seus gestos e movimentos corporais. Na verdade, seus movimentos denunciavam um desencontro entre seu mundo interno, seu espaço corporal, simbolicamente representado pelo "território" que havia delimitado, e o mundo externo, ou seja, pelo cabo de tensão (*sic*), representado pelo puxador da persiana.

Permitindo que eu a observasse, sem expectativas em relação à sua capacidade de lidar com o tempo de forma mais rápida, pôde fazer uma nova articulação (horizontal e vertical) entre os aspectos objetivos e subjetivos de sua existência, traçando trajetos, sem se preocupar com o tempo externo. Expressava, portanto, que seu corpo habitava o tempo e o espaço, mostrando-se como um ser visível e vidente. Suas impressões corporificadas, pela repetição dos gestos, davam-lhe noções do seu corpo próprio, atualizando-a no presente, isto é, num instante suspenso, propiciando-lhe a expressão de uma história, uma narrativa encarnada em seus sentidos e no tempo, permitindo, também, ao observador, um momento de redenção, de revisão de sua própria história, ao se lembrar de suas próprias tensões infantis.

Contava, pois, uma história sobre o desencontro entre o mundo adulto e o mundo infantil, que não era necessário lidar com noções de tempo e espaço, de forma abstrata, mas sim a partir de suas próprias impressões do corpo, construindo uma cena para a qual não havia necessidade de pensá-la, objetivamente, antes de ser realizada. Contava, também, nesse desencontro, que o mundo do adulto estava separado do mundo da criança, por um "cabo de tensão".

Em outras atividades, a criança pôde perceber que "seu caso" não era de uma criança atrasada, em relação aos outros, mas sim que ela necessitava de um tempo diferente, propiciado pelo instante do encontro da mediação corporal, para se ver e se deixar ver em suas construções e experiências singulares.

Sem problemas com suas "funções psicológicas superiores" nem com suas "funções corporais elementares", não havia perdido sua capacidade de lidar com o signo, com a função simbólica. Nem demonstrava uma inibição de ordem afetiva, ou tônica. Havia perdido, no entanto, o olhar atento do adulto, de seus pais e professores, ansiosos por resultados objetivos, na pressa da marca do tempo cronológico, progressivo.

Decidimos os pais, ela e eu, posteriormente, que ela merecia umas férias, ao que ela respondeu com um longo suspiro, e que seus pais deveriam empreender uma tarefa terapêutica de conversação sobre formas de conceber e lidar com o tempo. A partir daí, o casal é que passou a ser atendido em meu consultório.

Penso que a Coreoterapia pôde propiciar a essa família, por meio do método da desarticulação-articulação de partes corporais e mentais, um momento de revisão da visão dualista do ser humano, um momento para desarticulação desse "mandado", um momento para a percepção do que rompe o processo de desenvolvimento da criança: a expressão de sua singularidade, e não do que cumpre esse processo, o estar de acordo com o esperado no estágio de desenvolvimento em que se encontrava.

"O movimento não é o pensamento do movimento e o espaço corporal não é um espaço pensado ou representado" (MERLEAU-PONTY, 1999, p. 192). Quando uma criança pega um objeto qualquer, ela não precisa pensar que seu braço se estende no espaço, que sua mão se fecha para se adequar ao tamanho do objeto tocado. Ela simplesmente vê o objeto na direção de uma tarefa, de algo a se fazer com ele. Não é necessário pensar em integrar, de forma articulada, esse movimento no restante de seu esquema corporal, representando-o de forma abstrata, na ideia de que tem um corpo.

A motricidade não é uma serva da consciência que transporta o corpo ao ponto do espaço em que nós previamente nos representamos. O corpo não está só no espaço, tampouco só no tempo, como um objeto qualquer, entre outros. Ele habita o espaço e o tempo, isto é, não é necessário dizer que nosso corpo está no espaço, nem que está no tempo. O sujeito não está diante de seu corpo, nem diante do espaço e do tempo, ele está no seu corpo, é o seu corpo. O espaço e o tempo existem na medida em que seu corpo os habita e os significa. O sujeito é seu corpo, é seu espaço-tempo, e o tempo e o espaço só terão sentido de existência se o sujeito experimentá-lo em suas tarefas e atividades corporais.

Como no exemplo citado, quando a criança fecha as portas da escrivaninha para delimitar um espaço, ela o faz em direção a uma tarefa a ser realizada no tempo e expressa sua condição de sujeito. Ela vive corporalmente a tarefa e a significa num espaço e tempo apropriados a essa realização. Ao apontar um "cabo de tensão", distante do espaço que delimitou primeiro, ela expressa um aqui (figura) e um horizonte (fundo), vivendo uma experiência corporal, narrando a história de alguém que se vê entre a necessidade de viver seu próprio mundo, em seu próprio ritmo e a necessidade de seus pais de viver mais depressa neste mundo. Ao criar um "cabo de tensão", cria também uma ponte entre seu mundo e o do outro, em tarefas que a ajudam por um mundo para si, indicando a necessidade de uma articulação entre o corpo e a ideia, não só os seus, mas também os dos outros.

Se não for significado pelo sujeito, o espaço e o tempo só existem na perspectiva bidimensionada e concreta de um plano baixo e linear. O corpo está necessariamente aqui e existe necessariamente agora. Ver o corpo em movimento é ver o corpo habitando o espaço e também o tempo. A experiência motora não é um caso particular de conhecimento; ela fornece uma maneira de se ter acesso ao mundo e ao objeto, uma practognosia que deve ser reconhecida como original e talvez como originária.

À medida que o sujeito age no mundo, segundo uma mira, um alvo, uma intenção, ele cria situações que lhe permitem significar espaços e tempos; ao mesmo tempo, ele transforma seu corpo próprio a cada experiência e situação vividas. Dessa forma, pode-se afirmar que a noção de corpo próprio não deve ser vista só como um mero passo do desenvolvimento, nem o fantasma que preconiza o simbólico, na perspectiva evolutiva, capaz de imprimir o sujeito. O corpo próprio é a condição do ser-vivo-criança-sujeito-no-mundo-aberto-ao-mundo. Ponto de partida e chegada de impressões e expressões, referencial do sujeito. Sendo o corpo próprio o modo de expressão de a criança estar no mundo no seu tempo, ele deve ser visto como vetor da primeira interpretação da História do mundo. A criança tem a tarefa de narrar sua primeira história no mundo, servindo de permanência à existência relativa dos objetos exteriores e permitindo que o adulto renove a visão dessa História.

Embora a afetividade da criança, manifestada na sua motricidade-tonicidade e nas expressões de pura emoção, seja compreendida por Wallon, como uma forma de comunicação forte, arcaica e primitiva, é ela que supre, pela criação de um vínculo poderoso para a ação comum, as insuficiências da técnica e dos instrumentos intelectuais, garantindo, tanto para o indivíduo, como para a espécie, uma forma de solidariedade afetiva (DANTAS, 1992).

Cada criança tem, portanto, a tarefa de narrar, pelo seu próprio corpo, uma forma requintada de comunicação afetiva que representa sua primeira história no mundo: a história da solidariedade afetiva que une a criança ao adulto, o ser à sua espécie. Dessa comunicação afetiva dependem as futuras tarefas coletivas de que o mundo precisa, embora ande esquecido delas.

Como a criança conta, pelo corpo, sua história, na vida contemporânea?

Como sujeito por se fazer, um miniadulto encapsulado, marcado pela História, a criança continua a mostrar sua incompetência, aos olhos do adulto. É um corpo fracassado e impotente que nos chega aos consultórios, por meio das expressões curvadas da criança, como se quisesse uma oportunidade para ser reinventado, mas, ao mesmo tempo, querendo mostrar-nos o quanto somos incompetentes para decifrá-lo, uma vez que nos preocupamos em fazê-la saltar desse momento para outro.

Por que não nos preocuparmos com uma nova maneira de olhar para essa infância encarnada no seu corpo próprio?

Uma análise existencial que ultrapasse o empirismo e o intelectualismo, uma análise fenomenológica genética é necessária para que a vida da consciência, a vida do desejo, ou a vida perceptiva possa ser vista como um "arco intencional". O arco intencional, do qual nos fala Merleau-Ponty (1999), e ao que já fizemos referência, é que faz a unidade entre os sentidos, entre eles e a inteligência, a unidade entre a sensibilidade e a motricidade. É o arco intencional que se distende na doença. É na doença que o corpo se separa do psiquismo, o sujeito do outro, do mundo.

Não é a função simbólica ou significativa que é atingida nos distúrbios apráxicos. A função que está destruída nesses distúrbios é uma função motora, muito mais originária: a capacidade de diferenciação motora do esquema corporal dinâmico, nutriente da capacidade simbólica. Se o corpo não puder se expressar por suas ações, habitando o tempo e o espaço, não poderá significá-los para si mesmo. O pensamento e a percepção do espaço podem se liberar da motricidade e do ser no espaço, mas, para que reportemos o espaço, é preciso que primeiro tenhamos sido introduzidos nele, pelo nosso corpo. A motricidade é a esfera primária na qual se engendra o sentido de todas as significações, no domínio do espaço representado. O estudo da motricidade dá um novo sentido à palavra "sentido". A experiência do corpo faz reconhecer uma imposição de sentido que não é a de uma consciência constituinte universal, um sentido aderente a certos conteúdos. O corpo é um núcleo significativo que se comporta como uma função geral que existe e é acessível à doença. Nele se aprende a conhecer o nó entre a essência e a existência, cuidadosamente entrelaçado pela experiência no mundo.

A criança, portanto, narra sua história quando ela se impressiona consigo mesma e impressiona o adulto, por intermédio de seu corpo próprio. Os aspectos ambíguos, fluidos, contraditórios, revelados pelo seu vivido corporal, concebidos pelo adulto como primitivos, emotivos, como inferiores, não simbólicos, constituem, na verdade, a marca do seu tempo próprio de existência, da sua própria história.

É preciso, portanto, irmos além da compreensão dos aspectos evolutivos do desenvolvimento, quando importa o tempo sequencial na conquista das aquisições consideradas superiores, de acordo com as etapas cronológicas pelas quais passa a criança, como posto por Piaget, Vygotsky, Wallon, Freud e Lacan. Não é necessário que a criança alcance as etapas evolutivas, a caminho do símbolo e da linguagem para que seja considerada sujeito. Seu corpo próprio, corpo carne, lhe garante esse direito e constitui seu modo peculiar de simbolizar e linguajar.

É preciso, também, uma mutação do olhar, para que a "experiência e pobreza" da criança possam ser reconhecidas como únicas desalinhadas e desalinhavadas das concepções racionalistas, na perspectiva do tempo sucessivo.

Mas para empreender essa tarefa, com o nosso corpo próprio, corpo carne, com novo olhar, num tempo não linear, são necessárias articulações teóricas entre algumas considerações sobre o conceito de imagem e o conceito de "tempo de agoras", de Walter Benjamin (1986). Para que o adulto possa reviver a excitação de uma criança, em um átimo, é preciso que estabeleça com ela o *diálogo intercarnal*.

A linguagem infantil deve ser considerada não como instrumento de comunicação, mas como arquivo de semelhanças dialéticas que apontam para aspectos desconhecidos, recalcados ou negados pelos adultos. A criança não tem o olhar ordinário que naufraga na indiferença do tempo acumulado. O olhar infantil nos faz respeitar e admirar as coisas do mundo de forma hesitante e frágil. O pensamento da criança vai e vem de novo, para, hesita e toma fôlego. Ela usa o "método do desvio" (BENJAMIN, 1986) que retorna ao seu curso, ou vai à busca de outro.

18. CORPO SISTÊMICO

A formação em Psicanálise e principalmente em Psicoterapia de Família, no Núcleo de Psicanálise e Práticas Institucionalistas, sob a coordenação e supervisão de Libério Ferreira Filho, gerou outra perspectiva na minha prática com a Psicomotricidade. A partir de 1982, a visão sistêmica sobre a clínica da família foi, aos poucos, fazendo sentido em relação às questões que já se punham a me inquietar. Já não me bastava o conhecimento adquirido diante de momentos em que pais projetavam sobre a criança os conflitos inerentes à sua história familiar transgeracional, revelando um tipo de raciocínio linear de causalidade entre suas queixas. Por outro lado, as queixas que envolviam crianças e adolescentes perpetuavam a perspectiva cartesiana de corpo separado do psiquismo, no pensar de educadores e profissionais, segundo os princípios de evolução, controle e progresso, conforme preconiza o Modernismo.

Muitas vezes, as famílias, entrelaçadas pelos sistemas amplos e complexos, como a Escola, as Instituições, o Estado, considerados por Packman (1993) "vacas sagradas do progresso capitalista", ao solicitarem o atendimento para seus filhos-problemas deixam de se ver na relação recursiva das ações e reações de seu grupo. O ato recursivo alcança o profissional que também está entrelaçado pelos sistemas amplos e complexos, que acaba respondendo às exigências do pedido velado por questões políticas, econômicas e sociais.

Não se pode continuar pensando que o problema está dentro da pessoa, ou na sua cabeça ou no seu corpo. Os significados são construídos nos espaços compartilhados entre as pessoas (GRANDESSO, 2000). A linguagem verbal coisifica o problema, que é depositado em alguém, de preferência mais fraco.

As concepções dialético-marxistas, histórico-sociais e orgânicas de Wallon já anunciavam a abordagem sistêmica do corpo nos processos entre o ato motor e o ato mental, ligados pelas emoções nas crises do desenvolvimento da criança. De igual forma, o pensamento de Merleau-Ponty, ao considerar o corpo responsável pela pontuação do horizonte, recobre corpo e mundo com uma 'membrura' num se-ver- ir-vendo intencional.

Assim, o distúrbio psicomotor não deve ser considerado algo dentro da pessoa, e sim relacional. A ideia, por exemplo, que muitas pessoas fazem sobre a hiperatividade é que constrói o significado de hiperatividade nos espaços compartilhados por essas pessoas, dentro de uma mesma cultura. O significado pode revelar a base epistemológica em que foi construído e o comportamento das pessoas passa a ser moldado de acordo com a ideia que fazem sobre a hiperatividade. A criança poderá reagir de acordo com tal expectativa em relação à imagem que as pessoas fazem dela e desenvolver a imagem de uma criança hiperativa, apresentando-se como tal.

Diante de uma série de observações ao longo dos atendimentos realizados em meu consultório e em supervisões de muitos alunos, desenvolvi metodologia específica para lidar com essas situações.

Finalmente, pode-se responder à terceira e à quarta perguntas deste livro: Psicomotricidade por meio de quê e para quem?

A prática metodológica apresentada aqui se fundamentou em algumas articulações de ordem teórica, a partir de estudos e investigações de grupos profissionais, que há muito tempo se dedicam à clínica no tratamento de famílias, como o CIAP – Centro de Investigação e Assessoramento em Psicologia, de Buenos Aires, Argentina (1973), com o objetivo de propiciar ao aluno de Psicologia da PUC-Minas novas modalidades de intervenção, em seus aspectos metodológicos e técnicos.

A adaptação da proposta da Avaliação Operativa tem se mostrado objetiva e econômica para a utilização prática do aluno, de acordo com o campo operacional, como também para efeito de investigação e pesquisa. Diante da realidade acadêmica que nos impõe o tempo objetivo, com interrupção para férias, e diante da rotatividade da população da Clínica de Psicologia, percebo, ao longo destes 25 anos, a adequação metodológica e prática do Projeto Psicomotricidade e Psicoterapia de Família. Para mim, é impossível atender à criança ou ao adolescente se não for por essa perspectiva.

18.1 Avaliação Operativa

Família, vem do latim *Familus*, e quer dizer servente, significando, originariamente, o "conjunto de escravos e criados". Na estrutura original romana, a família era regida pelo *pater* que condensava todos os poderes, inclusive a vida e a morte, sobre escravos e filhos. A instituição se modificou de maneira notável, mas a estrutura, não; segue organizada sobre um tipo de vínculo prevalecente entre "submetedor – submetido", ainda que os papéis tenham se modificado e, às vezes, à mãe corresponda à função de submeter, ou, de acordo com o cronologia dos filhos, a estes. Existem dois pilares para condicionar esse vínculo: a continuidade da estrutura familiar e o modelo retor da interação humana, uma vez que o objetivo da família é a socialização para o sistema. As tensões sociais no endo grupo criam trama múltipla: o adulto se identifica projetiva e introjetivamente com os filhos e todos reproduzem o espectro de dominações e submetimentos próprios da ordem social. A criança vive um operar compensatório, (e se inclui aqui a escola) onde o par sadismo-masoquismo pode variar em todas as combinações possíveis.

A tarefa terapêutica é esclarecer esse atuar (submetendo-se ou submetendo o outro), para a construção de vínculos de cooperação. A atitude do terapeuta deve ser de disposição e permissividade para incluir-se na tarefa terapêutica, onde se demanda sua pessoa-*expert* e suas atitudes empáticas e expressivas. Sua ação e sua reflexão devem se centrar numa direção modificadora.

A Avaliação Operativa é um trabalho grupal gestado na concepção triádica entre vínculo, diálogo e ideologia, desde 1967, pelo CIAP – Centro de Investigação e Assessoramento em Psicologia, por psicólogos e psicanalistas de Buenos Aires, Argentina.

O livro que trata do tema, traduzido por Eliane Maria Fernandes Rennó, minha irmã, do qual elaborei a presente adaptação, foi escrito e publicado em 1973, ano significativo para a Argentina, com o advento de um governo popular e iniciação de um processo de liberação. Entre os principais representantes do Centro estão Isabel Calvo, Frieda Riterman de Dimant e Tessie Calvo de Spolansky. Trata-se de um trabalho estruturado à base de diálogos sobre temas do fazer do psicólogo, a partir dos quais os autores foram teorizando a sua práxis.

O *como,* que é comum em todo operar profissional, é gestado pelos diálogos fundamentados nas experiências emocionais, que, por sua vez, organizam matrizes vinculares. A intenção é incluir o *terceiro social*, na medida em que, ao expor o trabalho, o grupo se expõe, para construir linhas de abertura e não de fechamento, para desenhar modos de aproximação diante da necessidade da comunidade. Tem como objetivos um modelo de operação a partir da inclusão de uma atitude e uma práxis específica (atenção ao casal e à família). Parte de uma prática hospitalar-institucional que os autores aprenderam, por meio do contato com os consultantes (pacientes), de forma espontânea e cuidadosa, em matéria de tempo e eficácia. Os autores reajustaram a prática ao *esquema referencial operativo* (PICHÓN-RIVIÈRE, 1982) à realidade da consulta, à urgência do pedido. Conceberam três tipos de vínculos: autista – encerramento em si mesmo; simbiótico – encerramento na família; e discriminativo – que permite o encontro com o outro. Para o encontro com o outro, distinguiram três tipos de diálogo: monólogo – impossibilidade de diálogo; pseudodiálogo – indistinção; e diálogo – possibilidade de diálogo.

O modelo utiliza abordagens diversas: Psicanálise, Psicoterapia Guestáltica, Psicoterapia Existencial, Psicoterapia Rogeriana, partindo de distintas experiências em Laboratórios de interação social, Grupos de encontro, Psicodrama e Coordenação de grupos psicoterapêuticos.

Os autores acreditam no eixo de compromisso ideológico- profissional, cuja atitude terapêutica é derivada da ideologia em Psicologia que concebe o "homem em situação", num contexto socioeconômico. O modelo é ampliado para atendimento de grupos, indivíduos e instituições.

Para eles, a Ideologia contém pares antitéticos como simetria x assimetria; processo x estatismo; aprendizagem x estereótipo; diálogo x monólogo e alteridade x egocentrismo.

1- Simetria x Assimetria

O primeiro termo (simetria), do par simetria x assimetria, enuncia o sentido que aponta a ideologia terapêutica mediante uma ação modificadora. Os outros e eu somos compreendidos num vínculo alienante com um sistema que nos determina e nos confere significado, que devemos romper para constituir um diálogo modificado e modificante. O Eu serve como instrumento para construir esse diálogo (ação – reflexão): devo dialogar comigo para que os outros aprendam a dialogar entre si e consigo mesmos; e eu, dialogando com eles, aprendo nova maneira de dialogar comigo e com o outro. O segundo termo (assimetria) parte da função, da bagagem teórico-prática que nos define como *experts*. Isso é o que define o aspecto diferencial no vínculo psicoterapêutico: o *expert* se centra nos consultantes, e o enquadre indica que eles o consultam por seus conflitos e carências (ainda que o *expert* possa estar com conflitos e carências).

2- Processo x Estatismo

O mesmo grupo vive uma situação particular, que é seu presente, e o consultório se inclui no aqui e agora da tarefa psicológica, pressupondo que a situação grupal toda (consultante e consultor) se acha inscrita em um tempo histórico compartilhado, em uma realidade histórico-social, que é o processo. A proposta procura os movimentos para objetivos amplos que contêm metas específicas – motivos para sair do estatismo e chegar à percepção do processo, ou seja, aproximar- se do que consiste *estar vivo.*

O processo permite a percepção do crescimento dos filhos, das mudanças do casal e, em geral, cria ansiedade. Sentir o estar vivo sempre alude à morte. Em geral, a família usa como recurso, para evitar a ansiedade, mecanismos para estatizar, deter, evitar conhecer o processo vincular. Sentir que algo cresce, muda, é presente e inclui a percepção de tempo-morte. É do humano a pretensão de poder anular a morte na fantasia.

3-Aprendizagem x Estereótipo

A família é a instituição em que se efetua o aprendizado de estruturas semicirculares que permitem a socialização. Os estereótipos são privadores de aprendizado. A terapêutica serve para desesteriotipar papéis, situações e percepções, configurando a tarefa de aprender juntos (pais ensinam aos filhos e aprendem com estes em equipe com o terapeuta).

4- Diálogo x Monólogo e Alteridade x Egocentrismo

Lograr o diálogo e discriminar o *Alter* vai de um egocentrismo monologante à alteridade do diálogo. A tarefa inclui: comunicar um *logos* ao outro, numa situação sem fim, aceitando modificar e ser modificado nessa interação que inclui a interação com o psicólogo – terceiro social que representa o outro. Há uma interação estereotipada da família, que cria o "vínculo submetedor – submetido".

Ao longo das entrevistas que irão compor os Módulos da Avaliação Operativa, deve-se prestar atenção ao projeto de modelo vincular que se pode estabelecer com o grupo consultante, como a matriz modificadora dos códigos a desenvolver. A atitude comprometida põe em jogo um estilo pessoal (de pessoas) que se liga à compreensão da operação psicoterapêutica, suas bases teóricas e seus objetivos.

Uma atitude comprometida significa o estabelecimento do enquadre, ou seja, a organização de um vínculo simétrico entre pessoas que funcionam em equipe, com o objetivo de compreender – modificar uma situação crítica em um grupo. Trata-se do esclarecimento de necessidades inconscientes, para se buscar uma reflexão progressiva guiada pelas compreensões do terapeuta, que darão sentido à tarefa. É preciso não confundir com a atitude necessária ao "enquadre psicanalítico", cujos objetivos instrumentais são outros: liberar altos níveis de ansiedade, facilitar a regressão, organizar uma neurose de transferência, mantendo, para tudo isso, uma situação ambígua, não frontal, dentro de um manejo de tempo estritamente subjetivo.

A conduta do terapeuta na AVOP, Avaliação Operativa, é ativa para promover a dos consultantes com exercícios de ação, estimulando a autonomia reflexiva, consultando sempre a opinião e as percepções do casal ou da família. Induzir às atividades tem a ver com os valores e as ideologias, junto com as fantasias dos consultantes. Há um padrão ideal de casal e família e qualquer desvio dessa norma ideal é inadequado. Esses padrões ideais não são válidos, e o modelo tem a ver com a situação que vive cada casal e cada família, em seu momento de organização, e a cronologia do vínculo.

Os consultantes tendem a converter os especialistas em depósito moral, configurador de regras. Se este se faz cargo desse depósito, não vai permitir que eles saiam do vínculo estático. É importante ter clara a razão da demanda que tampona, com essa atitude dependente, a angústia ante a tarefa de arrumar os próprios valores da relação e respeitar o processo.

Síntese do Esquema Referencial Teórico

A postura teórica é psicodinâmica, diz respeito à compreensão da perturbação da conduta de forma dinâmica pelo conflito de forças psíquicas opostas entre necessidades conscientes e inconscientes; refere-se a esse conflito não só no plano intrapsíquico, mas também à interação relacionada à estrutura interpessoal (familiar) na qual se manifesta, a partir de uma rede de defesas transpessoais. A compreensão dessa configuração e a descoberta das ansiedades de base permitem aprender outros modelos de equilíbrio mais adequados à realidade. Por meio de assinalamentos e interpretações, isso pode ser alcançado.

Conceber um grupo familiar como uma estrutura, na qual os papéis que os indivíduos cumprem são independentes, permite que o caráter estrutural seja abandonado como unidade diagnóstico- operativa. São tidas em conta as características individuais e os subsistemas ou subagrupamentos que se configuram dentro dessa estrutura. Incluem a compreensão dos sistemas de comunicação e a análise dos papéis que os interacionalistas propõem.

Trabalha-se com exercícios de ação, buscando novos aprendizados e não o *insight* como logro imediato. O sistema de ação promove aberturas que, às vezes, necessitam ser dosificadas ou adiadas; procura-se orientar, de forma gradual, a compreensão de uma conduta que está prestes a se modificar.

Os investimentos operativos utilizados são: o enquadre que explicita a atitude básica, as interpretações e assinalamentos, os recursos de ação, as explicações, as informações práticas e a tarefa a se realizar entre as sessões.

Sentido da tarefa psicológica com casais e família: modelo vincular ternário

A classe média vive em meio a crises agudas, no âmbito da discriminação social, em relação a seu crescimento. O modelo vincular ternário tem como eixo central criar a *situação vincular ternária para inclusão do terceiro social.* Visa à desmistificação do casal (vínculo fusionado dual) como unidade autossuficiente geradora de uma família centrada em si mesma, para estimular compromissos e solidariedade com a comunidade (*terceiro social*, por excelência) em novas matrizes vinculares. Na relação terapêutica, o terapeuta representa esse terceiro social. O casal reproduz o modelo dominante combinado de casal, que é próprio de ambos os grupos familiares de origem, como uma *estrutura vincular ternária dominante.*

Cada integrante do casal e o casal, em si, são considerados o terceiro com respeito a cada grupo familiar de origem – *terceiro de origem.*

O grupo familiar é, por sua vez, o terceiro com respeito ao casal em si – *terceiro prospectivo*, em relação ao casal.

Terceiro de origem – representa o mito.

Terceiro prospectivo - representa o arquétipo.

O terceiro pode estar incluído ou excluído, de três formas:

A) Terceiro incluído como prolongação simbiótica do casal:

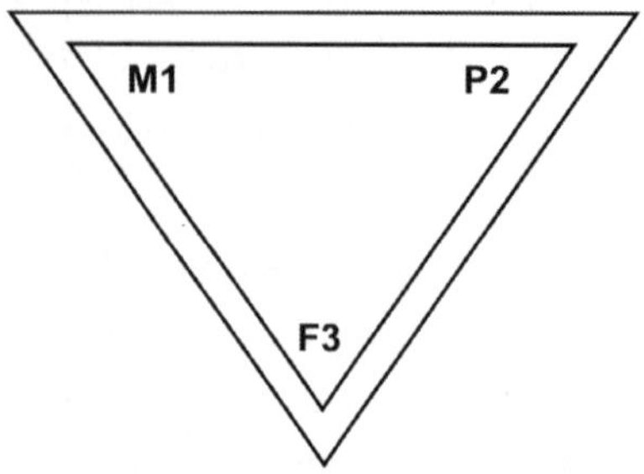

Aqui o terceiro solda fusionalmente o casal e está a serviço de evitar a ruptura, necessária para a discriminação, mas vivida como desintegração. Filho único, família centrada em si mesma.

B) Terceiro incluído como *locus* de atenção complementária:

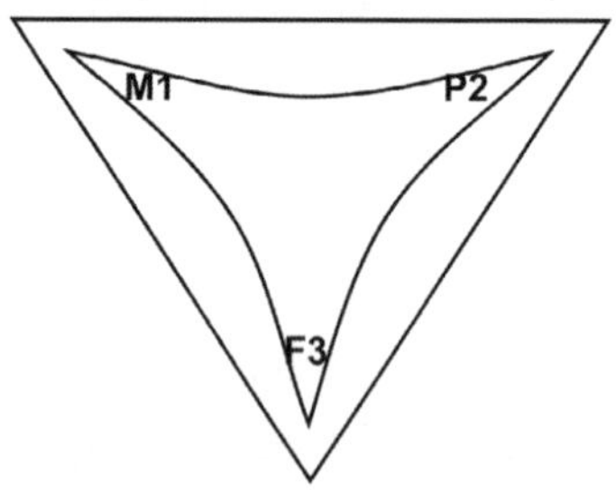

O terceiro está incluído, mas para assumir a recepção das mensagens do conflito básico do casal. É o *locus* onde se dramatiza o ataque do casal a partir de divergências. Brigam no filho e dizem que só brigam pelo filho. Exemplo do filho único.

C) Terceiro incluído como casal complementar:

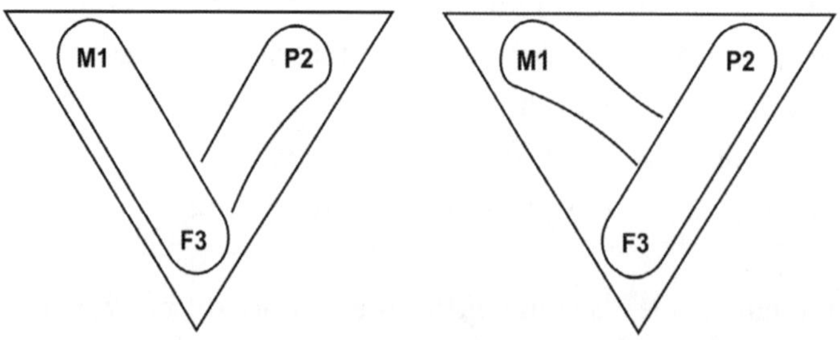

O filho está destinado a assumir, como papel complementar, o aspecto deficitário do vínculo do casal parental, de modo a deixar encoberta a fratura do casal. Forma de filho a serviço dos pais, como forma de exploração da criança e como modelo centrípeto de crescimento – "ser para os outros". São três exemplos de casais que não podem gerar um espaço-tempo para um terceiro, que é eliminado, numa estrutura vincular de inclusão-fusão.

D) Terceiro excluído (eliminado):

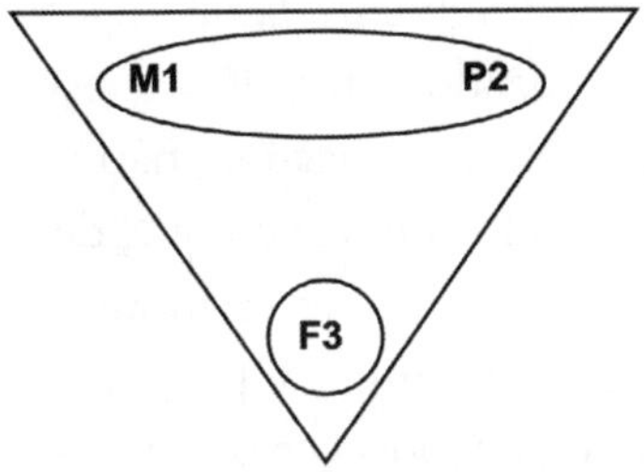

Aqui, também, o filho não tem lugar entre os pais; é excluído e não fagocitado; é desconhecido, sua criação é delegada a terceiros, como empregados, familiares (tios, avós), vizinhos, instituições. Às vezes, encobre-se um pseudocasal excelente, que vive para si, ou cada um por si, escondendo suas fraturas. Às vezes, entrega os filhos à família de origem como restituição culposa edípica, e aí o casal poderá pensar em ter outro filho.

E) Terceiro excluído (posposto):

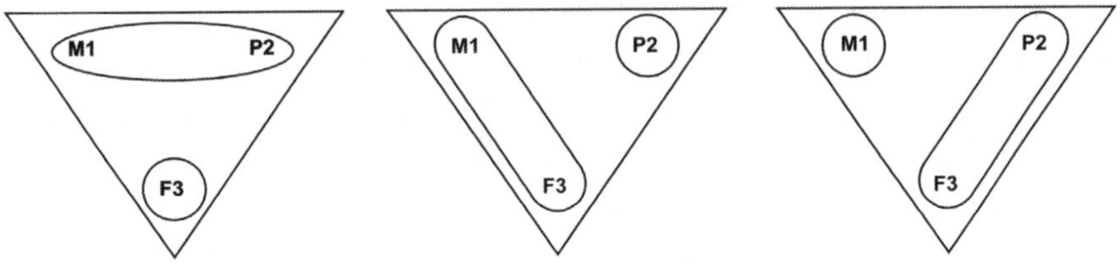

Modelo que permite uma criança mais discriminada em uma relação múltipla dos distintos pares vinculares alternantes e todos podem ser duplas ou ficar excluídos, pospostos. O ser excluído-posposto, mas não eliminado, está a serviço da intimidade necessária de qualquer casal. A intimidade de uma relação direta sem intermediários, na qual o ser posposto se constitui em uma espera para incluir-se logo em dupla. O espaço-tempo gerado desde os pais permite um crescimento com certa dose de solidão para consigo, solidão para poder dirigir-se para fora e solidão para a busca de pares. É o modelo menos frequente entre as consultas.

O processo terapêutico procura descobrir ou indagar as áreas de vínculo fusional e de vínculo discriminado.

1 - Vínculo fusional: acordo implícito que se organiza como pacto. É o não dito que os une fragmentariamente e serve de sustentação a um equilíbrio precário, organizado sobre depositações maciças. É o chamado casal-criança – completa-se a criança que não pode se dar no grupo familiar de origem. É um vínculo simbiótico que, depois de algum tempo, gera três alternativas: ou se consolida nesse modelo vincular, ou se produz a ruptura necessária ao crescimento, e é preciso "re-acordar" o casal. A terceira alternativa acontece quando o casal não se "re-acorda" e se separa. Essa relação se dá com muita frequência, como forma habitual de o casal crescer como um par, em lugar de múltiplos pares, com a consequente perversão da relação homem-mulher, que termina sendo uma dupla de irmãos.

2 - Vínculo discriminado: acordo constituído, não necessariamente consciente e explícito, e não pacto ou aliança. Relação menos alienada e mais no registro de pessoa a pessoa.

O reconhecimento dos modelos vinculares é imprescindível para se construir o prognóstico do casal. Necessitamos encontrar, na tarefa conjunta, o quê os uniu, como se realizou essa união, para que se realizou. A temática loucura e morte é o conteúdo mais frequente no vínculo fusional e se converte no ingrediente essencial da fusão patogenética do casal-família. A temática relaciona-se com o que não pode ter existência ou ser "incluído-permitido" no grupo familiar de origem. O elemento residual "eliminado-excluído" da estrutura fusional familiar segue desenvolvendo seu drama fora da família de origem e se repete na nova família formada. A relação ternária com o terapeuta permite recriar novos modelos de casal, não só entre os consultantes, mas também entre cada um deles e o terapeuta.

Com o tempo, observam-se duas duplas paralelas que se unem ao terapeuta que pretende construir um terceiro que não seja só sancionador, mas que organize relações preferenciais, das quais o outro, integrante da dupla, fique eliminado. Micromatrizes relacionais de discriminação individual vão se estabelecer dentro do casal e do grupo triangular, por meio de diálogos.

Ao mesmo tempo em que se busca incrementar a discriminação, ocorre a desestatização da chamada "burocracia do casal" (a dose de morte com que carrega o vínculo, a partir, já não mais da simbiose, mas da rotina implícita da vida cotidiana).

O objetivo mais ambicioso, mas poucas vezes alcançado, é recriar uma matriz relacional triangular centrada na cooperação autônoma, versus a dependência submetida. Autonomia, aqui, entendida como compromisso com os outros próximos-longínquos. Trata-se da solidariedade social, que implica diferenciar o projeto individual, o projeto comum e a possibilidade de propostas de convivência, distintas e ao longo de um tempo. É a "imagem de casal em processo" sem a mistificação do "para sempre", como forma de selar e soldar o vínculo definitivamente – imagem de antiprocesso.

Procedimento da Avaliação Operativa

A Avaliação Operativa é a primeira tarefa a se desenvolver a partir da consulta. É a chamada "micro-operação psicológica", uma unidade operante em si mesma. É importante diferenciá-la do psicodiagnóstico tradicional (tarefa centrada na acumulação de informação exaustiva), pelo qual o psicólogo passa a conhecer o que acontece com o consultante para informar e indicar a ele o caminho a seguir, ou dar informações ao profissional que o enviou. Ocorre a divisão do campo do compromisso: o que sabe e o que não sabe; o que tem o poder e o que deixa um fazer para o seu bem. É a forma antidiálogo que faz o consultante seguir todas as indicações do profissional. Foi considerada pelos autores da AVOP como a *relação amém iatrogenicamente colonizadora, como vínculo de dependência e submissão.*

Modificar essa situação implica uma reforma ideológica, no momento histórico capitalista em que se vive, ante um movimento mais liberal. É um modo, não o único nem mesmo o melhor no meio de muitos outros que transitam caminhos semelhantes, que apresentam objetivo ideológico e não simples modalidade de atuação terapêutica.

O objetivo ideológico redefine o objetivo da psicologia, assim como da educação e das distintas ciências sociais.

O que querem os autores dizer com *micro-operação psicológica*?

Consultantes e consultado configuram uma tarefa em conjunto, que tem como seu objetivo mais importante viver uma experiência na qual se produz um aprendizado. É uma experiência vital mobilizadora em si mesma, em que todos, até o psicólogo, aprendem algo que lhes torna possível realizar "outra" leitura da realidade, isto é, de si mesmo, do outro com o qual vivem e dos "outros" com quem participam em comunidade. Tratase de um objetivo paradigmático.

O conceito de micro-operação inclui o de módulos articuláveis que implicam a imagem de unidades da tarefa, articuláveis entre si, passando a configurar distintas programações de trabalho psicológico. Os módulos estão relacionados com o fechamento de uma tarefa e a abertura de outras, acordados entre consultantes e consultado, a partir de velhas e novas necessidades que se atualizam de um modo distinto em um conceito relacional presente. O que possibilita tanto a articulação de módulos em uma frequência contínua como descontínua.

O processo da AVOP segue em seus distintos momentos: Encontro, Programação conjunta da tarefa e Processamento da avaliação operativa, e Estratégia.

Encontro

O objetivo principal é promover o encontro ou o logro de uma boa disposição compartilhada ante a descoberta. É o contato a partir de uma derivação de origem, que dá partida a uma expectativa diante da mínima infração prévia. A expectativa, tanto a dos consultantes como a do consultado, é o ingrediente significativo na articulação do vínculo.

Existe, em qualquer relação terapêutica, uma dependência inicial recíproca (o consultante precisa do consultado e vice-versa). A entrevista é a visão confrontada entre a minha visão e a visão que tem o outro de mim e vice-versa, o que cria entre nós uma metaperspectiva.

A tarefa consiste, portanto, em *desarticular o mandado, que tem a ver com a derivação de origem* – desde o começo o vínculo se confirma num terceiro enlace, e num ser visto pelos olhos do outro - "Eu venho porque fulano me disse que você..."

A situação quer dizer que se deve incluir a informação que um tem de quem consultou, assim como também a informação que os consultantes têm desse um, e trabalhar no curso da entrevista, não só ao redor de como um "os vá vendo", e sim de como um "vá sendo visto". Tal atitude permite a busca da autonomia, como eixo da ideologia do trabalho da AVOP, na dimensão de paridade e assimetria.

Na troca de expectativas, consideram-se a importância do gesto, da postura, da apresentação pessoal como integrantes da comunicação não verbal, para a aproximação da palavra integrada (ação-reflexão). Importante também é a apresentação do psicólogo, no momento oportuno da organização do diálogo, quando a informação estiver a serviço de certa discriminação que permita acordar uma tarefa conjunta, e não a serviço da manipulação do psicólogo.

A apresentação deve ser feita como informação de índole pessoal, sempre que esteja referida à tarefa a realizar: precisar a profissão (há confusão entre ser psiquiatra, psicanalista e psicólogo). É justo informar o paciente acerca do currículo profissional, a ideologia de trabalho e de política.

Acordar uma tarefa está relacionado com o tradicionalmente chamado enquadre (do qual é uma reformulação). O Enquadre na AVOP implica a necessidade de se circunscrever a situação em que se levará a cabo uma operação psicológica e, portanto, deve-se estabelecer o indispensável marco de referência, que ajude a delimitar as variáveis que se incluirão. É um processo que se inicia no primeiro encontro e vai se executando ao largo de toda a tarefa psicológica. É essencial para o trabalho do psicólogo e permite criar, para si e para o outro, uma área discriminada entre consultante e consultado. Em vez de contrato, é preferível falar de um acordo sobre a tarefa a se realizar em conjunto. É o acordo e a ação em acordo com que nos consultam.

A organização do enquadre é diferente da tradicional e deve ser pautada pelo código de valores de um novo sistema relacional do profissional, em detrimento do *imperialismo atitucional* (das atitudes). Experimentar um enquadre como um organizador de vínculo é experimentar regras a estruturar conjuntamente, a partir da iniciativa do psicólogo que promove a iniciativa de quem consulta. Promove-se o acordo de honorários, sem ser estipulada uma cifra, que pode ser aceita ou recusada. A circunstância do pagamento para a tarefa realizada motiva a organização de uma área de vínculo. Pode ser estipulado um conjunto de valores, dentro de certos limites (mínimos e máximos), tendo-se em conta quem vai pagar e a situação do psicólogo no momento específico. A qualidade e a forma de pagamento são discutidas: por consulta, mensal ou global, dependendo da tarefa. Dessa forma, coloca-se de manifesto o que se põe no dinheiro: o dinheiro pode ser considerado como modo relacional de uma estrutura capitalista, ou como código interno e/ou do mito familiar, ou como outras situações.

A forma de pagamento permite revisar o manejo do dinheiro e é forma de penetrar na ideologia do casal, possibilitando o mergulho entre a fonte do intragrupo e do extragrupo familiar. No exemplo do livro, o vínculo do casal em torno do dinheiro, dramatizado por uma tarefa terapêutica com o consultor, articulou-se na relação com o filho como uma necessidade de "fazê-lo render", diante do outro, implicando seu modo de inserção social. Estava posto no pai, mas era compartilhado de forma cúmplice pela mãe que, ao constatar o fato, se deprime.

Programação conjunta da tarefa e processamento da AVOP

O processo vai se desenvolvendo, desde um espaço-tempo vincular, para que a problemática possa ser revisada. O terapeuta considera que não sabe mais que os consultantes, mas sabe distinto, pois ambos sabem. Acredita que os vínculos familiares contêm os mitos, os arquétipos, que definem uma ideologia e o sistema dialogal organizador das relações entre as pessoas.

O processo deve ser organizado em torno do seguinte:

1 - Procurar pela problemática fundamental que particulariza a rede relacional: é o feixe condutor que vai unindo e sintetizando as experiências vividas e cria oportunidades de se ver o próprio, o peculiar, o único da estrutura inter-relacional.

2 - Procurar a magnitude do problema: se a problemática conflitiva é de crise ou é crônica.

Modo de operar

Partir do relato espontâneo, que naturalmente contém a história, para promover o encontro, num tempo-espaço-vincular. O que contam as pessoas e como se comportam permite dois níveis de compreensão, que levam às hipóteses de trabalho, na relação de três (consultado e consultantes).

À medida que o vínculo vai se organizando, a partir de definições das áreas de conflitos implícitos e explícitos, é possível lograr um código comum para se acordar uma tarefa.

O número de entrevistas deve ser estabelecido (de três a dez), com a duração de uma a seis horas, num determinado lugar, o que compreende uma forma de trabalho.

Estratégia

O primeiro Módulo operativo, chamado de Avaliação, serve para estabelecer um vínculo com o casal ou a família e fazer uma primeira avaliação da situação. Pode ser suficiente, permitindo esclarecer situações conflitivas e organizar pautas posteriores, ou ainda para se voltar para momentos críticos. A partir da avaliação, serão estabelecidas a necessidade do tratamento, sua característica e os objetivos a alcançar. Assinala-se um tempo aproximado de duração, em relação com a problemática apresentada e as circunstâncias vitais dos consultantes. Os objetivos se referem à necessidade de modificações indispensáveis, sentidas pelos consultantes e o terapeuta. Assim, por exemplo, se um casal nos procurou a respeito do problema de um filho adolescente, após o primeiro Módulo, avaliamos em conjunto se o adolescente vai prosseguir com a psicoterapia individual, ou o casal, com a terapia de casal.

O segundo Módulo articulável acentua os eixos avaliados numa dimensão linear, sem cortes, até se alcançarem os objetivos fixados ou dividir-se em vários momentos (outros tantos módulos) incluindo-se interrupções.

O terceiro e último Módulo é composto de entrevistas de seguimentos com dupla meta: reunir os resultados com o propósito de investigação e teorização e cumprir uma função de profilaxia sobre projetos futuros.

18.2 A Avaliação Operativa em Picomotricidade

A adaptação que a prática clínica psicomotora e sistêmica me permitiu fazer dá início ao processo, a partir de uma até três entrevistas. O processo todo se divide em Módulos: I, II, III. É imprescindível que o estagiário se submeta ao exercício antes de aplicá-lo.

Módulo I

As fases de cada entrevista são as seguintes: Encontro, Tarefa Terapêutica e Encerramento.

Encontro. O momento é indicado para as apresentações do terapeuta e dos clientes, as primeiras informações sobre o processo e a "desarticulação do mandado".

1 - Convocam-se, em conjunto, para a primeira entrevista, os pais, a criança, ou o adolescente.
2 - O terapeuta se apresenta e pede a todos que se apresentem (quem é quem).
3 - O terapeuta pergunta-lhes sobre o que vieram pensando, imaginando, desde que marcaram a consulta até chegar ali, sobre o que será processado com eles, assim como em relação à pessoa do terapeuta, e as expectativas que têm sobre a situação.
4 - A desarticulação do mandado é feita pela troca de expectativas entre o terapeuta e os pacientes e, dessa forma, o encontro pode acontecer. Do contrário, eles permanecem vinculados à derivação de origem, isto é, ao mandado de outro profissional, ou de pessoas (professores, familiares) que exercem certo poder sobre eles. Não se trata de quebrar o vínculo anterior, mas de articular um novo encontro.

Tarefa terapêutica. Passar para este momento requer do terapeuta a observação aguçada da tensão inicial, provocada em qualquer primeiro contato. Se a tensão diminuir, tanto a do terapeuta quanto a dos pacientes, o terapeuta poderá seguir em frente.

A tarefa terapêutica serve para estimular cada um para que fale de si mesmo, procurando a voz de todos para que falem de si e não do outro, desestereotipando funções e papéis cristalizados, redefinindo o problema. Várias técnicas são possíveis. Uma das minhas propostas tem se mostrado pertinente nos atendimentos realizados durante os estágios de Psicomotricidade e Psicoterapia de Família, na Clínica de Psicologia da PUC-Minas, ao longo destes anos.

O Desenho do Outro

A proposta da AVOP para a tarefa terapêutica é feita com o pedido do terapeuta para que os pacientes desenhem a família. O que desenvolvi e venho aplicando com meus pacientes e em supervisão de estágios ou de profissionais, é que seja feito o **desenho do outro**. A experiência tem mostrado que ao desenhar o outro a pessoa passa a falar de si própria. A ação de desenhar estimula a reflexão.

Instrução. Numa mesma folha grande de papel, pedir que "desenhem o outro", repetindo a mesma instrução, sem dar esclarecimentos para não interferir diante de dúvidas e da pergunta: "Que outro"? Observar as reações de cada um, sem interpretar ou teorizar. Em seguida, pedir que comentem a tarefa: o que desenharam, e deixar livre a conversa sobre questões que naturalmente vão surgir.

Encerramento. É importante deixar uns 15 minutos para esse momento, antes do término da entrevista. A estratégia dos 15 minutos é para evitar que as pessoas saiam tensas, pois, de certa forma, a conversa muda um pouco seu rumo. Todas as entrevistas (de uma a três) devem conter as três fases que se fecham em cada uma delas e se abrem para as seguintes. O encerramento deve conter informações mais precisas, o enquadre do processo (horário das futuras entrevistas, se serão em conjunto ou em separado, normas do local de atendimento, taxas de pagamento), caso os pacientes estejam de acordo em continuar o processo em conjunto. Em geral, voltam a aparecer ideias e expectativas do início ou que não foram ditas ainda, por constrangimento ou desconfiança. É hora de abrir espaço para elas.

Se não há tempo para se fazer o enquadre, é melhor passar para a avaliação da entrevista, deixando o enquadre para a seguinte. A avaliação da entrevista é feita por todos: pacientes e terapeuta, e cada um deve falar por sua vez. Em geral, costumo propor que ela seja feita por meio da comparação de uma imagem (uma fruta, uma cor, um objeto, um bairro, uma cidade, um filme) ou que deem uma nota para avaliar aquele momento, comentando-o. As comparações sobre a entrevista com imagens ou notas devem ser pedidas pouco a pouco, em cada entrevista, e não de uma só vez. A avaliação, que fique claro, é da entrevista e não das pessoas.

Exemplo: "Antes de terminarmos a entrevista, é importante que seja feita uma avaliação desse primeiro encontro entre nós. Se você pudesse comparar a entrevista de hoje com uma fruta, qual seria ela?" Pedir detalhes da comparação, que possam se articular ao que foi dito por eles.

Na despedida, reafirma-se entre consultantes e consultado, o compromisso do acordo na continuidade do processo.

Módulo II

Tanto em meu consultório como na supervisão dos estágios, após as primeiras entrevistas do Módulo I, feito o acordo do processo, a criança ou o adolescente são encaminhados para as sessões psicomotoras, e a família, de preferência o casal, é atendida em horário separado. Periodicamente, convocam-se outras pessoas responsáveis pelo problema, que passam a compor o sistema junto com a família, o paciente, o estagiário e o supervisor. Isto é, todas as pessoas, profissionais ou não, que falaram que a criança é um problema são responsáveis por ela.

Módulo III

O Módulo III é realizado mais ao final de cada semestre, diante do calendário acadêmico, quando se reúnem a família e a criança para uma avaliação em conjunto. Após a avaliação de cada um, o terapeuta deve fazer a sua e levar a hipótese sobre o processo, na interrogativa, para saber se faz sentido para os pacientes. Caso não o faça, é preciso repensar o processo e buscar outras direções. Como no caso Pipiu, ilustrado anteriormente.

A partir do Módulo II, na continuidade de cada processo e de acordo com as abordagens sistêmicas utilizadas pelo terapeuta, sua crença e ideologia, o desenho do outro tem estimulado, além dos citados ao longo deste livro, outros momentos como a revisão dos mecanismos de identificação projetiva, o grau de diferenciação dos familiares, a pesquisa transgeracional, a rejunção do sistema e a renovação do livro ético da família, a redefinição de papéis e de temas pessoais, a inclusão de sistemas amplos e complexos, a análise autorreferencial dos estagiários e/ou profissionais e da supervisora, a coconstrução do processo e a reconstrução de significados por meio da linguagem.

O fantasma como outro

Durante a sessão de uma família composta pela mãe e cinco filhos, atendida por uma estagiária da Clínica de Psicologia da PUC-Minas, mediante o pedido da estagiária para que desenhassem o outro, a mãe, recusando-se a fazê-lo, ordenou aos quatro filhos que fizessem a tarefa e, em seguida, cruzou os braços. Um dos filhos, no entanto, sobre quem pesava a queixa de ser um menino que dava muito trabalho, segundo a mãe "o capeta da família" (*sic*), desenhou uma escada. Após terem terminado a tarefa, a estagiária perguntou-lhes sobre o que haviam feito e ele respondeu que se lembrou do pai subindo as escadas da casa ao chegar do trabalho para brincar com ele. Até então não haviam falado do pai falecido, e a tarefa proporcionou a reflexão do momento difícil por que passavam, ainda por elaborar. Na continuidade e análise do processo, levantou-se a hipótese, em conjunto com eles, de que o menino procurava distrair a atenção de todos com suas diabruras e peripécias para que a tristeza decorrente da morte do pai não os afetasse. A possibilidade do diálogo se abriu para a revisão do tipo de vínculo que se configurava entre eles e a estagiária.

19. PSICOMOTRICIDADE EM PARCERIA

As contribuições que o pensar sistêmico trouxe ao exercício da prática psicomotora, consequentemente, me fizeram voltar o olhar para as demandas que surgiram na Clínica de Psicologia a partir de pedidos de escolas e outras instituições hospitalares e educativas. Por meio das observações e resultados obtidos na prática clínica, foi possível ampliar algumas propostas de estágios em parceria com algumas escolas de Belo Horizonte, como também com a Associação Mineira de Reabilitação, AMR. Descrevo, a seguir, as orientações propostas aos alunos com a minha supervisão em dois Projetos de Estágio: **Clínica em Psicomotricidade** e **Projeto Práticas Socioeducativas em Psicomotricidade**.

O Estágio de Psicomotricidade foi introduzido no currículo do Curso de Psicologia da PUC-Minas, Unidade Coração Eucarístico, com o nome de Terapêuticas Psicomotoras, ligado à disciplina Práticas Psicomotoras na Escola, na Ênfase de Psicologia Educacional, a partir do segundo semestre de 1991. Os estagiários, desde então, são supervisionados uma vez por semana em pequenos grupos, e participam de sessões de vivência pessoal para desenvolverem sua tecnicidade, visando ao atendimento aos pacientes, na Clínica de Psicologia do Coração Eucarístico. O estágio foi programado inicialmente para o 10° e 11° períodos. A partir de 2007, com a introdução do Projeto Educacional (2003), ele se estendeu para o 9° e 10° períodos dos turnos da manhã e da noite, para as Ênfases A (Psicologia Clínica) e B (Psicologia, Organizações e Instituições Sociais).

19.1 Projeto Clínica em Psicomotricidade

A proposta para a Ênfase A passou a se chamar Projeto Clínica em Psicomotricidade e dá prioridade ao atendimento individual ou em grupos de crianças e adolescentes, e seus respectivos familiares, e se desdobra em três distintas modalidades técnicas: Educação Psicomotora, Reeducação Psicomotora e Terapia Psicomotora.

Os alunos que fazem a opção pelo estágio XII, da Ênfase Clínica, atendem por semana, e individualmente, de um a três pacientes. As respectivas famílias são atendidas quinzenalmente. No estágio XIV, procuram formar grupos de até quatro pacientes, de idade aproximada, e as famílias são atendidas uma vez por mês.

O procedimento segue a concepção de que o fenômeno psicomotor não se encontra fora do contexto familiar e de contextos mais amplos, que envolvem a família do paciente. Dessa forma, procuramos implicar todos os que têm a ver com o problema, por exemplo, o professor, o médico, o pedagogo, o fisioterapeuta, o fonoaudiólogo e o representante da Instituição, para um trabalho em conjunto. O atendimento aos pais e famílias, na abordagem sistêmica, ajuda a redefinir a demanda psicomotora e a preparar os futuros encaminhamentos para a terapia de casal e família.

O estagiário reserva um espaço de atendimento, a sala de Psicomotricidade, para que o paciente, em geral impotente e fracassado em suas tentativas de se colocar no mundo, possa reinventar o próprio corpo. A partir de novas construções subjetivas, ao nos impressionar com suas manifestações corporais, muitas vezes, ele revela a novela familiar. Enquanto pesquisa dados da saga familiar, observando a organização e a dinâmica da família, o estagiário exercita sua *empatia tônica*, conceito que nos vem de Rogers, adaptado por Aucouturier (1998), procurando se colocar vicariamente no lugar do outro, na busca do *diálogo tônico* (AJURIAGUERRA, 1973), prelúdio do diálogo verbal, muitas vezes cristalizado por várias gerações. Para tanto, são programadas algumas vivências de sensibilização e treinamento para os alunos, que se intercalam entre as supervisões semanais.

Algumas vezes, chegam à Clínica de Psicologia pedidos específicos como o de uma Reeducação Psicomotora, ou um atendimento para controle motor, ou para a gagueira, ou tiques, assim como para dificuldades na escrita e leitura. Outras vezes, são encaminhados pedidos para o atendimento de desordens narcísicas ou de agressividade. As queixas são diversificadas, mas a maioria diz respeito às dificuldades em relação à escrita, à leitura e ao cálculo, à dispersão da atenção, à lentidão na aprendizagem e à agressividade. Diversos setores médicos, psiquiátricos e neurológicos externos à Universidade procuram o atendimento, assim como várias escolas, por meio de pedidos de diagnóstico e tratamento. Mais recentemente, as Clínicas de Fisioterapia e Fonoaudiologia da PUC-Minas, e a AMR – Associação Mineira de Reabilitação vêm buscando o serviço, que atende crianças e adolescentes de seis meses a 18 anos. O maior número de crianças atendidas situa-se na faixa entre cinco e dez anos. O serviço tem o objetivo maior de analisar os problemas de ordem psicomotora, a partir do ponto de vista psicogenético e fenomenológico, no contexto sistêmico familiar. Observa-se que a eficácia desse tratamento tem a ver com esse triplo propósito.

As duas vertentes, a educativa e a terapêutica, propostas pela Psicomotricidade, possibilitam cuidar das dificuldades a partir de uma forma manifesta, embora se saiba que o corpo próprio não se reduz ao real, mediatizando todo um mundo imaginário. Em relação às técnicas disponíveis, se considerarmos a história da Psicomotricidade, ora é preciso um olhar mais tradicional, ora um olhar mais contemporâneo. Para que o estagiário compreenda e domine as técnicas de intervenção, deverá acompanhar a própria história da Psicomotricidade, aplicando as mais tradicionais e/ou contemporâneas. Assim, é importante que maneje o Exame Psicomotor, que conheça os chamados distúrbios psicomotores, mas que também se implique na mediação corporal, numa parceria simbólica, de escuta empática e tônica. Se for pedida uma avaliação psicomotora, o estagiário a fará, procurando, entretanto, ir além do resultado revelado. Como metodologia de trabalho, o paciente e seus pais são chamados para as primeiras entrevistas para que se decida pelo atendimento ou não. O atendimento conjunto com a família e os profissionais envolvidos é feito por meio de um contrato, que poderá ser suspenso, caso não o possam cumprir.

Os alunos são introduzidos no estágio, a partir de discussões de textos para se orientarem segundo a perspectiva psicomotora e sistêmica, o que dura mais ou menos um mês. Além do horário para a supervisão, devem reservar mais dois horários de disponibilidade: um para o atendimento ao paciente, e o outro para a família, ou para o profissional que encaminhou a criança, implicado no caso, ou para a escola ou a instituição envolvida. À medida que o contexto familiar, o escolar e o social desenvolvem sua história, é possível observar e decodificar, com mais acuidade, o que há na linguagem ruidosa das crianças e dos adolescentes que aponta para a *dobra* com o mundo.

O processo pode encerrar-se a cada semestre, com possibilidade de continuação no seguinte, desde que os atendidos manifestem essa intenção, após a construção, em conjunto, de uma hipótese redefinida diante da queixa deles, a qual é levada ao seu conhecimento antes do término do semestre.

As três primeiras e as últimas entrevistas do semestre são realizadas em conjunto com a família e o paciente em questão. Adaptou- se o método da Avaliação Operativa para esse momento, uma vez que se acredita na coconstrução de um processo terapêutico, para que a família e todos os envolvidos no caso impliquem-se, cada vez mais, nesse processo, pois, no pensar sistêmico, um problema cria um sistema. Posteriormente, verifica-se, na supervisão, se há outra indicação prioritária para o momento, ou ao longo do processo. Em relação aos problemas de aprendizagem, acredita-se que a Psicomotricidade deve ser proposta quando a criança ou o adolescente ainda se encontram entre a primeira escola, sua família, quando aprendem a falar "mamãe e papai" e a segunda, a própria escola, quando aprendem aritmética e português. As intervenções em Psicomotricidade, portanto, estão voltadas para a linguagem pré-verbal e a não verbal, formas de linguagem mais conhecida e dominada por crianças e adolescentes, de que os adultos já se esqueceram. Esse é o grande desafio que o Estágio apresenta aos alunos, muitas vezes acostumados à perspectiva desenvolvimentista e de cunho representacional: o de se reverem na linguagem muda do corpo por intermédio dos gestos, do jogo simbólico, do grafismo e da dramatização.

Norteado pelo paradigma psicomotor, consciente de uma perspectiva profissional, o Projeto Psicomotricidade fundamenta-se na concepção de H. Wallon, ao considerar o plano biológico e social na construção da consciência do sujeito e do conhecimento do seu mundo; na de D. Winnicott, para a abertura de um espaço para brincar e a criação de si mesmo e em M. Merleau-Ponty, para não separar o sujeito do objeto, nem seu corpo do psiquismo, entrelaçados em *dobra* com o mundo. A perspectiva contextual baseia-se nas concepções tradicionais e contemporâneas das abordagens sistêmico-cibernéticas aplicadas ao atendimento de famílias, casais e sistemas complexos. W. Benjamin, para quem a História deve ser revisada a cada instante, principalmente em penitência às crianças *corcundinhas*, sobrecarregadas pelos sintomas do mundo, coroa a dimensão desse projeto.

19.2 Projeto Práticas Socioeducativas em Psicomotricidade

Na Ênfase B, o Projeto Práticas Socioeducativas em Psicomotricidade tem como prioridade o atendimento de grupos de professores e profissionais em instituições educativas, formativas, culturais, hospitalares e organizacionais. Para esses grupos, utilizam- se as Oficinas Psicomotoras também fundamentadas nas modalidades da Educação Psicomotora, Reeducação Psicomotora e Terapia Psicomotora.

Devido às rápidas mudanças que vêm ocorrendo no mundo, é preciso um novo olhar do psicólogo a respeito da escola e dos problemas ali presentes, para perceber que o aluno não pode mais ser responsabilizado, exclusivamente, por seus problemas relacionais e de aprendizagem.

Nesse contexto, são necessárias outras reflexões nas escolas, tendo assim o aluno como um sujeito de ação e relação que não pode ser separado do sistema relacional – família e escola (ANDRADA, 2005, p. 197, 198). Segundo Andrada (2005), o antigo paradigma que regia a atuação do psicólogo escolar tinha como foco de atenção somente o aluno, e se avaliava apenas se determinado aluno era apto ou não, separando-o pela melhor ou pior aprendizagem. Caracterizava-se o paradigma como um pensamento que excluía os alunos, um pensamento de causa e efeito. Assim, o fracasso escolar era atribuído unicamente ao aluno, sendo este excluído por sua deficiência e tendo ele sozinho que arcar com ela fora do contexto de sala de aula. Kupfer, citado por Andrada (2005), ressalta que, com a entrada do psicólogo na escola, este começou a perceber outros fatores que influenciavam, de certa maneira, a aprendizagem, concluindo, assim, que não poderia continuar com a mesma prática. No entanto, a escola permaneceu com a mesma ideia de que o psicólogo, na escola, deve trabalhar com o aluno-problema a fim de que este se adapte às normas e regras da instituição.

Diante disso, Andrada (2005) relata que é preciso perceber a escola e os problemas ali presentes sob outro paradigma, pautando-se em um pensamento sistêmico baseado na cibernética, tendo como princípio que o todo é maior que a soma das partes, ou seja, que o funcionamento do sistema não pode ser analisado pelo funcionamento de um só indivíduo. Os subsistemas se relacionam em uma relação de circularidade. Ainda nesse contexto, as explicações que o psicólogo deve dar sobre os problemas de aprendizagem se multiplicaram, necessitando ele trabalhar a interdisciplinaridade, não mais podendo, assim, eleger um único modelo de explicação. Dessa maneira, o aluno não pode mais ser visto como o único responsável pelo seu problema, não podendo ser mais visto de forma separada do sistema relacional família e escola. Muito menos de seu próprio corpo!

Se a família, a escola e o aluno configuram um sistema relacional, o aluno, por sua vez, configura outro sistema com a escola e a família pela linguagem mais próxima dele, que é o linguajar corporal. A teoria de Wallon (1975) mostra como a motricidade ou a função postural do corpo, por meio de mecanismos tônico-emocionais, está inserida na evolução psicológica da criança. Wallon (1975) retrata a emoção como uma função de expressão, função plástica, que diz da história de um povo, de sua cultura, de sua raça, sendo responsável pela organização dos aspectos corporais e dos aspectos mentais que unem a criança a seu grupo. Trata-se da linguagem antes da linguagem, um comportamento social. A emoção tem a capacidade de mobilizar o ambiente, sendo considerada contagiosa em seu aspecto relacional, muitas vezes negada ou repudiada em ambientes escolares (RENNÓ, 2006).

Com o objetivo de estimular a revisão do paradigma do pensamento linear, predominante nas escolas e nas relações interpessoais, o Projeto se destina aos profissionais (professores, orientadores e coordenadores) da escola, visando a que eles possam se expressar melhor por intermédio da ação-reflexão, reorganizando-se emocionalmente, na relação com os alunos e familiares na reinvenção do próprio corpo. À medida que resgatam sua própria história psicomotora, por meio de atividades específicas, os profissionais são sensibilizados pelas capacidades expressivas de crianças e adolescentes.

Para caracterizar o procedimento das Oficinas do Corpo e da Linguagem por meio das terapêuticas psicomotoras, a Psicomotricidade é considerada uma metodologia que trata as capacidades impressivas e expressivas do sujeito. Sendo assim, é possível, nas terapêuticas psicomotoras, reinventar o corpo, buscando um novo projeto no movimento da vida, para que ele possa andar sempre junto ao pensamento na relação com o outro (RENNÓ, 2006).

Esse Projeto tem como objetivo geral investigar, analisar e propor práticas psicomotoras socioeducativas aos problemas entrelaçados nas relações dos usuários de contextos socioeducativos, a partir do ponto de vista psicogenético, fenomenológico e sistêmico.

Alguns estágios foram realizados na Escola Estadual Guia Lopes e na Escola Estadual Professora Maria do Socorro Andrade, durante dois semestres, respectivamente. Inicialmente voltados para os alunos, para a família, professores e orientadores pedagógicos, passaram a ser desenvolvidos somente com os professores. Num primeiro momento, a partir de suas demandas, o objetivo se dirigiu para a própria sensibilização psicomotora, para, em seguida, professores e estagiários construírem propostas corporais articuladas ao programa pedagógico escolar.

A parceria com a AMR destinou-se ao atendimento clínico de crianças e adolescentes portadores de afecções neurológicas e o atendimento de seus familiares. Essa parceria se deu de 2007 a 2010, sob a coordenação da psicóloga Patrícia Crepaldi e a orientação e o acompanhamento de Marta Anísia Alencar, psicóloga e psicomotricista da Associação. Os alunos atenderam a crianças e adolescentes e tiveram a oportunidade de participar de reuniões clínicas periódicas, junto à equipe composta por fisioterapeutas, terapeutas ocupacionais, psicólogos e assistentes sociais.

Dessa experiência resultou a pesquisa monográfica de alguns alunos, como a *Psicotonia entre dados*: orientação psicomotora de famílias com crianças hemiplégicas (SILVA, 2007), sob minha orientação. A autora investigou a contribuição da prática psicomotora no desenvolvimento emocional de crianças hemiplégicas e elaborou nova proposta de intervenção em parceria com as famílias dessas crianças. Procurou articular aspectos tônicos, motores e afetivos com a vida de relação de crianças hemiplégicas, estabelecendo bases terapêuticas para intervenção precoce, entre os dados, com as famílias.

Outra monografia a ser destacada que permitiu parceria com instituições para tratamento de câncer infantil versou sobre *O Jogo dramático*: uma proposta para a clínica de crianças em tratamento de câncer, de Ana Cristina Neves de Castro (2006), também sob a minha orientação. A autora questiona como a criança, estando numa fase de estruturação motora e psíquica, lida com as marcas corporais originadas pelo câncer. Como a Psicomotricidade pode contribuir para a investigação da percepção da imagem corporal dessas crianças? Como a criança portadora de câncer se percebe no espaço e no tempo? Na busca de respostas a essas questões e, com uma primeira revisão teórica, a autora elaborou uma proposta usando a dramatização, prática utilizada em Psicomotricidade, apresentando, como hipótese, a ideia de que a criança portadora de câncer, submetida ao jogo dramático, pode redimensionar as noções de corpo próprio, de espaço e de tempo. A proposta tem como objetivo a organização do sistema de referência: 'esquema corporal – espaço – tempo', por meio do jogo dramático.

Em parceria ou não, é importante destacar que o corpo que interessa ao psicomotricista é o corpo, considerado, por Camus (1986), como aquele capaz de se informar e informar. Naturalmente que o fisioterapeuta, o musicoterapeuta, o professor de educação física ou o terapeuta ocupacional, que também consideram a motricidade em relação, devem se preocupar também com esse corpo da impressão e expressão corporal, por meio da EPM e da RPM, além da reabilitação das afecções osteomusculares, ou do corpo energético capaz de performances, ou do corpo voltado para a reabilitação das relações do trabalho.

20. COM A PALAVRA, O CORPO

Apresentei ao FIP – Fundo de Incentivo à Pesquisa, da Pró- Reitoria de Pesquisa e Pós-Graduação da PUC-Minas, em 2003, o Projeto *O igual, o estranho e o inimigo:* socialidades urbanas no novo milênio, desenvolvido pelo NIPIAC – Núcleo Interdisciplinar de Pesquisa e Intercâmbio para a Infância e a Adolescência Contemporâneas, da UFRJ, sob a coordenação de Lúcia Rabello de Castro.

A parceria, no desenvolvimento do trabalho, se deu durante o ano de 2004, de modo a constituir-se em polo interlocutor com pesquisas semelhantes realizadas nas cidades do Rio de Janeiro, Fortaleza e São José dos Campos.

Intitulado posteriormente de *Revisão do horizonte belo:* o ponto de vista de crianças e adolescentes de Belo Horizonte, o trabalho trata da ação de crianças e adolescentes em seu esforço coletivo de produzir saber e compreensão sobre o modo pelo qual a cidade contemporânea transforma suas relações sociais. Aplicado na cidade de Belo Horizonte, em 33 crianças que vivem em um aglomerado, e 11 adolescentes, moradores de um bairro tradicional, problematizou-se também a condição urbana como modo específico de subjetivação no contemporâneo. As cidades brasileiras, notadamente a cidade do Rio de Janeiro, onde se desenrolou o projeto inicial anteriormente citado, ao se constituírem um espaço físico-social particular promovem novos modos de ser e de conviver.

No entanto, para Castro (2001a), o estudo iniciado sobre as subjetividades urbanas no contemporâneo, não está nem de longe terminado e a oportunidade de inclusão desse estudo em outras cidades brasileiras faz-se necessária para ampliar a investigação do tema em âmbito nacional. Belo Horizonte, portanto, quis saber como é a situação de "privação urbana" atual em que se encontram suas crianças e adolescentes, diante da condição de estranhamento e nenhuma participação na construção do espaço da cidade, que lhes é imposto, em consequência da divisão social do trabalho e da cultura de consumo.

Nessa pesquisa investiguei, ainda, como as crianças e os adolescentes se sentem, o que percebem, o que aprendem e como suas relações sociais são modificadas no convívio com a cidade contemporânea. Visei assim a ampliar as possibilidades de participação e ação de crianças e adolescentes em Belo Horizonte, abrindo-lhes um campo de construção, reflexão e imaginação, para que se vejam e se insiram de outras formas na ordem social como sujeitos ativos.

A lógica desenvolvimentista favorece a perspectiva de "menoridade" sobre a infância e reduz seus direitos civis e políticos. Segundo Castro (2001b), a Psicologia tem pensado a ação da criança de modo acanhado apenas como atividade para o desenvolvimento. A afirmação da dependência psicológica da criança, na visão do adulto, concorre para que se determine uma posição de incapacidade também do ponto de vista sociopolítico. É preciso ver, no conceito de ação, aspectos fundamentais da vida em sociedade, na emergência do novo e do imprevisível. Castro (2001b) argumenta que uma psicologia relacionada à questão político-ética da infância pode ser vista por meio da noção de ação humana. Pensa a autora que a expressão *a criança como sujeito de direitos* é ingênua, quando não se pressupõe a transparência e a legitimidade da ação da criança frente a qualquer outro (adulto ou outra criança). O sentido do *agir* se constrói como um *acontecimento* e não se separa do pensar e do ser. A ação define a condição da *diferença* e da *singularidade* entre os seres humanos. Prescindindo da lógica desenvolvimentista, e, de acordo com Castro (2001b), a criança não deve ser afastada da coisa pública.

O objeto da pesquisa evidencia a relação de crianças e adolescentes com a cidade, a partir de uma visão ancorada na noção de cidadania da infância e da adolescência. Investiga, assim, como crianças e adolescentes formam disposições de afeto, de ação, de valores e ideologias dentro do contexto urbano contemporâneo. Cabe perguntar a elas, portanto: *Como veem a cidade onde moram?*

Ao se debruçar sobre a situação específica em que se encontravam crianças e adolescentes na cidade, fez-se necessário problematizar a noção de espaço urbano, não como categoria concebida apenas do ponto de vista de sua concretude física, mas para entendê-la como *objetivação mesma do subjetivo*. Isso significa que é em relação à natureza do espaço em que crianças e adolescentes vivem que se devem promover questionamentos. Para Castro (2001, b), a edificação do espaço urbano, sua arquitetura física, sua aparência, assim como a apropriação e uso que dele se faz, estão marcados pelas relações de poder entre os diversos grupos socioetários. Segundo a autora citada, crianças e adolescentes têm, dentro dessa dinâmica, uma posição estruturalmente desvantajosa. Permanecem como atores sociais apenas quando são visíveis de forma negativa. Por exemplo, a presença de crianças e adolescentes é notada quando os muros e prédios da cidade aparecem pichados, ou quando se inicia o ano letivo e as ruas aparecem congestionadas de carros. É necessário perguntar: De que modo crianças e adolescentes *afetam, modificam a cidade* onde nós, adultos, moramos, e *são afetados e modificados* por ela? Como crianças e adolescentes, como categoria social, mostram sua presença na cidade? Parece, segundo Castro (2001b), que o não reconhecimento dessa presença implica a negação de todo e qualquer direito à *cidadania* desses segmentos sociais, o impedimento de participação social ampla e o *direito à cidade*. Mas, mesmo que invisíveis e negativizados na sua atuação social, crianças e adolescentes parecem participar efetivamente na vida cultural, econômica e social da cidade. Por meio da mobilidade e do deslocamento que conseguem ter, assim como na apropriação dos mais diversos espaços, crianças e adolescentes utilizam a cidade como recurso e fonte de novas percepções, conhecimentos e afetos. A experiência "da", e, "na" cidade por parte da criança e do adolescente constitui um dos aspectos primordiais na construção do sujeito no contemporâneo, como experiência que possibilita diferentes formas de convivência e alterização (CASTRO, 2001b).

O projeto original citado concebe a configuração do espaço urbano como resultante dos processos *históricos e culturais*. Interessou- me aqui por pesquisar as formas de socialização pelas quais as crianças e os adolescentes codificam as relações sociais de poder na cidade de Belo Horizonte. Inspirada também numa leitura do social brasileiro contemporâneo, e enfocando especificamente as categorias sociais da infância e da adolescência, esse trabalho de pesquisa compreende algumas formas de convivência no espaço urbano. Codificam-se tais formas como sendo a do *estranho*, a do *igual* e a do *inimigo*, inseridas na discussão teórica apresentada por Castro (2001b), para se analisar a questão dos vínculos sociais. A presente pesquisa aponta para novas formas *de ser*, *de conviver* e, portanto, *de aprender* o que a cidade pode proporcionar às crianças e adolescentes, a partir do seu olhar, permitindo-lhes novas construções subjetivas.

O que esperava era obter material significativo, a partir de discussões e reflexões sobre a vida na cidade, tal como a percebem, bem como a promoção de mudanças subjetivas nas crianças e adolescentes. Aspirei a que, a partir da visão de aspectos da cidade, na deambulação pelas ruas e no espaço de domínio público, e pela reflexão sobre tais aspectos, as crianças e os adolescentes de algumas escolas de Belo Horizonte pudessem transformá-los em narrativas pessoais, tornando-se *sujeitos* e não *meros indivíduos iguais ou uns mais ou menos iguais do que outros* (DE CARVALHO, 1998, *apud* CASTRO, 2001a). Ao se criarem espaços de fala, de imaginação e de compreensão dentro das escolas, facilita-se às crianças e aos adolescentes estabelecer mudanças em seus âmbitos de convivência.

Baseei-me em concepções *benjaminianas* (BENJAMIN,1997), permitindo-me criar um dispositivo de análise original. Procurei extrair dos retratos *benjaminianos* de cidades um modelo também válido para a representação da cidade de Belo Horizonte, como metrópole sul-americana. As imagens construídas em *tableaux* (quadros da cultura cotidiana que registram os entrelaçamentos entre a biografia individual e a história coletiva) por crianças e adolescentes, durante a pesquisa, traduzem a dialética da época, revelando a História em imagens (BENJAMIN, *apud* BOLLE, 2000). Os *tableaux berlinois* leem-se como se fossem um relato de criança para criança, à margem da cultura dos adultos. Os *tableaux* urbanos (como denominados na obra inicial de Benjamin) consistem num tipo de orientação cartográfica de um livro sobre a cidade, de teor filosófico, sobre uma imagem de pensamento.

Na medida em que se inteiram da fisionomia de Belo Horizonte, deambulando pela cidade como *flâneurs* (imagem dialética do habitante da metrópole, ocioso sonhador que faz parte da sociedade com um pé, mas com o outro, está fora dela, junto aos excluídos) com os quais foram comparados, a criança e o adolescente também tomam consciência de si mesmos. É a partir do vagabundear, ao estilo do *flâneur*, que o adolescente e a criança, na percepção que o ir e vir lhes permite, apropriam-se de outra visão social e política da cidade que, ao mesmo tempo em que os transforma, eles podem transformá-la.

Em Benjamin, para construir a História, deve-se atribuir aos anos a sua fisionomia, que é entendida como: *A História em tudo o que nela desde o início é extemporâneo, sofrido, malogrado, se expressa num rosto – não, numa caveira* (BENJAMIN, *apud* BOLLE, 2000, p. 40, *apud* RENNÓ, 2005)

A fisiognomia moderna tem seu ponto de partida na obra de Lavater (1775-1778), que despertou o interesse em filósofos, como Goethe e Hegel, e na ciência moderna. Trata-se de uma relação estabelecida entre a história natural e a história da cultura, nascida na época da emancipação da burguesia, no paralelo traçado entre a mentalidade burguesa e a imagem da grande cidade (BOLLE, 2000). Como *rosto da Modernidade, fisiognomia da multidão, a fisiognomia é a ciência de conhecer o caráter de um ser humano,* **lato sensu** *a partir de seus traços exteriores* (LAVATER, 1968, *apud* BOLLE, 2000: 40). É do corpo e dos movimentos de um ser humano que se pode conhecer algo de seu caráter. É assim que vamos ver, mais adiante, nas ações de crianças e adolescentes de caráter, o poder de sua percepção (RENNÓ, 2005).

Benjamin apodera-se da importância do corpo na cultura, do irracional e do inconsciente, influenciado pelo materialismo dialético de Marx, de Nietzsche e da Psicologia do século XX de Freud, Fromm e Reich. A fisiognomia, para Benjamin, é uma espécie de *especulação* das imagens *prenhes* de História. A imagem é a categoria central da teoria *benjaminiana* da cultura. Ele usa os termos: *alegoria, imagem arcaica, imagem do desejo, fantasmagoria, imagem onírica* para circunscrever a História (BOLLE, 2000). Por meio de imagens – no limiar entre a consciência e o inconsciente – é possível ler a mentalidade de uma época. Partindo da superfície, da "epiderme de sua época", Benjamin atribui à fisiognomia das cidades, ao cotidiano, às imagens, aos resíduos e materiais insignificantes a mesma importância das grandes ideias e das obras de arte consagradas (BOLLE, 2000).

Com Benjamin, aprendemos a ver a cidade como um corpo humano, usando a técnica da superposição de imagens, que faz, de forma mítica, a percepção da cidade e do próprio corpo se confundir. Com o próprio corpo, pode-se flagrar o instantâneo da cidade e, ao mesmo tempo, a própria fisionomia (MATTENKLOTT, 1982, *apud* BOLLE, 2000). O rosto e o corpo se assemelham mimeticamente à cidade em que as crianças e adolescentes habitam, isto é, a percepção do corpo e da cidade se confundem. É como se a cidade fosse a *constelação saturada de agoras* que define sua identidade. No corpo a corpo com a cidade, a Modernidade é como uma peça de aprendizagem, como espetáculo vivido pelo *flâneur.* A imagem possibilita o acesso a um saber arcaico e a formas primitivas do conhecimento, por sua qualidade mítica e mágica (RENNÓ, 2005).

Assim, a ação-reflexão de crianças e adolescentes, durante a produção de tarefas nas Oficinas da Cidade, pode ser considerada imagens do desejo, fantasmagorias, resíduos e materiais insignificantes que se traduzem em imagens dialéticas do cotidiano de uma cultura, de uma época vivida. Revelam a arte de escrever a História com imagens que traduzem a fisiognomia da metrópole moderna, por meio de suas percepções, sensações e relações com a cidade de Belo Horizonte.

Foram, então, estabelecidos como dispositivos analíticos de discurso os efeitos denominados *papagaio, cantiga, epiderme, cochicho* e *dialético.* O efeito papagaio é considerado a repetição empírica do discurso, o mesmo dizer, o já dito por outros; os efeitos cantiga e epiderme são considerados a repetição formal do discurso, outro modo de dizer por meio de metáforas, no caso da pesquisa pelas canções das crianças e pelo corpo dos adolescentes; o efeito cochicho (na fala das crianças) e o dialético (na fala dos adolescentes) são considerados a repetição histórica do discurso, o dizer que denuncia e rompe com fatos cumulativos da história, mostrando onde falha a história, as promessas que não foram cumpridas (RENNÓ, 2005).

Para compreender como as crianças e os adolescentes de Belo Horizonte fizeram a revisão do horizonte belo, considerei os *métodos de montagem* criados por Walter Benjamin. Métodos de montagem (BOLLE, 2000) é a colagem de imagens dialéticas fabricadas próximo aos fragmentos da História da Modernidade. As colagens realizadas pelas crianças e adolescentes caracterizaram com simplicidade a capacidade perceptiva do olhar infantil sobre a cidade. Foi uma forma de se fazer a *escrita da cidade* ou a *oficina da memória.* Apoderar-se da imagem da cidade significa, para Benjamin, flagrar sua própria imagem. O mapa da memória do eu e o mapa da cidade se sobrepõem. *Palavras tais como a criança as ouvia e entendeu pela primeira vez e nas quais se condensa, como num mineral, o universo de sua percepção* (BENJAMIN, *apud* BOLLE, 2000, p. 318). Os métodos de montagem e de colagem, como procedimento construtivo de deciframento, são a base da historiografia do autor, por meio dos quais as imagens dialéticas são fabricadas junto aos fragmentos da história da Modernidade. O leitor torna-se coautor do texto, diante da obra aberta, que se apresenta fragmentada, entre cenas e recortes.

Para articular com as formações discursivas produzidas pelas crianças e adolescentes, como *flâneurs* que configuram *tableaux*, durante a realização da pesquisa, para fins de análise e interpretação dos dados obtidos, destacam-se os métodos que Benjamin chamou de o *método de montagem literária* – trata-se de uma coletânea de materiais que indicam o *não tenho nada a dizer, só a mostrar.* As fichas com os nomes de personagens (mãe, Deus, traficante, ladrão, pipoqueiro, criança), com quem as crianças e os adolescentes gostam ou não gostam de estar na cidade, evocaram grupos temáticos e imagéticos, que ainda se encontram em estado de dicionário, esperando a planta de construção que mostra, pela análise, a sintaxe à qual os personagens se articulam no discurso. O *método da montagem como desmontagem*– é a destruição construtiva para formar uma constelação, em que o passado se junta, como num relâmpago, com o agora, fazendo explodir o *continuum* da História, para arrancar-lhe os objetos e a citação dos fatos. É o método para radiografar o imaginário coletivo. O *método em forma de choque* – é a técnica do despertar de fantasmagorias, que consiste em confrontar a visão humana da metrópole expressa na mentalidade do *flâneur*, com seus aspectos inquietantes e ameaçadores. O *método da montagem como superposição* – inspirado no cinema, para obter a fusão de duas imagens pelo esvanecer da primeira, da qual surgem, cada vez mais nítidos, os contornos da segunda. Pode ser obtido também ao se pôr um plano acima do outro, por exemplo, uma pessoa contra o fundo da multidão. Expressa a simultaneidade de percepções diferentes, como processo cognitivo no limiar entre consciência e inconsciência. Serve para decifrar o espaço imagético político-social.

A imagem possibilita o acesso a um saber arcaico e às formas primitivas do conhecimento, por sua qualidade mítica e mágica. Na percepção de crianças e adolescentes, as imagens captadas na deambulação pelos espaços da Cidade foram cantadas, desenhadas, escritas, grafadas, em meio a discussões, reflexões e decisão de preferências, ao longo das Oficinas da Cidade. Essas imagens me possibilitaram encontrar os dispositivos de análise de discurso. Dessa forma, as imagens passaram a ser consideradas como "escrita da Cidade" em quadros da cultura cotidiana, que registram o cruzamento entre a biografia individual e a história coletiva. Como *tableaux*.

21. DA MELODIA CINÉTICA AO CORPO POLÍTICO

Da melodia cinética, alvo dos primeiros Psicomotricistas, na readaptação e reeducação de crianças turbulentas e desadaptadas, no contexto sociopolítico e institucional da Psicomotricidade, na França, por volta de 1909, em torno da noção do paralelismo psicofísico, passando pelas posteriores influências que tentaram aproximar mais e mais o polo motor do psíquico, cheguei ao século XXI com a ideia de corpo político, ao diálogo intercarnal entre o narrador-criança e o interlocutor-adulto. Trata-se do corpo na e da História que se desoculta na clínica e nas práticas socioeducativas que a Psicomotricidade nos permite ver e acompanhar.

Transcrevo aqui as impressões deixadas pela pesquisa de Mestrado, coincidentemente concluída em 2001, sobre a capacidade de a criança contar a História pelo corpo. Se, inevitavelmente, enquadrei a criança nessa perspectiva, naquela época e ao concluir este livro, é porque, inevitavelmente, faço parte deste mundo, desta história percorrida na companhia da Psicomotricidade. Ao iluminar a criança, como foco deste livro, é porque é ela que permite a redenção do adulto seja na clínica ou nas práticas sociais, seja na escola, na família, entre os sistemas que nos entrelaçam. Essa criança nos tornará mais preparados e será o interlocutor e observador de seu próprio tempo, revisando a História.

De acordo com Benjamin (1986), só podemos escrever sobre a infância quando abandonarmos as encenações projetadas pelo nosso "eu". Assim também, se compararmos os mecanismos da memória com os da fotografia, observamos que a força dos instantâneos consiste em estarmos no centro dessas estranhas imagens, mas que essa força provém de instantes de iluminação súbita que são, ao mesmo tempo, instantes do "estar-fora-de-nós".

Walter Benjamin nasceu em Berlim, em 15 de julho de 1892 e faleceu em 1940. Um ano antes de sua morte, em 1939, eclode a guerra na França contra a Alemanha, que exige, junto com a Inglaterra, a retirada das tropas alemãs do território francês. Exilado em Paris, no limiar da miséria, é chamado pelo governo francês, junto aos refugiados alemães e austríacos, inimigos da França, para permanecer em um dos estádios olímpicos, no norte de Paris, considerados campos de trabalho voluntário, em condições de internação e higiene precárias. É libertado posteriormente e escreve "Sobre o conceito de História", em 1940, uma crítica à ideologia burguesa.

Naquele mesmo ano, Benjamin escapa de nova ordem francesa de reclusão em outro estádio perto de Paris. Consegue fugir para Lourdes e tenta conseguir asilo, pedindo visto de entrada na Suíça. Graças aos amigos, consegue um visto para os Estados Unidos, mas não consegue o visto de saída da França, restando-lhe o estatuto de "estrangeiro de nacionalidade indeterminada, mas de origem alemã" (MATOS, 1993). Tenta sair do país, ilegalmente e, aos 48 anos, sobe ofegante, devido a problemas cardíacos, os Pirineus, cronometrando o tempo em seu relógio. Chegando à fronteira, com alguns amigos, são avisados de que não podem passar. Bebe, então, uma dose letal de morfina, na sua última noite de vida, em um hotel, onde lhe foi permitido hospedagem.

Benjamin (1986) chama de "contemplação" a atenção intensa e leve que indica nossa presença no mundo e nos permite nos determos admirados, hesitantes, respeitosos, perdidos, vendo as coisas, lentamente, sem um olhar ordinário.

Assim também é o corpo carne tal qual o considera Merleau- Ponty, quando se refere ao nosso campo de presença.

Trata-se de um método perigoso, pois não se sabe aonde nos leva, mas precioso, pois permite a renúncia à segurança do previsível.

É assim também o caminho da criança hesitante nos limiares dos espaços que ocupa, onde o tempo se acumula. Não são os lugares da felicidade inocente, nem da nostalgia, pois preenchem a criança de certa apreensão, não só diante dos mortos do passado como de um futuro desconhecido, no entanto, pressentido. É o reencontro do passado no presente, por um olhar não idealizante, nem estetizante, mas político. O passado já se foi, mas depende de como uma ação pode penetrar sua opacidade para retomar o fio da História, cujo sujeito é, ao mesmo tempo, a criança perdida, o adulto preocupado de hoje e o desconhecido de amanhã.

Discutir esse trabalho me fez rever o contato inicial com parte da obra de Benjamin que abriu caminhos de retomada da minha própria história, na História. Lembro-me de ter passado pela leitura de seus textos com sensações e emoções que me levavam à ideia de revisão de vida, de trabalho, de tempo, de cuidados com o outro. O importante foi aprender com ele que voltar ao passado, às lembranças, não de forma nostálgica, mas com saudade, pode ser uma maneira de se opor à marcha do progresso que, no final das contas, é o que gera nosso atraso pessoal.

A ideia benjaminiana sobre imagem dialética, como possibilidade de leitura para a revisão e restauração da História e a salvação do sujeito, como foi trazida na pesquisa de dissertação de Mestrado para a aproximação teórica e prática da análise da história da criança, a princípio me pareceu difícil de ser alcançada. Posteriormente, fui percebendo que pode ser um método sensível à Psicologia por introduzir, na temática do corpo carne, na dobra com o mundo, ampliações na investigação não só ética como estética, da subjetividade.

Há quem considere a imagem efêmera, fugidia, por ser muito veloz, substituível, vertiginosa, descartável, até. Percebi, no entanto, que o recurso da imagem pode nos trazer mais detalhes, uma vez que atentemos para eles, capazes de mudar, desviar e renovar uma compreensão sobre determinado fato, não no sentido atomista, mas no de desdobramentos. A imagem que nos prende quando a olhamos desdobrou-se por meio da configuração de um método fenomenológico para a Psicomotricidade.

Pelas considerações já apontadas, ao pôr um mundo no horizonte com seu corpo carne, que também é corpo mundo, e contar essa sua história, o sujeito se desfaz de representações definitivas, ousando afirmar-se na incerteza. O itinerário do eu, à busca de si mesmo, se faz pelos caminhos da alteridade, renunciando à certeza da consciência.

A criança realiza uma tarefa com seu corpo carne, no labirinto e nos recantos da vida, pondo um mundo com seu trabalho e sua ação política. Fala sobre esse mundo e, por seu olhar e sua narrativa singular, encarna-se no tempo e no espaço, num átimo, quando permite que o adulto-criança amplie as dimensões inconscientes e políticas, rendendo-se, nesse jogo intercarnal, ao tributo da criança desfavorecida.

O passamento da História, em cada minuto do tempo, dura até apagar-se, esvai-se e é substituído por outro, sucessivamente. É o número do movimento; é o tempo que presidiu a evolução das técnicas ao longo da era industrial.

Em uma linguagem de irreversibilidade, o tempo é a visão de tempo que circula pelas veias de nossas crenças judaico-cristãs, progressistas, evolucionistas e marxistas. Nessa visão teleológica do tempo, a História não se repete, mostra uma estrutura serial e articula a cultura moderna.

Se datas são pontas de *icebergs*, na visão de Bosi (1992), assim também, é a data para a visão retrospectiva do narrador. Os fatos vão passando, um depois do outro, e para contá-los, narrá-los é preciso também contá-los, isto é, enumerá-los. Contar é narrar e enumerar e exige que se diga o ano, o mês, o dia, a hora em que o fato se deu. Nessa disposição em série, o momento passado, anterior, já passou e, matematicamente, não volta mais.

A ideia de progresso é a ideia de evolução do século XIX da qual a Psicologia do Desenvolvimento se apropriou. Porém, o sentimento de progressismo, continua Bosi (1992), nos apresenta hoje uma de suas crises mais traumáticas, das quais devemos enfrentar os sintomas e as causas, pois o avanço tecnológico acarretou prejuízos à natureza e não curou as feridas de miséria do Terceiro e do Quarto Mundos, nem humanizou o convívio entre os povos neste princípio de milênio. Uma tecnologia destrutiva e uma política de violência vêm atrapalhando a justa aspiração a um viver melhor.

Os pontos do espaço-tempo são átomos em série que somem quando substituídos, mas não deveriam ser assim considerados. Melhor que sejam pontos-figura que se destacam em fundos diferentes no horizonte, para constituir subjetividades.

O homem que passa de geração em geração enquanto evolui, faz lembrar a Bosi a imagem de um atleta que corre e passa a tocha acesa a seu sucessor, uma vez cumprido o seu percurso, como um símbolo do progresso contínuo, cheio de conquistas, mas vazio, cego e irreversível. Assim também pode ser comparada a criança percorrendo seu caminho insosso e vazio em sua evolução mental. Assim também pode ser comparado o adulto, que corre o risco de esquecer o que o progresso cumulativo pode fazer a uma criança.

O tempo de cada um tem sido gasto na procura da satisfação de desejos e na construção de representações. Vontade e representação são dois polos com os quais a Psicologia atomista vem explicando os comportamentos na busca do prazer e da fuga à dor.

Se esse é o tempo do consumismo cultural de hoje, Bosi (1992) nos apresenta outra experiência do tempo: a que luta contra a indiferença e a entropia, voltando à obsessão do *ritornello*. Segundo ele, é possível sondar o que há sob a ponta do *iceberg*. E nos mostra que, quando se olham de perto os quadros sucessivos do tempo, eles podem ser animados pela intersubjetividade de homens, mulheres, famílias, grupos culturais que não devem perder sua face, nem reduzir-se a uma simples classificação numérica de senhores ou escravos.

As formações simbólicas como os cantos, os poemas, as danças desenvolvem-se em um tempo essencialmente pleno e constituem formações que o tornam pleno. E esse tempo é o tempo que a presença humana qualifica, no qual a ação dos afetos e da imaginação produz uma lógica própria, cuja nota principal é a reversibilidade. Reversibilidade estrutural, por abraçar retornos internos, e histórica por suas formas voltarem e se transmitirem de geração em geração. Lógica que parece reproduzir os movimentos cíclicos do corpo e da natureza.

> A reiteração dos movimentos, feita dentro do sujeito, faz com que este perceba que o que foi pode voltar: com esta percepção e com o sentimento da simultaneidade que a memória produz (recordo agora a imagem que vi outrora) nasce a idéia do tempo reversível". (BOSI, 1999, p. 27)

O tempo reversível é uma construção da percepção e da memória que supõe o tempo como sequência, mas a suprime, na medida em que o sujeito vive a simultaneidade.

A ideia do tempo reversível, no qual a memória vive do tempo que passou e o supera, nos permite pensar a memória articulando-se na vida social por meio da linguagem. Memória e palavra são condições de possibilidade do tempo reversível. Ouvir o que o outro me conta me lembra algo que não vi, porque ele me contou. Posso, ao lembrar, reatualizar o passado e historiar o que os outros viram e me testemunharam. Ao ouvir a voz do outro, caminha-se para a constituição de uma subjetividade própria.

Se o mundo é carne, onde colocar o limite do corpo e do mundo?

Na reversibilidade entre vidente e visível, tato e tangível, a identidade está sempre em via de ocorrer, numa sucessão sem fim. Transpondo essa relação para o âmbito da visão, se o olhar apalpa as coisas visíveis, há uma reversibilidade entre o que vê (sujeito) e o mundo visto (objeto), podendo a relação se inverter, já que corpo e coisas são feitos do mesmo estofo.

Se o sujeito é tempo, a reversibilidade temporal se faz possível pelo corpo-memória-linguagem-pensamento. As polaridades são reversíveis, criando uma dialética sem síntese na superação da dicotomia entre sujeito e objeto. A tensão no contato do corpo com o mundo dilui a rigidez e a exclusividade do corpo como sujeito e do mundo como objeto.

O olhar, ao se descobrir como abertura fundamental do mundo, cria condição para todo um desenvolvimento do pensamento contemporâneo.

O convívio dos tempos, no reencontro do tempo antigo pelo moderno, no agora da conhecibilidade, nos faz perguntar: O que há debaixo da ponta do *iceberg*? O que vamos encontrar nos instantâneos das impressões e expressões da criança? O olhar e a voz infantil, a narrativa corporal imagética de criança, tão intensa, que é capaz de tirar o adulto do sono tranquilo do progresso, impressionando-o.

A pergunta me leva de volta à concepção benjaminiana de sujeito e, em particular, à vida da lembrança e à vida do esquecimento. O sujeito não se restringe à afirmação da consciência de si, mas se abre às dimensões involuntárias da vida da lembrança e inseparavelmente da vida do esquecimento. Essa abertura amplia a dimensão social do sujeito que o faz renunciar à vida enclausurada e tranquilizante e à sua particularidade individual, fazendo-o passar por ondas de revoltas e desesperos coletivos. Quando pensa o sujeito, Benjamin pensa, simultaneamente, na salvação do ser humano.

Uma experiência muito maior que o vivido consciente e individual do narrador, num mesmo campo de presença, possibilita, pela descrição da criança e o novo olhar do psicomotricista, no corpo carne e mundo, embaralhar o tempo para renová-lo com outra visão sobre a infância.

Apesar de todas as estratégias familiares e sociais para esconder da criança a existência dos outros, dos pobres, dos revoltados, da miséria e da morte, as imagens, as mônadas retêm a extensão do tempo na intensidade de uma vibração, de um relâmpago, do Kairos quebrando o desenrolar histórico.

O *continuum* da história é o dos opressores e a narração da história habitual se caracteriza pela preocupação com a continuidade e pela crença na ideia de uma causalidade cronológica eficaz. A história habitual é a comemoração das façanhas dos vencedores.

A essa narrativa cumulativa e complacente se deve opor a necessidade de nos atermos a tudo o que poderia interromper essa aparente coerência. A verdade da narração deve ser procurada naquilo que lhe escapa, nos seus tropeços, nos seus silêncios, ali onde a voz se cala e retoma fôlego. Na voz de uma criança. Somente em nossas hesitações, em nossas dúvidas, em nossos desvios, na nossa fraqueza é que se pode insumar o apelo messiânico da redenção do passado no presente, *ali, enfim, onde renunciamos a tudo, preencher para deixar que algo de outro possa dizer-se* (GAGNEBIN, 1999, p. 98).

A tentativa de parar o tempo pode permitir que uma outra história da criança possa vir à tona, na esperança de ser resguardada, sem soçobrar na aceleração imposta pelo progresso.

Se pararmos, pacientemente, o tempo para cada instante de cada estágio do desenvolvimento infantil, este desenvolvimento temporal infinito que se esvazia e se esgota, a que chamamos de história da criança, poderá imobilizar a figura do narrador-criança, na sua singularidade-alteridade. Pode ser que se ouça uma história singular aos 6 meses de vida, aos 6 anos, ou um pouco mais. Motricidade e pensamento, corpo e psiquismo estão em ação uníssona na relação com o mundo, no tempo e no espaço.

A sucessão cronológica das etapas do desenvolvimento infantil, tal qual é concebida pela posição da Psicologia, não é sinônimo de uma relação substancial da necessidade da criança, pois a criança não tende à linearidade dos fatos. Aliás, nenhum fato pode ser causa, pois já é um fato histórico. Qualquer fato da vida da criança pode ser narrado por ela, por apresentar um modo privilegiado de percepção.

Para Benjamin (1984), as brincadeiras e os jogos infantis estão impregnados de comportamentos miméticos e descortinam a capacidade humana de produzir semelhanças. A faculdade mimética da criança é uma faculdade que não permaneceu a mesma no curso do tempo. Isso significa recuperar uma tensão, um jogo recíproco entre o olhar cheio de expectativas da criança e o olhar do adulto que sabe a realização ou derrota das expectativas. A incompetência da criança é reveladora de verdades que os adultos não querem ver ou ouvir.

O narrador-criança usa o "método do desvio" com uma intensidade de atenção, ao mesmo tempo minuciosa e hesitante, que sempre volta ao seu objeto. O "método do desvio" não tem uma estrutura linear contínua e homogênea. Aqui, *o pensamento pára, volta para trás, vem de novo, espera, hesita, toma fôlego* (GAGNEBIN, 1999, p.100).

A estrutura da percepção infantil busca o avesso escondido, mas significativo das coisas, inventa e reinventa desvios. Isso faz da criança o narrador do inexprimível.

É um campo fenomenal da vivência originária do corpo e da percepção anterior mesmo à reflexão que se abre ao sujeito e à consciência: um corpo sensível que se desdobra incessantemente num ciente.

Há um entrelaçamento do ser do corpo com o ser-do-mundo, numa operação em *quiasma* (entrecruzamento), numa reversibilidade eminente, que nunca se realiza de fato. Há um só mundo sensível e, assim, o problema da encarnação deixa de ser um problema e passa a ser a articulação essencial de nossa transcendência constitutiva.

A sensibilidade dos outros pode ser adivinhada pela articulação do corpo do outro com o *meu sensível, articulação que me desdobra num alter- ego* (MERLEAU-PONTY, 1984, p. 213).

A encarnação se torna um ponto nuclear para a compreensão de uma subjetividade encarnada da criança atada à vida, fazendo-nos superar, em definitivo, a dicotomia sujeito/objeto, corpo/psiquismo, abrindo-se como fundamento da relação discursiva entre o ser com o ser-no-mundo, possibilitando a revisão da história da criança.

> Eu não estou no instante atual, estou também na manhã deste dia ou na noite que virá, e meu presente, se se quiser, é este instante, mas é também este dia, este ano, minha vida inteira. (MERLEAU-PONTY, 1999, p. 564)

As constatações obtidas na dissertação de Mestrado, com a pesquisa e a análise dos dados obtidos na entrevista com a criança, levaram-me a pensar que se nós, educadores, pais, terapeutas e professores cultivarmos o hábito de conversar com crianças, contando e escutando histórias, sem maiores expectativas em relação a um processo evolutivo de desenvolvimento, não fica difícil imaginar como seria útil para elas não se verem tão inadequadas. Também nós deixaríamos de ser tão inadequados.

Durante todo o percurso da dissertação, procurei mostrar que a história da criança vem sendo marcada pela perspectiva do dualismo entre corpo e psiquismo que, por sua vez, é marcado pela noção de progresso e evolução.

A "função simbólica" ou a "função de representação" subjaz e está em nossos movimentos. O erro do intelectualismo é fazê-la repousar sobre si mesma, destacando-a do contexto no qual se realiza. Se a consciência está situada fora do ser, a variedade das consciências - a mórbida, a primitiva, a infantil, a do outro - não pode ser levada a sério, pois não haveria nada ali para se conhecer ou ser compreendido. A não ser, a pura consciência.

O movimento da criança é habitado por uma potência de objetivação, por uma "função simbólica", uma "função representativa", uma potência de projeção que opera na constituição das coisas. A criança trata os dados sensíveis como representativos uns dos outros, todos em conjunto, *eidos,* dando-lhes um sentido, animando-os interiormente, ordenando-os em sistemas, centrando as experiências num mesmo núcleo inteligível, fazendo aparecer nelas uma unidade identificável sob diferentes perspectivas. Atrás do fluxo das impressões, a criança dispõe um "invariante fixo" que contém sua própria razão e ordena a matéria da experiência.

O que Descartes fez foi separar do pensamento o seu objeto, separando o sujeito da coisa percebida. Mas o pensamento de algo é, ao mesmo tempo, consciência de si sem a qual ela não poderia ter objeto. A consciência perceptiva é uma atividade fenomenal de sair de si e ir ao encontro do mundo, misturar-se nele, voltando a si próprio e fazendo do ser parte do mundo, criando um desdobramento inacabado entre o eu e as coisas que este percebe. Se, em Heidegger, não existe o psíquico, não se pode pensar o somático a partir do psíquico.

O sujeito criança é o sujeito que constrói e constitui o mundo. Se a problemática levantada pela pesquisa da dissertação é que a criança vem sendo contada pelo outro, aqui, abre-se uma nova perspectiva para que a criança possa, ela mesma, contar sua história, construindo-se a partir do outro e o reconstruindo, numa ação vidente e política com o outro.

Com a fenomenologia do corpo carne, na dobra com o mundo, foi possível considerar outra visão em relação à história da criança. Mas para contá-la, alguém precisa ouvi-la, conversar com ela. Assim, foi preciso buscar no tempo reversível a história do adulto. E para que ele fosse tocado por ela, criou-se o instante da imagem no tempo.

A busca do instantâneo das imagens, na coexistência da criança com o adulto, entre lembranças, pede uma análise por meio do tempo que faz explodir o *continuum* da história que indica o reconhecimento de uma perda, a recordação de uma ordem anterior e a fragilidade desta ordem.

Com a "Pequena história da fotografia" (BENJAMIN, 1931) e "Infância berlinense" (BENJAMIN, 1933) podemos pensar a relação entre as "imagens do inconsciente ótico", que não representam a infância, mas pedem sua reelaboração, e as "imagens da memória", onde a infância pode ser reencontrada. As "imagens do inconsciente ótico" são aquelas que estamos vendo, mas não vemos. Podem ser comparadas às imagens captadas, com bastante atenção, numa fotografia ou pela câmera lenta do cinema. Constituem incontáveis semelhanças das quais não temos consciência, ou que não são percebidas de todo, que nos causam estranhamento e que exigem decifração, como uma ponta de *iceberg*, visível na superfície do mar, em comparação com a poderosa massa submarina. *Com a narrativa é diferente: ela não se esgota. Conserva a força reunida em seu âmago e é capaz de, após muito tempo, se desdobrar* (BENJAMIN, 1995).

Fecho este livro, chamando a atenção para a relação entre o discurso e as práticas narrativas corporais, na formação de profissionais da área da saúde, da educação e do trabalho, que estão em posição de hegemonia nas interações institucionais, onde são corresponsáveis pela constituição do discurso sobre a infância.

Ciente de não estar caindo num radicalismo ou reducionismo a favor do corpo, pois, do contrário, poderia correr o risco de voltar novamente à perspectiva dualista, chamo também a atenção para o recurso visual na investigação das práticas narrativas. Podem se alcançar novas bases de interpretação, no exercício ético-relacional, ao ampliarmos a visibilidade nas relações de interação entre a criança que conta a História pelo corpo e o adulto, que a escuta tonicamente ao se render pela História, envoltos ambos em um corporar sem fim, facilitando o manejo de questões pertinentes na clínica e na educação.

REFERÊNCIAS BIBLIOGRÁFICAS

AJURIAGUERRA, J. *Manual de psiquiatria infantil.* Barcelona: Toray-Masson, 1976.

ANDRADA, E. G. C. de. Novos Paradigmas na Prática do Psicólogo Escolar. *Psicologia: Reflexão e Crítica*, 2005, 18 (2), p. 196.

ANDRADE, L. T. *A Belo Horizonte dos modernistas*: representações ambivalentes da cidade moderna. Belo Horizonte: PUC-Minas, C/Arte, 2004.

ANDRADE, M. L. *Distúrbios psicomotores.* São Paulo: Pedagógica Universitária, 1984. v. 6.

ARICÓ, C. R. *Estudos sobre Psicanálise*: epistemologia e política. São Paulo: Núcleo de Estudos em Psicologia, Psiquiatria e Psicanálise, 1984.

AUCOUTURIER, B; DARRAULT, I; EMPINET, J. *A prática psicomotora*: reeducação e terapia. Porto Alegre: Artes Médicas, 1986a.

AUCOUTURIER, B.; LAPIERRE, A. *Bruno*: psicomotricidade e terapia. Porto Alegre: Artes Médicas, 1986b.

BACHELARD, G. *A poética do espaço.* Trad. Antônio de Pádua Danesi. São Paulo: Martins Fontes, 1988.

BENJAMIN, W. *Obras Escolhidas II.* São Paulo: Brasiliense, 1997.

____________. *Rua de mão única.* 3. ed. Trad. Rubens Rodrigues T. Filho e José Carlos Martins Barbosa. São Paulo: Brasiliense, 1993. [Obras Escolhidas, 2]

_________. *Magia e técnica, arte e política.* Ensaios sobre literatura e história da cultura. 2. ed. São Paulo: Brasiliense, 1986.[Obras Escolhidas, 1]

_________. *Reflexões*: a criança, o brinquedo, a educação. Trad. Marcus Vinícius Mazzari. São Paulo: Summus, 1984. 117p.

BERNARDES, N. M. G. Vida cotidiana e subjetividade de meninas e meninos das camadas populares: meandros da opressão, exclusão e resistência. *Psicologia, Ciência e Profissão,* ano 12, n. 3, 1992, p. 24.

BERTHAUD, G.; GIBELLO, B. *Esquema corporal e imagem do corpo.* Trad. revista *Perspectives Psychiatriques,* n. 29. Belo Horizonte: Departamento Duplicações do Centro de Estudos Galba Veloso, 1975.

BOLLE, W. *Fisiognomia da metrópole moderna*: representação da História em Walter Benjamin. 2. ed. São Paulo: EDUSP, 2000.

_________. Alegoria, Imagens, *Tableau*. In: NOVAES, A. (Org.). *Arte e Pensamento*. São Paulo: Companhia das Letras, 1994. p. 411-432.

BOSI, A. O tempo e os tempos. In: NOVAES, A. (Org.). *Tempo e história*. Adauto Novaes. São Paulo: Companhia das Letras, Secretaria Municipal de Cultura, 1992. p. 19-32.

BUXAUT, P. *Revista do corpo e da linguagem*. Rio de Janeiro: Editora Icobé, v. III, n. 5. 1985.

CABRAL. S. V. *Coletânea de textos da Sociedade Brasileira de Psicomotricida- de*. Trad. Suzana Veloso Cabral. Rio de Janeiro: Colégio Nacional, s/d.

_________. *Psicomotricidade relacional:* prática clínica e escolar. Rio de Janeiro: REVINTER, 2001.

CALLIGARIS, C.*O fantasma na cura psicanalítica*. Porto Alegre: Artes Médicas, 1992.

CALVO, I. *Parejas y familias*. Buenos Aires: Amorrortu, 1973.

CAMUS, J. Le. *O corpo em discussão*: da reeducação às terapias de mediação corporal. Porto Alegre: Artes Médicas, 1986.

CAPALBO, C. Corpo e existência na Filosofia de Maurice Merleau-Ponty. In: CASTRO, D. S. P. (Org.). *Corpo e existência*. São Bernardo do Campo: UMESP: FENPEC, 2003. p.1.

CASTRO, D. S. P. A dimensão pública da corporeidade: adolescência e cidadania. In: CASTRO, D. S. P. (Org.). *Corpo e existência*. São Bernardo do Campo: UMESP: FENPEC, 2003, p.187.

CASTRO, A. C. N. *O Jogo dramático*: uma proposta para a clínica de crianças em tratamento de câncer. Orientador: Eline Maria Fernandes Rennó. Belo Horizonte: PUC-Minas, 2006. Trabalho de Conclusão de Curso.

CASTRO, L. R. (Org.). *Infância e adolescência na sociedade de consumo*. Rio de Janeiro: NAU, 1998.

_________. *Subjetividade e cidadania*: um estudo com crianças e jovens em três cidades brasileiras. Rio de Janeiro: FAPERJ/Sette Letras, 2001a.

_________. *Crianças e jovens na construção da cultura*. Rio de Janeiro: FAPERJ/NAU, 2001b.

_________. *A aventura urbana*: crianças e jovens no Rio de Janeiro. Rio de Janeiro: Sette Letras, 2004.

CASTRO, L. R.; SOUZA, S. J. E. Desenvolvimento Humano e Questões para um final de século: Tempo, História e Memória. *Psicologia Clínica*, v. 6, Dep. de Psicologia. PUC, Rio de Janeiro, 1994/95.

CHAZAUD, J. *Introdução à Psicomotricidade*. São Paulo: Manole, 1976.

CHRISTOFOLETTI, R. C. *O deslize psicomotor*: trançados de mapas da criança de casa para a escola. Orientador: Eline Maria Fernandes Rennó. Belo Horizonte: PUC-Minas, 2006. Trabalho de Conclusão de Curso.

COELHO Jr., N.; DO CARMO, P. S. *Merleau-Ponty*: Filosofia como corpo e existência. São Paulo: Escuta, 1991.

COSTALLAT, D. M. *Psicomotricidade*. Rio de Janeiro: Globo, 1987.

COSTE, J. C. A *Psicomotricidade*. Rio de Janeiro: Zahar, 1981.

DELEUZE, G. O que as crianças dizem. In: *Crítica e Clínica*. Trad. Peter Pál Pelbart. São Paulo: Ed. 34, 1997.p. 73.

DÖR, J. *Introdução à leitura de Lacan*: o inconsciente estruturado como linguagem. 3. ed. Porto Alegre: Artes Médicas, 1992.

DRUMMOND, L. C. F. *Corpo e Movimento*: sobre algumas relações possíveis entre a Psicanálise e a Psicomotricidade. 1994. (mimeo).

ELKAIM, M. *Se você me ama, não me ame*. Campinas: Papirus, 1990.

FONSECA, V. da. *Desenvolvimento humano*: da Filogênese à Ontogênese da motricidade humana. Lisboa: Notícias, 1989.

FONSECA, V. da; FRANC, N. *Para uma epistemologia da Psicomotricidade*. VII Congresso Brasileiro de Psicomotricidade. (Org.). Capítulo Cearense da SBP. Fortaleza, 1998/1999, p. 90.

FREUD, S. (1923-25) *O ego e o id e outros trabalhos*. Trad. J. Salomão. Rio de Janeiro: Imago, 1976.p. 40. [Obras Completas, 19]

GAGNEBIN, J. M. *História e narração em Walter Benjamin*. São Paulo: Perspectiva, 1993. p. 73.

_________. Walter Benjamin, um "estrangeiro de nacionalidade indeterminada, mas de origem alemã". In: SELIGMANN, M. S. (Org.). *Leituras de Walter Benjamin*. São Paulo: FAPESP: Annablume, 1999, p. 201.

________. A criança no limiar do labirinto. In: GAGNEBIN, J. M. *História e Narração em Walter Benjamin*. São Paulo: Perspectiva, 1993.

GOOLISHIAN, H. A objetividade e seus parênteses. *Nova Perspectiva Sistêmica*, v. 3. Instituto de Terapia de Família do Rio de Janeiro, 1993.

GRANDESSO, M. *Sobre a reconstrução do significado*: uma análise epistemológica e hermenêutica da prática clínica. São Paulo: Casa do Psicólogo, 2000.

HEIDEGGER, M. *O que é metafísica*. São Paulo: Abril, 1979. [Os Pensadores]

KEENEY, B. P. *Estética del cambio*. Espanha: Paidós, 1987.

LA TAILLE, Y.; OLIVEIRA, M. K. de; DANTAS, H. *Piaget, Vygotsky, Wallon*: teorias psicogenéticas em discussão. São Paulo: Summus, 1992.

LE BOULCH. *Educação Psicomotora*: psicocinética na idade escolar. Porto Alegre: Artes Médicas, 1987.

LEITÃO, E. E. M. A. *Corpo, imagem, desejo*: Itinerários da Subjetividade Encarnada. Orientador: Prof. Dr. José de Anchieta Corrêa. Belo Horizonte: Departamento de Filosofia FAFICH/UFMG, 1992. 108p. Dissertação (Mestrado em Filosofia).

LEFÈVRE, Antonio Branco. *Exame Neurológico Evolutivo do pré-escolar normal de 3 a 4 anos*. 2. ed. SãoPaulo: Sarvier, 1976. 180 p.

LORENZON, A.M.M.D. *Psicomotricidade*: teoria e prática. Porto Alegre: Est, 1995.

McDOUGALL, J. *Em defesa de uma certa anormalidade*. Porto Alegre: Artes Médicas, 1983.

MANNONI, O. La parte del juego. In: *Donald W. Winnicott*. Trad. Hugo Acevedo. Buenos Aires: TRIES, 1978. p. 59.

MATOS, O. C. E. *O iluminismo visionário*: Benjamin, leitor de Descartes e Kant. São Paulo: Brasiliense, 1993.

MATURANA, H. O emergir da Patologia. Trad. Cristina Magro e Nelson Vaz. *Irish Journal of Psychology*, 1988.

MELCHERTS, J. H. *Dicionário de Psicomotricidade*. Porto Alegre: Prodil, 1991.

MELLO, H. C. S. *Psicologia e educação* - da teoria à prática pedagógica com base na obra de Henri Wallon. Orientadora: Lúcia Cunha de Carvalho. Rio de Janeiro: Centro de Educação e Humanidades/UERJ, 1986. Dissertação (Mestrado em Educação).

MERLEAU-PONTY, M. *O olho e o espírito*. Trad. Gerardo Dantas Barretto. Rio de Janeiro: Grifo Edições, 1969.

_________. *O visível e o invisível*. 2.ª ed. Trad. J. A. Giannotti e A. M. d'Oliveira. São Paulo: Perspectiva, 1984.

_________. *Fenomenologia da percepção*. 2. ed.Trad. C. A. Ribeiro de Moura. São Paulo: Martins Fontes, 1999. 662 p.

_________. *Psicologia e pedagogia da criança*. Trad. Ivone C. Benedetti. São Paulo: Martins Fontes, 2006.

PACKMAN, M. Terapia Familiar em contextos de pobreza, violência, dissonância étnica. *Revista Nova Perspectiva Sistêmica* do Instituto de Família do Rio de Janeiro, Ano 2, n. 4, 1993, p. 8.

PEREIRA, M. I. G. G. *O espaço do movimento*. Investigação no Cotidiano de uma Pré-Escola à luz da Teoria de Henri Wallon. Faculdade de Educação/USP, 1992. Dissertação (Mestrado em Educação).

PIAGET, J.; INHLEDER, B. *A psicologia da criança*. 7. ed. Trad. Octavio Mendes Cajado. São Paulo: Difel, 1982.

PICHÓN-RIVIÈRE, E. *Teoria do vínculo*. TARAGANO, F. (Org.). São Paulo: Martins Fontes, 1982.

PIÉRON, H. *Dicionário de psicologia*. 3. ed. Trad. Dora de Barros Cullinan. Porto Alegre: Globo, 1972.

POKLADEK, D. D. (Org.). *A fenomenologia do cuidar*. São Paulo: Vetor, 2004.

PONTALIS, J. B. Ida y vuelta. In: *Donald W. Winnicott*. Trad. Hugo Acevedo. Buenos Aires: TRIES, 1978. p. 67.

QUINET, A. *O corpo e seus fenômenos*. (mimeo/s/d).

RENNÓ, E. *Coreoterapia*, terapia através da dança. Belo Horizonte: Interlivros, 1980.

_________. *Por uma infância encarnada*: as impressões do corpo no tempo. Orientadora: Lúcia Rabello de Castro. Rio de Janeiro: UFRJ, 2001. Dissertação. (Mestrado em Psicologia)

_________. *Revisão do horizonte belo:* o ponto de vista de crianças e adolescentes de Belo Horizonte. In: CASTRO, L. R.; BESSET, V. L. (Org.). *Pesquisa-intervenção na infância e juventude*. R. J: Trarepa/FAPERJ, 2008. p. 433.

ROSSEL, G. *Manual de educación psicomotriz*. Barcelona: Toray-Masson,1971.

SANTOS, I. P. A. A importância da dimensão corpórea-existencial para a Psicologia. In: CASTRO, D. S. P. (Org.). *Corpo e existência*. São Bernardo do Campo: UMESP: FENPEC, 2003. p. 255.

SAMI-ALI. Corpo e movimento: esboço de uma teoria Psicanalítica da Psicomotricidade. In: SAMI-ALI. *Corpo real, corpo imaginário*. Porto Alegre: Artmed, s.d.

SELIGMANN-SILVA, M. (Org.). *Leituras de Walter Benjamin*. São Paulo: FAPESP: Annablume, 1999.

SHILDER, P. *A imagem do corpo*: as energias construtivas da psique. 3. ed. São Paulo: Martins Fontes, 1999.

SILVA, V. R. M. *Psicotonia entre dados*: orientação psicomotora de famílias com crianças hemiplégicas. Orientador: Eline Maria Fernandes Rennó. BH: PUC-Minas, 2007. Trabalho de Conclusão de Curso.

VAYER, P. *Educación psicomotriz y retraso mental*. Rio de Janeiro: Científico Médica, 1969.

WALLON, H. *Psicologia e educação da criança*. Lisboa: Vega, 1979.

_________. *A evolução psicológica da criança*. Lisboa: Edições 70, 1995.

_________. *Los orígenes del caracter en el niño*. Buenos Aires: Nueva Visión, 1975 a.

_________. Acerca da especificidade da Psicologia. In: WALLON, H. *Objetivos e métodos da Psicologia*. Trad. Franco de Sousa. Lisboa: Estampa, 1975 b.

WINNICOTT, D. W. *O brincar e a realidade*. Rio de Janeiro: Imago, 1971.

_________. El concepto de individuo sano. In *Donald W. Winnicott*. Trad. Hugo Acevedo. Buenos Aires: TRIES, 1978. p. 25.

SUPERVISÕES E ORIENTAÇÕES CONCLUÍDAS

Trabalhos de Conclusão de Curso de Graduação

1. Roberta Celi Christofoletti. *O deslize psicomotor :* trançado de mapas da criança de casa para a escola. 2007. Trabalho de Conclusão de Curso. (Graduação em Psicologia) - Pontifícia Universidade Católica de Minas Gerais. Orientador: Eline Maria Fernandes Rennó.

2. Vivian Roberta Monteiro. *Psicotonia entre dados:* orientação de famílias com crianças hemiplégicas. 2007. Trabalho de Conclusão de Curso. (Graduação em Psicologia) - Pontifícia Universidade Católica de Minas Gerais. Orientador: Eline Maria Fernandes Rennó.

3. Roberta Grisi Caixeta de Araújo. *Corpo, Emoções e Cultura em Atos de Passagem.* 2006. Trabalho de Conclusão de Curso. (Graduação em Psicologia) - Pontifícia Universidade Católica de Minas Gerais. Orientador: Eline Maria Fernandes Rennó.

4. Geifferson Meireles Urias Pinto. *Família e Subjetividade:* território de diferenciação nômade. 2006. Trabalho de Conclusão de Curso. (Graduação em Psicologia) - Pontifícia Universidade Católica de Minas Gerais. Orientador: Eline Maria Fernandes Rennó.

5. Ana Cristina Neves de Castro. *O Jogo Dramático:* uma proposta para a clínica de crianças em tratamento de câncer. 2006. Trabalho de Conclusão de Curso. (Graduação em Psicologia) - Pontifícia Universidade Católica de Minas Gerais. Orientador: Eline Maria Fernandes Rennó.

6. Arthur Leão Costa. *Subjetividade e corporalidade do sujeito contemporâneo.* 2005. Trabalho de Conclusão de Curso. (Graduação em Psicolo- gia) - Pontifícia Universidade Católica de Minas Gerais. Orientador: Eline Maria Fernandes Rennó.

7. Érika Moreira Timponi. *Famílias com afeto:* a primeira escola da criança. 2005. Trabalho de Conclusão de Curso. (Graduação em Psicologia) - Pontifícia Universidade Católica de Minas Gerais. Orientador: Eline Maria Fernandes Rennó.

8. Thais Martins dos Santos. *A escuta do corpo.* 2005. Trabalho de Conclusão de Curso. (Graduação em Psicologia) - Pontifícia Universidade Católica de Minas Gerais. Orientador: Eline Maria Fernandes Rennó.

9. Marina Morena Silva Rodrigues. *Os impasses do brincar para a criança autista.* 2005. Trabalho de Conclusão de Curso. (Graduação em Psicologia) - Pontifícia Universidade Católica de Minas Gerais. Orientador: Eline Maria Fernandes Rennó.

10. Glenda Moreira Ferreira. *Jogos virtuais:* a questão dos jogos eletrônicos no desenvolvimento intelectual de crianças contemporâneas. 2005. Trabalho de Conclusão de Curso. (Graduação em Psicologia) - Pontifícia Universidade Católica de Minas Gerais. Orientador: Eline Maria Fernandes Rennó.

11. Flávia C. S. Barbosa. *Considerações sobre a constituição psíquica na vida fetal.* 2004. Trabalho de Conclusão de Curso. (Graduação em Psicologia) - Pontifícia Universidade Católica de Minas Gerais. Orientador: Eline Maria Fernandes Rennó.

12. Helen Carolina Brandão Silva. *A obesidade mórbida:* o olhar do obeso sobre o seu corpo. 2004. Trabalho de Conclusão de Curso. (Graduação em Psicologia) - Pontifícia Universidade Católica de Minas Gerais. Orientador: Eline Maria Fernandes Rennó.

13. Flávia de Oliveira Furst. *A dança como instrumento de comunicação.* 2004. Trabalho de Conclusão de Curso. (Graduação em Psicologia) - Pontifícia Universidade Católica de Minas Gerais. Orientador: Eline Maria Fernandes Rennó.

14. Louise Lucas Vieira. *O conto como mediador no atendimento ao sujeito criança.* 2004. Trabalho de Conclusão de Curso. (Graduação em Psicologia) - Pontifícia Universidade Católica de Minas Gerais. Orientador: Eline Maria Fernandes Rennó.

15. Michelle Rabelo de Paula. *Educação psicomotora:* as relações de afeto entre a criança da creche comunitária e o seu grupo familiar. 2004. Trabalho de Conclusão de Curso. (Graduação em Psicologia) - Pontifícia Universidade Católica de Minas Gerais. Orientador: Eline Maria Fernandes Rennó.

16. Júnia de Carvalho Guerra. *Corpo Sensível.* 2003. Trabalho de Conclusão de Curso. (Graduação em Psicologia) - Pontifícia Universidade Católica de Minas Gerais. Orientador: Eline Maria Fernandes Rennó.

17. Priscila Carvalho e Silva. *Síndrome de Down:* uma leitura a partir da psicomotricidade. 2003. Trabalho de Conclusão de Curso. (Graduação em Psicologia) - Pontifícia Universidade Católica de Minas Gerais. Orientador: Eline Maria Fernandes Rennó.

18. Rebecca de Magalhães Monteiro. *A dança e a clínica psicomotora com a criança.* 2003. Trabalho de Conclusão de Curso. (Graduação em Psicologia) - Pontifícia Universidade Católica de Minas Gerais. Orientador: Eline Maria Fernandes Rennó.

Trabalho de Iniciação Científica – Menção Honrosa

Luiz Guilherme Mafle Duarte. *A construção do código de valor moral do adolescente na escola:* heteronomia ou autonomia? 2007. Iniciação Científica. (Graduando em Psicologia) - Pontifícia Universidade Católica de Minas Gerais. Orientador: Eline Maria Fernandes Rennó.

Trabalhos de Conclusão de Curso de Pós-Graduação

1. Amanda Viana Marques. *As Famílias Trigeracionais em sua convivência diária*: conflitos ou soluções? 2009. Pós-Graduação em Psicoterapia de Família e Casal. Instituto de Educação Continuada- PUC Minas. Orientador: Eline Maria Fernandes Rennó.

2. Sílvia Pereira Nunes de Melo. *Projeto Eventos*: da prática clínica a uma análise teórica à luz do construcionismo social. 2009. Pós- Graduação em Psicoterapia de Família e Casal. Instituto de Educação Continuada - PUC Minas. Orientador: Eline Maria Fernandes Rennó.

3. Carlos Antônio Faustino. *O legado emocional do filho submetido à síndrome de alienação parental*. 2010. Pós-Graduação em Psicoterapia de Família e Casal. Instituto de Educação Continuada- PUC Minas. Orientador: Eline Maria Fernandes Rennó.

4. Célia Almeida Duarte Araújo. *Limites e transmissão de normas e valores transgeracionais*. 2010. Pós-Graduação em Psicoterapia de Família e Casal. Instituto de Educação Continuada- PUC Minas. Orientador: Eline Maria Fernandes Rennó.

5. Maria do Carmo Cenachi Araújo. *O ser humano em Heidegger e Maturana*: contribuições para a clínica sistêmica de família. 2010. Pós-Graduação em Psicoterapia de Família e Casal. Instituto de Educação Continuada- PUC Minas. Orientador: Eline Maria Fernandes Rennó.

6. Virgínia Silva Rocha. *Relações intergeracionais em Cem anos de solidão*: genograma da família Buendía. 2010. Pós-Graduação em Psicoterapia de Família e Casal. Instituto de Educação Continuada- PUC Minas. Orientador: Eline Maria Fernandes Rennó.